大学院文化科学研究科

家族政策研究

下夷美幸

生活健康科学プログラム

家族政策研究（'21）

©2021　下夷美幸

装丁・ブックデザイン：畑中　猛

s-42

まえがき

　家族はプライベートな領域であるが，人々が営む家族のありようや家族が抱える問題は，国や自治体等が策定・実施するさまざまな政策と深く関わっている。私的な家族も公的な政策の影響下にある，ということである。家族と政策の関係はさまざまで，家族に対する政策的関与が，家族への支援となることもあれば，介入，抑圧となることもある。また，政策的関与がなされない，あるいは不十分，不適切であるために，家族が深刻な状況に陥ることもある。

　このような問題関心から，本書では日本の家族政策について考えてみたい。いうまでもなく，個人にとって家族の持つ意味は大きい。人は家族に産み落とされ，「誰の子か」によって社会に位置づけられる。そして，善かれ悪しかれ，その後の人生に家族は大きな影響を与える。とすれば，家族のありようや問題に関わる政策は，誰にとっても重要なものであり，問うに足るテーマといえよう。

　そこで全15章からなる本書では，家族政策に関する基礎的理論と日本的背景を押さえたうえで，現代の家族問題に関わる制度・政策を取り上げ，諸外国との比較も交えながら，家族政策の日本的特徴と今後の課題について考えていく。各章の構成は次のとおりである。

　まず，第1章と第2章で家族政策の基礎理論を押さえる。第1章「家族政策とは何か」では，家族政策の定義や範疇化に関する議論を検討し，第2章「福祉国家と家族」では，家族政策の政策主体である福祉国家と政策対象である家族の関係を，福祉国家の基底にある家族モデルを手がかりに探究する。

　つぎに，第3章から第5章で家族政策の日本的背景を捉える。第3章「戦後憲法と家族」では，家族政策のあり方の根幹に関わる問題として，憲法の家族保護条項に着目し，憲法第24条の制定過程とその後の議論の諸相を検討する。第4章「『家』制度と戦後民法」では，現在も日本の家族に影響を与えている「家」制度について掘り下げる。第5章「戸

籍制度」では，戸籍と家族の歴史的な結びつきを明らかにしたうえで，戦後の「夫婦と未婚の子」単位の戸籍と家族規範の関係について論究する。

　ここまでの総論的な検討ののち，具体的な政策の検討に入り，第6章から第8章は家族法関連の政策，第9章から第14章は家族福祉関連の政策をテーマとする。第6章「パートナー関係の法制度」では，結婚に関わる問題として，内縁，事実婚，および同性カップルに対する法的保護について検討する。第7章「離婚制度」では，離婚による女性の経済的不利という問題意識から，主に協議離婚制度の特殊性と弊害に迫る。第8章「生殖補助医療と親子関係」では，体外受精や代理懐胎等の生殖補助医療を家族のあり方に関わる現代的な問題とみなし，日本の法整備の現況と社会的課題を探る。

　つづいて，家族福祉政策に移り，子育て，介護，ひとり親支援を取り上げる。第9章「児童手当制度」，第10章「保育制度」，第11章「育児休業制度」の各章では，それぞれ子育てに必要な経済的費用，ケア労働，時間に焦点をあて，各制度の現状と特徴を掴み，家族政策の観点から制度的課題について検討する。第12章「介護保険と家族」，第13章「家族介護者への支援」では，「介護の脱家族化」に向けた課題とともに，家族による介護の意味と支援のあり方を再考する。第14章「母子家族への支援」では，子どもの貧困問題を視野に，母子世帯に対する経済的支援について検討する。

　以上の考察を踏まえ，第15章「家族政策の日本的特徴——養育費政策から考える」では，離婚後の養育費確保の政策を素材として，日本の家族政策の特徴と課題について論じる。

　家族政策の研究テーマは上記に尽きるものではないが，本書を通して，私的な家族の問題が公的な政策とどのように関わっているのか，さらに突き詰めていえば，国家の家族に対する態度はどのようなものか，考えをめぐらす機会になれば幸いである。

2020 年 7 月

下夷　美幸

目　次

8

1 | 家族政策とは何か

　本章では，家族政策という概念とその現代的意味について考える。まず，家族政策とは何か，定義をめぐる議論について確認し，つぎに，家族政策にはどのような政策が含まれるのか，その範疇化の理論的整理を押さえる。そして，マクロな視点から社会と家族の現代的変化について検討し，最後に，家族政策の新たな課題について考察する。

1. 家族政策の定義をめぐって

（1）カマーマンとカーンによる定義

　1970年代半ば頃まで，「家族政策という言葉は，日本ではまだ一般通用のものではない」（福島 1975：23）という状況であったが，1990年代に入ると，主に少子化対策への関心から広く認識される言葉となっている。政府の白書でも，家族政策の語がとくに説明されることなく使用されており，たとえば，1992年の『国民生活白書』（経済企画庁）では，「少子社会の到来，その影響と対応」と題する特集のなかで「先進諸国の家族政策」「家族政策と国民のコンセンサス」といった見出しのもと，子育てや家族に関する制度・政策が記述されている。こうして現在では，家族政策という語は一般的に通用する言葉となっているが，家族政策について明確な定義が確立しているわけではない。

　家族政策の定義として，国際的にも頻繁に引用されているのは，アメリカの代表的な家族政策研究者，S. B. カマーマンと A. J. カーンによるものである（Kamerman & Kahn 1978）。両氏は家族政策を「家族に何らかの影響を与える，政府が行うことすべて」と定義し，「意図せずに

行うことも含む」としている。これは最広義の定義といえるが，これではほぼすべての政策が家族政策とみなされ，定義としては意味をなさないといえる。

　ただし，意図せずに行う政策も含めて家族政策とする考え方には重要な意義もある。実際，家族向けに策定，実施される政策でなくても，その多くは結果的に家族に何らかの影響を与えるものであり，その意図せざる結果が，家族に深刻な影響を与える可能性もある。よって，意図しないものも含めて家族政策とみなされれば，政策主体としては，あらゆる政策のあらゆる政策過程において，家族への影響という視点を取り入れて検討しなくてならなくなる。このことは，政策における「家族の主流化」と呼ぶことができる。

　「家族の主流化」という用語は本書における造語で，「ジェンダーの主流化」に倣ったものである。ジェンダーの主流化（gender mainstreaming）とは，1995年の第4回国連世界女性会議（北京会議）以降，男女平等を実現するための有力な戦略とみなされているもので，すべての政策領域の，すべての政策過程にジェンダーに敏感な視点を組み込むことをいう。つまり，男女平等政策とみなされる政策だけでなく，男女平等とは直接的には関係がないとみなされる政策も含めて，その政策の立案，実施，モニター，評価などのあらゆる段階に，ジェンダーの視点を取り入れる，という意味である。というのも，政策のなかには，性別に無関係に行われる政策であっても，意図しないうちに男女格差を助長する場合があり，また，政策のいくつもの段階にジェンダー・バイアスが入り込むおそれがあるからである。そこで，すべての政策のすべての過程において，これまで脇に置かれていたジェンダーの視点を主流に置く必要がある，というわけである。こうして考えると，カマーマンとカーンの家族政策の定義は，意図せずに行う政策も含めている点で定義としては使いづらいが，すべての政策のすべての過程に家族の視点を組み込むことに繋がるという，重要な意義を含んでいるといえる。

（2）日本における定義

　家族政策の捉え方は国によっても異なるとみられるが，日本ではどのように定義されているのだろうか。日本の家族政策研究の第一人者である民法学者の利谷信義は，1975 年の著作において，家族政策とは「国家権力の担い手である支配階級の政治的・経済的支配に適合的な家族とその秩序を維持・発展させるための政策の総体」（利谷 1975：53）と定義している。ここでの「適合的な家族」とは，資本主義社会に必要な労働力の再生産を担う家族のことを指す。利谷の定義は日本の家族政策研究における初期の代表的なもので，その特徴は，政策の主体とその意図を明示していることである。しかし，これが公表された 1970 年代と現在では，社会経済状況が大きく異なっており，階級による支配を強調するこの定義は，やや使いづらいものとなっている。

　現在，最も行き届いた定義といえるのが，社会学者で家族政策の代表的研究者である庄司洋子が 1999 年発行の『福祉社会事典』の「家族政策」の項目で示したものである（庄司 1999：136-137）。それによると，家族政策とは「国家・自治体等の政策主体が家族に対して一定の影響を及ぼす意図をもって策定・実施する個別の政策あるいはそうした諸施策の総体」とされている。そして，その政策目的は，「家族一般を政策主体から見て望ましいとされる状態におくこと」にあるという。

　このように，庄司も利谷と同様，政策主体とその意図を重視しているが，庄司の定義では，政策主体が国家・自治体等と明記され，その政策主体が「意図をもって」策定・実施する政策に限定されている。ここで庄司が意図的な政策に限定しているのは，カマーマンとカーンの定義を踏まえ，家族政策が際限なく広がることを回避するためであり，意図的なものに限定するからといって，政策主体の意図が直接的に表明されている政策に限るというわけではないだろう。庄司の定義は，政策の表に現れない隠れた意図を捉えようとするものであり，目に見えない形で家族に働きかける政策をも射程に収めた定義といえる。むしろこの定義は，家族政策について考える際には，常に政府の意図を精査する必要があることを示唆している。

そのほか，各論者により家族政策の定義がなされているが（善積 2015），国内的にも国際的にも，家族政策の定義として確立したものはない，というのが現状である。

2. 家族政策の理論的整理

（1）家族機能論に基づく家族政策の範疇化

家族政策の定義は確立していないが，家族に関する諸政策であるとの共通理解のもと，家族政策に該当する政策を例示することは難しいことではない。そこで，どのような政策が家族政策に含まれ，どのような政策が含まれないのか，一定の整理が必要であろう。この点についても，庄司洋子による先駆的な研究がある（庄司 1986）。それは，近代家族の家族機能論を基底に，家族問題に対応する形で家族政策の範疇化を試みたものである。

庄司はまず，近代家族の家族機能を「性的機能」「経済的機能」「精神的機能」に区分する。ただし，家族機能に関しては，その後の庄司の論考では，共同消費や扶養を中心とする「生活関係的機能」，人間形成や情緒的充足に関与する「人格関係的機能」，性と生殖を秩序づけ個人に家族関係上の地位付与をする「親族関係的機能」に再整理されている（庄司 1998：35）。これを当初の3つの機能と比べてみると，生活関係的機能は経済的機能，人格関係的機能は精神的機能，親族関係的機能は性的機能にそれぞれ対応している。

3つに分類された家族機能は，それぞれ「対内的機能」と「対外的機能」という2つの側面から把握される。前者は家族内に対して働く機能であり，後者は家族外に対して，いわば社会一般に対して働く機能である。このように家族機能を対内的機能と対外的機能という2つの側面から把握する点は，庄司の整理の特徴といえるが，これは近代家族の基本特性を踏まえたものである。前近代の家族は親族や地域共同体と融合して存在しており，家族と社会との境界が不鮮明である。しかし，近代以降の家族は私的領域として社会から相対的に自立していることから，対内的機能と対外的機能が生じるのである。また，この家族機能の二面性は，

表1－1　家族政策の範疇

	個別家族への対応	一般的社会的な対応
性的機能への介入 （親族関係的機能への介入）	民事（婚姻・戸籍）政策	人口政策 優生政策
経済的機能への介入 （生活関係的機能への介入）	民事（扶養・相続）政策 所得保障政策 住宅政策 医療保健政策 福祉（家事・育児・介護）政策	労働力政策 賃金・雇用政策 消費者政策 租税政策
精神的機能への介入 （人格関係的機能への介入）	福祉（相談・指導）政策	文化政策 教育政策

注：表側の（　）内の記載は庄司（1998：35）をもとに筆者加筆.
出典：庄司（1986：137）.

そこに家族と社会との一定の緊張関係が生じうることも示している。

　つぎに，この家族機能の整理をもとに，家族問題へと議論が展開する。庄司は，家族問題を「放置すれば，家族成員の生命を脅かし，あるいは，家族の解体や崩壊に至らしめるような家族の機能障害がもたらす問題」（庄司 1986：135）と概念化する。すなわち，家族機能障害としての家族問題という捉え方である。前述のとおり，3つの家族機能のそれぞれに対内的機能と対外的機能があることから，家族機能障害としての家族問題も「対内的な問題」と「対外的な問題」，すなわち，家族に固有に生じる問題と，それによって引き起こされる社会にとっての問題に整理される。これにより，個人にとっての家族問題と社会全体にとっての家族問題の対応関係をみることができる。

　そして，これらの家族問題に対応する政策が家族政策ということになる。こうして，家族問題の6つの問題群に対応する政策が表1－1のように配置され，家族政策の範疇が理論的に整理される。庄司はこれを許容される最広義の家族政策とみなし，このうち「個別家族への対応」に位置づけられている政策を「狭義の家族政策」と呼んでいる。

　もちろん，示された政策に含まれる個別の政策のすべてが，家族政策というわけではない。庄司の家族政策の定義に立ち返れば，このうち「政策主体が家族に対して一定の影響を及ぼす意図をもって策定・実施する」ものだけが家族政策ということになる。まさに表1－1は，政策主体が

どのような意図で家族に影響を与えようとするのか，という点を捉えたものである。それは，家族機能を対内的機能と対外的機能に分類し，その機能障害としての家族問題に対応する形で政策を位置づけるという，明晰な論理展開とその結果の整合性に由来する。こうして，庄司による家族政策の範疇化は，政策主体の意図という家族政策の基軸を押さえたものとなっており，発表から30年以上を経た現在も意義のあるものといえる[1]。

（2）政策手段による家族政策の整理

表1−1で狭義の家族政策（個別家族への対応）に含まれている政策をみると，主に民事政策と社会保障・社会福祉政策から構成されているのがわかる。このうち，民事政策については，その内容として，「婚姻」「戸籍」と「相続」「扶養」があげられているが，前述のとおり，庄司は家族機能を再整理していることから，性的機能を親族関係的機能に置き換えると，民事政策の「婚姻」は「婚姻・親子」となる。よって，家族政策としての民事政策は民法の親族編・相続編，すなわち家族法に関連する政策といえる。一方，社会保障・社会福祉政策については，「所得」「住宅」「医療保健」「福祉（家事，育児，介護）」「福祉（相談・指導）」と広範囲に政策があげられているが，家族政策とみなされるのはこのうち，家族の福祉（Well-being）に関連する政策に限られる。

こうしてみると，狭義の家族政策は，家族法関連の政策と家族福祉関連の政策からなるといえる。本書では，主にこの狭義の家族政策をみていくことにする[2]。

家族政策は政策手段によって，「規制」による政策と「給付」による政策に分けることができる[3]。前者は家族法関連の政策，後者は家族福祉関連の政策とみなされやすいが，家族福祉関連の政策には「給付」だけでなく，「規制」を手段とするものもある。たとえば，育児休業などの法規制があげられる。

また，「規制」と「給付」の区分はあくまで政策の手段に基づくものであり，政策の機能による区分ではない。多くの場合，「規制」は家族

の「管理・統制」となり，「給付」は家族への「支援」となるが，手段と機能がこのように一義的に結びつくわけではない。たしかに，家族法関連の政策は夫婦や親子関係を規制し，家族を管理・統制するが，本来はそれだけでなく，家族内の弱者の法的権利を保護し，支援するものとしても機能しなくてはならない。家族法関連の政策が管理・統制としてのみ捉えられるのは，日本の家族法に家族の支援となる規制が十分でないからである。日本の家族法が家族の保護法として機能していないことは，民法学者によっても指摘されている（水野 1998b）。

　家族福祉関連の政策についても同様に，手段と機能の関係は単純ではない。概して，給付は家族への支援となるが，それが支援としてのみ機能するとは限らない。現金給付やサービス給付が家族の第一次的責任を強調する形で行われれば，事実上，家族の責任を強化し，家族を管理・統制することになる。このように，家族政策の手段と機能については，「規制」は「管理・統制」，「給付」は「支援」というように単純に対応するものではない。よって，政策主体がどのような意図のもとに，どのような手段を採用し，その結果，政策がどのように機能しているか，注意深く見極める必要がある。やはり，鍵になるのは政策主体の意図である。

3. 家族政策の現代的局面

（1）家族政策の視点からみた近代家族

　ここまでみてきた家族政策の議論は，近代家族を前提としたものである。庄司は，前述の家族政策の範疇化を試みた論文のなかで，近代家族の基本原理とその特性を示している。それによると，近代社会において私的領域として確立した近代家族は，「自助原則」と「愛情原則」を基本原理としており，それゆえに「貧困化」と「解体化」の契機を内包しているという（庄司 1986：134）。このことは，家族政策の現代的局面を捉えるうえで，不可欠な基礎知識であることから，ここで確認しておこう。

　近代家族の成立には，近代社会における家族の経済的機能の変化が契機となっている。前近代社会において，家族は生産機能と消費機能をと

もに果たし，家族と社会の境界は未分化の状態であった。近代社会における産業化の進展により，家族の経済的機能は生産機能と消費機能に分かれ，そのうち生産機能は家族の外部に移行し，家族は消費機能の担い手となる。つまり近代産業社会になり，生産も消費も行っていた家族が，多くの場合，家族外での生産労働の対価として得た収入で消費だけを行うようになった，ということである。

　これにより，家族は社会から相対的に分離し，自助あるいは私的自治を基本とする近代家族が成立する。つまり，近代家族が前近代の家族と根本的に異なるのは，外で働いて得た収入で家計をまかない，メンバーの生活を維持する，ということである。これが近代家族の基本原則のひとつ，自助原則である。こうして，近代家族はその経済的基盤を市場における労働力との交換に依存しているが，家族が市場を制御できない以上，必要な収入が常に得られる保障はない。自助原則にはおのずと限界があり，近代家族は貧困に陥る危険を抱えている。つまり，近代家族は本来的に貧困化のリスクを負っている，というわけである。

　また，近代家族は前近代的な家族のように，経営体としての維持・発展という共通目標のもとに人々が団結して営まれるものではない。消費の主体として家族は少人数となり，メンバーは愛情のみで結ばれている。これが近代家族のもうひとつの基本原則，愛情原則である。しかし，情緒という極めて不安定な結合原理によって成立しているにすぎず，近代家族にははじめから解体に至る危険が織り込まれている。ようするに，近代家族は貧困化に加えて，解体化のリスクも負っている，ということである。

　このように，近代家族は自助原則と愛情原則を基本原則とするがゆえに，貧困化と解体化の契機を内包しているのである（庄司 1986：134）。そのことは，家族が狭義の家族政策，なかでも家族福祉関連の政策を本来的に必要とする存在であることを示している。

　しかし，近代社会は家族が内包する貧困化・解体化をある程度，うまく制御してきた。その制御装置のひとつが，雇用システムである。とくに，日本では，企業への長期勤続を原則とする「終身雇用」と，年齢や

勤続年数に応じて賃金が上昇する「年功賃金」を特徴とする，いわゆる日本的雇用システムが家族の貧困化，解体化の抑制に作用していた。世帯主である夫が企業に勤めていれば，家計の維持に必要な給与（家族賃金）が得られ，家族の経済的基盤が安定的に保たれていたのである。

　さらに，近代家族規範の浸透も家族の安定化を支えていた。日本でも高度経済成長期には，サラリーマンと専業主婦という性別役割分業型の核家族を理想とする家族像が広く支持され，経済成長に伴う所得水準の向上を背景に，近代家族が大衆化していった（落合 1994）。一方，離婚はタブー視され，事実上，社会的に抑制されていた。こうして，近代家族は人々の生涯にわたる生活基盤として安定的に維持されたのである。

　結局，近代社会，とくに近代産業社会は，近代家族が有する労働力の再生産機能を必要とし，他方，近代家族は産業社会による生活保障の上に安定的に営まれ，相互に依存しながら発展してきたということである。

　もちろん，世帯主の失業や死亡などによって，家族が経済的基盤を失うこともありうるが，それには社会保険が有効に機能する。たとえば，失業した場合には雇用保険により所得保障がなされ，また，夫が死亡した場合には，残された妻と子どもに遺族年金が支給され，家族の生活は保障される。世帯主の失業や死亡は避けられないが，その発生確率は高いとはいえず，しかも社会保険による対応が可能である。

　こうした状況から，近代家族を前提にした家族福祉関連の政策は，概して近代産業社会が手当てできない家族問題に対処するものであったといえる。

（2）「リスク社会」化

　産業社会が新たな段階を迎えると，近代家族も大きく揺らぐことになる。高度経済成長の時代から低成長の時代に入ると，性別役割分業型の近代核家族は優位ではなくなり，共働き夫婦が増加するなど，家族の多様化が進んでくる。とくに，1990 年代以降の家族の変化は，近代社会の変貌というマクロな社会変動と連動して起こっており，家族の現代的変容といえるものである。

　近代社会を相対化する議論はさまざまな形で行われており，現代社会の捉え方もポスト近代社会や脱工業化社会など論者によって多様である。そのなかで，ドイツの社会学者 U. ベックは，現代社会を「リスク社会」と呼び，それを 2 つの点から特徴づけている。ひとつが「予測不能なリスクの拡大」，もうひとつが「個人化」である（Beck 1986 ＝ 1998）。

　予測不能なリスクとは，近代化の副作用ともいえるもので，産業社会の進展とともに新たに生じている危険である。それは，従来からある地震や洪水のような自然による危険ではなく，原発事故のような人為によるもので，いわば人工のリスクである。近代化を進めた結果，現代社会ではこのようなリスクが拡大しているという。

　もうひとつの特徴である個人化とは，近代化の徹底によるものである。近代化により人々は身分や共同体から解放されたが，近代社会は階級や企業，家族という新たな集団を形成していた。しかし，近代化のさらなる進展は，こうした近代において集団とみなされていた企業や家族にも個人化が進行しているというのである。

　このような変化は，日本社会でもとくに 1990 年代から顕著にみられるようになっている。なかでも，家族政策と深く関わるのが，雇用ならびに家族における個人化である。個人化は多義的な概念であるが，ここでは，雇用においては「集団から個人へ」，家族においては「規範から個人の選択へ」の変化を捉えるものとみなす。そうすると，雇用と家族の個人化は，これまで家族の貧困化・解体化を抑制してきた雇用システムや家族規範の変容にほかならず，家族政策は新たな局面を迎えているといえる。

（3）雇用の個人化

　まず，雇用システムの変化についてみてみたい。1990 年代以降の日本の経済状況において，企業のあり方も大きく変化しており，集団主義を特徴としていた日本の企業にも，「集団から個人へ」の傾向がみてとれる。1990 年代前半のバブル崩壊後の経済の低迷，資本や労働力のグ

ローバル化，規制緩和に伴う競争激化を背景に，日本型雇用システムが崩れてきているのである。

　すでに，長期雇用の慣行は揺らいでおり，定年までの雇用が保障されない事態が生じている。また，賃金も全般的に抑制傾向にあり，年功賃金は是正され，成果主義の導入が進んでいる。そこでは，労働者一人ひとりの業績や成果，職業能力などが厳しく評価され，それが賃金に反映される。これまでのように，同期入社した労働者が定年まで雇用され，その賃金も集団として管理され，年齢とともに引き上げられていくという集団主義的なものから，個人の能力や業績によって個別的に雇用状況や労働条件が決定づけられる方向へと変化しているのである。このことは，家族からみると，世帯主が企業に勤めていても，安定した家族賃金が保障されなくなってきたということである。

　さらに，企業ではコスト削減の圧力から，雇用の非正規化が進んでいる。すなわち，正社員などと比べて人件費を低く抑えることができ，雇用調整もしやすいという理由から，アルバイト，契約社員・嘱託，派遣社員等の非正規雇用が増大しているのである。実際，非正規雇用の割合（役員を除く雇用者に占める非正規雇用の職員・従業員の割合）は上昇しており，2018年には37.8％にのぼっている。年齢別にみると，「25歳未満」および「55歳以上」で非正規雇用の割合が高いが，「25歳から34歳」でも24.9％となっており，4人に1人が非正規雇用という実態である（総務省 2019）。非正規雇用では，年齢が上がっても，賃金上昇はほとんどみられない。また，企業による職業訓練もなされないため，職業能力が向上せず，いったん非正規雇用になるとそこにとどまりがちである。

　こうした雇用情勢のもと，家族の経済的基盤は不安定化しており，もはや雇用システムに貧困化の抑制を期待できる状況ではない。

（4）家族の個人化

　近代社会とは異なる様相の変化は，家族にも進行している。こうした家族の変化は，「家族の個人化」と呼ばれている。家族の個人化とは，人々の家族に関わる行動がこれまでのように規範によるのではなく，個人の

選択に委ねられるようになっていくことを指す。

　近年，家族の変化を「家族の個人化」と捉える見方は定着してきているが，社会学者の山田昌弘は「家族の個人化」を2つのレベルに整理している。第一レベルは「家族の枠内での個人化」，第二レベルは「家族の本質的個人化」である。第一レベルの個人化は，家族関係が選択不可能，解消困難という性質を前提とした上での個人化である。つまり，ここでは家族の存在は前提である。「家族の枠内の個人化」においては，家族を構成するメンバーが家族規範にとらわれず，それぞれ個人の選択により自由に行動することが可能となる。たとえば，夫と妻が，夫婦は共同で行動すべきという従来の規範に拘束されることなく，各自の意思で個別に行動するケースなどである。これに対して，第二レベルの個人化は，「家族であること」を選択する自由，「家族であること」を解消する自由を含む個人化である。この場合，家族の存在は前提ではない。「家族の本質的個人化」においては，結婚しないことや離婚することも個人の意思により，自由に選択できる行為とみなされる。山田によれば，欧米では第一レベルの個人化の後，1980年代に第二レベルの個人化が起こったのに対し，日本では第一レベルの個人化と第二レベルの個人化が1990年代にほとんど間を置かずに進行しているという（山田 2004）。

　日本でも，すでに家族の形成は自明ではなく，家族の形成・解消自体が個人の自由・意思によるものとなっている。人生は個人の選択によって形作られるものであり，家族とともに生きることが当たり前というわけではない，ということである。こうなると，家族の解体化も当然の帰結として捉えられる。

4. 家族政策の新たな課題

(1) 個人化時代の家族

　ここまでみてきたとおり，近代化が先鋭化するなかで，家族は貧困化・解体化の傾向を強め，生活基盤として不安定なものとなっている。家族の個人化も進行しており，家族の形成・維持は個人の選択によるものとなり，人生において絶対的なものとはみなされなくなってきている。

　こうした動向からは，今後，家族が個人に完全に分解するのではない
か，という考え方もでてくる。そうであれば，家族政策もその役割を失
うことになる。しかし，家族の個人化は進行しているものの，実際，多
くの人々が家族として他者とともに生きるという選択をしている。筆者
も，家族の個人化は今後も続くとみているが，家族が個人に解消すると
は考えていない。

　人間はバルネラブル（vulnerable）な存在，すなわち，傷つきやすく
脆弱な存在である。このことを直視すると，家族が完全に個人に分解す
るとは考えられない。人は誕生して一定期間，他者のケアなしには生命
すら維持できない。子どもの養育システムとして，家族より望ましい機
関を社会が用意できない以上，社会としても家族というシステムを維持
していかなくてはならない。

　また，子どものように他者依存的にしか生きられない存在ではない，
自立した大人であっても，人は肉体的，精神的，社会的にバルネラブル
な存在である。このような人間像を前提にすると，互いに家族としてケ
アすること（広義には配慮や気遣いなど，狭義には育児や介護・介助な
ど）を引き受け，相手を放っておかない（つねに応答する）関係として
共に生きていこうとする人々は，今後も必ず存在する。もちろん，家族
ではない関係において，他者とともに生きていくことも自由な選択とし
てありうるが，個人が生きていくための連帯の仕組みとして，家族がな
くなることは考えにくい。

　では，「個人が生きていくための連帯の仕組み」としての現代家族は，
どこに向かうのだろうか。現在の家族の多様化現象は，近代家族に代わ
る新たなひとつの家族モデルに収斂するのだろうか。マクロな視点で社
会の変動を捉えれば，グローバル化や情報化の急速な進展のなかで，人々
の価値観は多様化しており，家族に関しても，個人の選択の幅がさらに
広がっていくものとみられる。よって，今後家族はひとつの家族モデル
に収斂するというよりも，いっそう多様化が進むと考えられる。

　こうしてみると，現代家族は，近代家族のように小集団として家族メ
ンバーが一体化したものではなく，個人のライフコースが束になったも

のとみなされる（藤崎 2000）。そして，その束ね方についても，人々は
伝統や規範から解放され，多種多様なものとなる。たとえば，未婚の男
性と女性のライフコースを「婚姻」によって束ね，二人の間に誕生した
子のライフコースを「嫡出子」として束ねる，というだけではない，さ
まざまな人々の結びつきが家族として登場することになる。

（2）選択保障としての家族政策

　個人化の時代においても，家族政策が必要であることに変わりはない。
現代家族が「個人が生きていくための連帯の仕組み」として機能するた
めには，政策主体による家族の規制と家族への給付が不可欠である。
　現代の家族を個人のライフコースの束とみなせば，家族問題に対する
見方も変わってくる。家族問題は，家族という集団のライフサイクル上
に生じる問題ではなく，家族を構成する個人のライフコース上に生じる
問題であり，かつ，それは家族メンバーそれぞれのライフコース上で共
鳴しながら生じる問題とみなされる。つまり，家族問題はひとつの家族
集団の問題として一面的に捉えるのではなく，家族メンバーそれぞれの
ライフコース上での出来事として多角的に捉えなくてはならない，とい
うことである。たとえば，保育に関わる家族問題は，子のライフコース
では人生初期の要ケア期，親のライフコースでは職業上のキャリア形成
期というように，異なるライフコース上で同時に発生し，互いのライフ
コースに影響を及ぼす問題というわけである。
　そうすると，家族問題に対する政策対応においても，家族のなかの個
人に着目することが求められる。つまり，家族問題の予防や解決のため
に行われる，政策主体による家族の規制や家族への給付は，個人に家族
という選択を保障するためのものでなければならないということであ
る。その際，重視されるべきは家族のなかの弱者に対する保護である。
家族が複数の個人から構成される以上，そこには必ず権力関係が発生す
る。家族のなかで強者による弱者の支配が生じないよう，すなわち，強
者の選択により弱者の選択が歪められることのないよう，国は家族メン
バー間の権利義務や家族紛争の調整ルールの規制を強化し，また，選択

の自由を保障するために必要なさまざまな資源（人的資源，物的資源，経済的資源のほか情報や時間といった資源等）の給付を行う必要がある。こうしてみると，現代の家族政策は個人の人生を左右するほど重要なものであることがわかる。すべての選択が保障されるわけではないとしても，多様な家族やライフスタイルの選択が保障されるためには，家族政策のいっそうの拡充が求められる。

（3）家族の自律性の確保

　家族政策の拡充が求められるなかで議論となるのが，家族という私的領域への公権力の介入という問題である。公権力の家族介入に関しては，国家と家族という公私区分による公私二元論をどう評価するかにより，相反する意見がある。一方で，家族は私的領域であり，国家は家族に介入すべきでない，という「家族不介入」原則を支持する主張があり，他方で，この原則に異議を申し立て，個人を救済するために国家は家族に介入すべきとの立場から「家族介入」を要請する主張がある。

　従来の家族不介入を原則とする公私二元論に対して，批判的議論を展開したのが，1960 年代後半以降に登場した第二波フェミニズムである[4]。政治学者の C. ペイトマンは，公私二元論が家族を「自然」，家族以外を「人為」とし，異なる原理を適用している点を問題にする（Pateman 1989）。というのも，家族を「自然」とみなすことで家族が聖域化され，その結果，家長による女性や子どもの抑圧が温存されてきたからである。

　また，フェミニズム法学者の F. オルセンは，家族は婚姻制度や相続制度などからなる法制度であり，まさに国家による構成物であると指摘し，家族を「自然」とする見方を否定する。オルセンは「家族の成立と機能には国家が深く関わっており，国家が家族に介入するか，しないかを論じるのはナンセンスである」と述べ，国家の家族介入の自明性を指摘している（Olsen 1985）。そのように考えると，国家が何もしないことも家長に権力を与えるという国家の政策，すなわち一種の家族介入であり，「家族不介入」の議論は成立しないといえる。

　このような第二波フェミニズムの主張によって，公私二元論のイデオ

ロギー性が明らかとなり，国家の家族介入に正当性が与えられる。実際，このような理論的裏づけによって，従来は家族内で発生する問題であるがゆえに放置されてきた，夫婦間暴力や児童虐待に対して，ようやく公権力の介入が行われるようになってきた。こうしてみてくると，単純な公私区分に基づく「家族不介入」原則には理論的根拠がなく，国家の家族介入は支持される。

　家族政策の拡充は国家の家族介入の拡大ということになるが，個人の選択保障のためにそれは認められる。しかし，家族はあくまで私的領域であり，国家に対抗すべく，家族の自律性が確保されていなければならない。よって，家族法関連の政策および家族福祉関連の政策のいずれについても，国家による不当な家族介入とならないようチェックが必要である。

　家族法関連の政策については，家族のあり方の多様な選択肢を認めるための改革が求められるが，同時に，家族問題の私的な解決のガイドラインとして規制を強化することも必要である。それは，家族のなかの弱者の権利を保護することであるが，前述のとおり，日本の家族法はその点が脆弱である。民法学者の水野紀子によると，日本の家族法は権利義務の具体的内容を当事者の協議に委ね，実質的には内容を規定しない「白地規定」が多く，しかも，当事者の協議で不当な内容の合意がなされた場合や協議がまとまらなかった場合に対する配慮が十分でないという（水野 1998a, 1998b）。水野は「私人間の関係を規律する民法の枠の中で，個人の自由の確立と法の保護とを調和させていくという観点から，民法として実態的な内容を持つ家族法を再構築していく必要があろう」（水野 1998b：670）と指摘しているが，これは家族政策の観点からも要請される。

　また，家族福祉関連の政策については，その拡充により，国家の家族介入は広範で細部に及ぶことなる。家族政策による支援を家族の側から捉えなおすと，家族が支援を受けることは，同時に私的領域を開放することでもある。現代家族は支援を必要とし，その代わりに私的領域の開放に応じているが，私的領域の全面的な開放に同意しているわけではな

い。個人化時代において，人々が家族を形成し，維持しようとするのは，それが私的領域として意味を持つからである。よって，問題の性格に応じて，公権力の介入を容認する範囲を見極め，公私の境界線をあらかじめ画定しておく必要がある。たとえば，子育て支援について考えてみても，妊娠に関わる問題，出産に関わる問題，養育に関わる問題では，公私を分ける境界線の位置は異なるはずである。なし崩し的な家族介入を未然に防ぐには，一つひとつの問題について公私の境界線を検討することが課題といえる。それは家族政策の政策主体の意図を精査することにほかならない。

》》 注

1）ただし，庄司は1998年に，家族と社会福祉の理論的整理に関して，「かつてその仕事に取り組んだことがあるが，十分成功したとは思えないまま放置している」（庄司1998：34）と述べている。これは，本書で紹介した1986年刊行論文の理論的整理について言及しているものとみられる。

2）「家族の主流化」に依拠して，あらゆる政策を検討すべきであるが，本書ではすべてを取り上げることはできない。よって，狭義の家族政策に限定するが，なかでも個人化時代の家族政策（後述）として喫緊の課題といえるテーマを選定し，検討する。なお，家族法関連の政策と家族福祉関連の政策のうち，後者については，その対象を現実の生活の単位である「世帯」とするものも少なくない。世帯は住居と生計を共にする人々の集団を指し，集団として把握しやすく，行政の施策において多用される。家族は世帯に比べ，より複雑な概念であるが，両者は重なる部分も多い。本書では，世帯を対象とするものも家族政策として扱い，必要に応じて，家族と世帯を区別して用いる。

3）「規制」と「給付」という区分は，社会政策の目的を実現する手段を参考にしたものである（武川2001：157）。なお，庄司は，政策主体による家族への働きかけ方のありようとして，「規制」と「支援」に分けているが（庄司1999：137），後述のとおり，本章では政策の手段と機能の関係を考慮し，政策手段としては「規制」と「給付」の区分を採用している。

4）なお，公私二元論はリベラルな近代立憲主義の基本となっており，第二波フェミニズムによる公私二元論批判はリベラリズム批判ともみなされる。しかし，リベラルな近代立憲主義の議論では，主に「政治と非政治」という公私の区分が観念されており，私的領域を「家族」と捉え，「家族と非家族」を公私区分と観念

したうえで，公私二元論を批判する第二波フェミニズムとはその点にズレがある（巻 2006）。

参考文献

Beck, U., 1986, *Risikogesellschaft: Auf dem Weg in eine andere Moderne*, Suhrkamp Verlag.（東廉・伊藤美登里訳，1998，『危険社会——新しい近代への道』法政大学出版局.）

藤崎宏子，2000，『親と子——交錯するライフコース』ミネルヴァ書房.

Kamerman, S. B. and Kahn, A. J. ed., 1978, *Family Policy: Government and Families in Fourteen Countries*, Columbia University Press.

巻美矢紀，2006，「『公私区分』再考」憲法理論研究会『"改革の時代" と憲法』敬文堂：107-119.

水野紀子，1998a，「団体としての家族」『ジュリスト』1126：72-77.

水野紀子，1998b，「比較法的にみた現在の日本民法——家族法」広中俊雄・星野英一編『民法点の百年 Ⅰ 全般的観察』有斐閣：651-690.

落合恵美子，1994，『21世紀家族へ——家族の戦後体制の見かた・超えかた』有斐閣.

Pateman, C., 1989, "Feminist Critiques of the Public/Private Dichotomy," C. Pateman, *The Disorder of Women: Democracy, Feminism, and Political Theory*, Stanford University Press, 118-140.

庄司洋子，1986，「家族と社会福祉」『ジュリスト増刊総合特集 41・転換期の福祉問題』有斐閣：131-138.

庄司洋子，1998，「政策単位の個人化という課題」『家族学のみかた』（アエラムック）朝日新聞社：34-37.

庄司洋子，1999，「家族政策」庄司洋子・木下康仁・武川正吾・藤村正之編『福祉社会事典』弘文堂：136-137.

総務省，2019，「労働力調査（基本集計）平成 30 年（2018年）平均（速報）結果」，（2019年 7 月 31 日 取 得，https://www.stat.go.jp/data/roudou/sokuhou/nen/ft/pdf/index1.pdf）.

武川正吾，2001，『福祉社会——社会政策とその考え方』有斐閣.

利谷信義，1975，「戦後の家族政策と家族法」福島正夫編『家族 政策と法 1 総論』東京大学出版会：53-136.

山田昌弘，2004，「家族の個人化」『社会学評論』54（4）：341-354.

善積京子，2015，「日本の家族政策の展開」『追手門学院大学地域創造学部紀要』1：179-207.

2 | 福祉国家と家族

　本章では，家族政策の政策主体である福祉国家と政策対象である家族の関係について考える。まず，福祉国家論において家族が着目されるに至る議論の展開を確認し，つぎに，福祉国家が基底とする家族モデルに関する主要な議論について検討する。そして，日本の福祉国家における家族モデルを踏まえたうえで，最後に，福祉国家と家族をめぐる課題について考察する。

1. 福祉国家論の展開

（1） エスピン–アンデルセンの福祉国家レジーム論

　狭義の家族政策は，家族法関連の政策と家族福祉関連の政策からなるが（本書第1章），なかでも家族福祉関連の政策は，生活の広範に及ぶものである。その政策主体は，具体的な政策により国や自治体等さまざまだが，大局的にみれば福祉国家ということになる。本章では，家族福祉関連の政策主体を福祉国家と捉え，その基底にある家族モデルについて考えるが，そのためには，1990年代に登場した福祉国家レジーム論からみていく必要がある。

　1990年，社会政策学者のG.エスピン–アンデルセンは，福祉国家をその機能の違いから類型化し，「自由主義」「保守主義」「社会民主主義」の3つの福祉国家レジームを示している。その際，福祉国家を分類するための指標として用いられたのが，「脱商品化」と「階層化」である（Esping-Andersen 1990=2001）。

　脱商品化とは，個人や家族が労働市場に依存しないで生活できる程度を指す。そもそも資本主義社会において人は労働力を売って，その対価

で生計を維持している。そこでは，人は商品化されているといえる。脱商品化とは，そうした商品化された状態から人がどれだけ解放されているか，すなわち，労働力が十分に売れない場合でも，社会保障によってどれだけ所得が保障されているか，を示す指標である。また，階層化とは，福祉国家には社会階層を構造化する働きがあるとの考え方のもと，福祉国家体制がどのような階層構造を生み出しているか，を示す指標である。

　この脱商品化と階層化の程度を基準に，3つの福祉国家レジームが導かれている。第一の「自由主義」福祉国家レジームは，脱商品化が低く，階層化は二極化が特徴で，アメリカやオーストラリアなどのアングロサクソン諸国が該当する。ここでは貧困・低所得者向けに低水準の給付が行われ，受給者にスティグマ（汚名・恥辱）が付与される。第二の「保守主義」福祉国家レジームは，脱商品化は中程度で，階層化は高くなるタイプである。ドイツやフランスなどの大陸欧州諸国がこれにあたり，職域別の社会保険の割合が大きいのが特徴である。第三の「社会民主主義」福祉国家レジームは，脱商品化が高く，階層化は低いタイプで，北欧諸国が該当する。概して，全階層を対象に，普遍的な給付が行われるのが特徴である。この福祉国家レジーム論は国際的に大きな影響を与え，その後，さまざまな議論が展開されている。

（2）フェミニストによる批判

　エスピン－アンデルセンの3つの福祉国家レジームは影響力が大きかっただけに，批判も多かったが，なかでもフェミニストによる批判は厳しく，かつ正当なものであったといえる。その主張は，エスピン－アンデルセンは「ジェンダー・ブラインド」で，男性のライフスタイルしか視野に入っていない，というものである。その意味は，分析指標として用いられた脱商品化に対するフェミニストの批判をみるとわかる。前述のとおり，脱商品化とは労働力が商品化された状態からどれだけ解放されているか，ということを指す。エスピン－アンデルセンは脱商品化の程度によって福祉国家を評価できると考え，老齢年金，疾病給付，失

業保険を対象に，各国の脱商品化の度合いを数値化し，自由主義では脱
商品化の程度が低く，保守主義では中程度で，社会民主主義では高い，
と結論づけている。

　これに対し，フェミニストが展開した主張は次のようなものである。
「脱商品化」は，すでに労働力が商品化された状態から出発した考え方
であり，市場労働に参加している男性労働者を前提にしている。女性は
家族のためのケアワークを担当していることで，市場労働から排除され
るか，労働市場に参加できても二流労働者として不利に扱われ，自らの
収入を十分に得ることができない状態に置かれている。そのことが女性
にとっての問題であり，女性は脱商品化の前に，商品化を求めている。

　つまりこれは，女性が家庭内で行っているケアワークというアンペイ
ドワーク（支払われない労働）に対する認識が欠落している，という批
判である。

（3）「脱家族化」と福祉レジーム論

　エスピン-アンデルセンは，フェミニストからの批判を受けとめ，そ
の後の研究では「脱家族化」という概念を導入している[1]（Esping-
Andersen 1999=2000）。脱家族化とは，家族メンバーの福祉やケアに対
する家族の責任が，福祉国家または市場の働きを通じて，どの程度まで
緩和されるかという度合いであり，社会政策または市場が女性に「商品
化」のための自律性，あるいは独立世帯を築きあげるための自律性を与
えられるかどうかの度合いを指す。ようするに，脱家族化とは，家族に
依存しないで個人が生活できる程度，ということである。具体的には，
家族に対するサービス給付，子どものいる家族に対する経済的補助，公
的保育の普及率，高齢者ケアの提供を指標として，脱家族化の国際比較
分析がなされている。

　これらの分析結果を踏まえて，エスピン-アンデルセンはそれまでの
福祉国家レジーム論を福祉レジーム論へと進展させている。そこでは，
福祉の生産や供給において，家族，市場，国家の三者がそれぞれどの程
度の比重を占めるかという観点から，各国の福祉レジームが論じられて

表2－1　福祉レジームの特徴

	自由主義	社会民主主義	保守主義
役　割			
家族の役割	周辺的	周辺的	中心的
市場の役割	中心的	周辺的	周辺的
国家の役割	周辺的	中心的	補完的
福祉国家			
連帯の支配的様式	個人的	普遍的	血縁，コーポラティズム，国家主義
連帯の支配的所在	市　場	国　家	家　族
脱商品化の程度	最小限	最大限	高度（稼得者にとって）
典型例	アメリカ	スウェーデン	ドイツ・フランス

出典：Esping-Andersen（1999＝2000：129）.

　いる。それによると表2－1のとおり，自由主義レジームでは市場，保守主義レジームでは家族，社会民主主義レジームでは国家が中心的役割を担うと特徴づけられている。

　このように，福祉レジーム論はフェミニストの批判を受けとめ，家族によるケアも視野に入れ，国家，市場，家族による福祉の供給体制を提示したものとなっている。ただし，どのような家族を前提としているのか，家族のなかのだれがケアワークを担っているのか，といった点は問われていない。

2.　福祉国家と家族モデル

（1）男性稼ぎ主モデル

　フェミニストはエスピン－アンデルセンの福祉国家類型論を批判するだけでなく，ジェンダーの視点を投入した独自の福祉国家論を展開している。なかでも，J.ルイスが提示した「男性稼ぎ主モデル（male breadwinner model）」は，市場経済における労働だけではなく，家庭内での女性によるアンペイドワークも組み入れている点で，福祉国家を捉える有用な概念といえる[2]。ルイスは，福祉国家が「男性が稼ぎ手，女性はその被扶養者」という家族モデルに依拠する強さによって，福祉国家を類型化し，アイルランドやイギリスのような「強固な（strong）

表２－２　「男性稼ぎ主モデル」と「個人モデル」

評価要素	男性稼ぎ主モデル	個人モデル
家族イデオロギー	法的結婚 厳格な性別役割分業 　夫＝稼ぎ手 　妻＝ケアの担い手	特定の家族形態を優先しない 役割の共有 　夫＝稼ぎ手／ケアの担い手 　妻＝稼ぎ手／ケアの担い手
受給資格	夫と妻で区別	夫と妻で同一
受給資格の基礎	稼ぎ手	市民権，居住歴
給付の受給者	世帯主	個人
給付の単位	世帯，家族	個人
拠出の単位	世帯	個人
税制	夫婦合算税制 扶養控除あり	個人別税制 税控除は平等
雇用・賃金政策	男性を優先	両性を対象
ケアの領域	私的領域に委ねる	国家が強く関与
ケアワーク	アンペイド（不払い）	支払いあり

出典：Sainsbury（1994：153，1996：42）をもとに筆者作成.

男性稼ぎ主モデル」，スウェーデンのような「弱い（weak）男性稼ぎ主モデル」，フランスのような「修正された（modified）男性稼ぎ主モデル」という３つの類型を抽出している（Lewis 1992）。これは，現在の福祉国家が，程度の差はあれ，いずれも男性稼ぎ主モデルを内包していることを示している。

　そのほか，D. セインズベリの「男性稼ぎ主モデル」と「個人モデル」の２つの理念型も注目される[3]（Sainsbury 1996）。表２－２のとおり，個人モデルは男性稼ぎ主モデルの対極に位置づけられるもので，特定の家族形態を選好せず，夫と妻がともに稼ぎ手とケア役割の両方を担うことを前提とするモデルである。このような家族イデオロギーのほか，セインズベリの類型化がジェンダー平等の観点から評価されるのは，受給資格が労働市場での地位に基づくものか，それとも市民権や居住歴を基礎にしたものか，また，給付や拠出の単位が世帯か個人か，ケアワークが不払い労働か否か，といった点がモデルの構成要素となっていることである。

　というのも，これらは福祉国家における女性の市民権という問題と関わっているからである。そもそも市民権とは，市民であることから派生する権利と義務であり，福祉国家が提供する社会的給付への権利は，社会的市民権に基づくものとみなされる。しかし，これまでの福祉国家では，家庭内でケアワークを担っている女性の場合，その社会的給付に対する受給資格は夫の被扶養者という地位によって与えられてきた。セインズベリの個人モデルは，女性の社会的市民権は夫を媒介とした派生的権利にすぎない，という従来の男性稼ぎ主モデルの問題点を克服したモデルなのである。

（２）総ケア提供者モデル
①ジェンダー・エクイティー
　エスピン－アンデルセンに対するフェミニストの批判に立ち戻ると，問題は女性の家庭内でのケアワークが認識されていないことである。よって，男性稼ぎ主モデルに代わる新たなモデルの検討においても，その点が重要なポイントになる。そこで注目されるのが N. フレイザーの議論である。フレイザーは，女性が家庭内でケアワークに従事することを可能にしていた「家族賃金」，すなわち男性に対して妻子を扶養するのに十分な賃金を支給するというシステムが，脱工業化時代に入り，もはや維持できなくなったと指摘し，男性稼ぎ主モデルに代わり，今後の福祉国家が規範とすべき新たなモデルを検討している。その際，新しいモデルの評価基準として，「ジェンダー・エクイティー（gender equity）」という考え方を示している。
　フレイザーが男女平等（gender equality）ではなく，ジェンダー・エクイティー（gender equity）という概念を提起した背景には，フェミニズム理論における「平等（equality）」と「差異（difference）」をめぐる対立状況がある。女性の地位向上を目指すフェミニストのなかには，男女の平等を志向する立場と，男女の差異を強調する立場があり，前者は平等派，後者は差異派と呼ばれる。平等派は女性が男性と平等に扱われ，女性も男性と同等の経済的，政治的，社会的地位につける社会を実

現しようとする。他方，差異派は女性独自の役割に対する社会的承認によって，女性の地位向上をはかり，男女の違いが発揮できる社会を実現しようとする。

　双方の立場は相反しており，平等派は，差異の強調は性差の固定観念を強化し，男女の違いを根拠にした男性支配を許すことになる，と差異派を批判する。一方，差異派は，平等の主張は女性に男並みを強いるだけであり，男性中心社会を根本的に正すことができない，と平等派を批判する。そこで，この平等と差異の対立を超えて，フェミニズムが擁護すべき新しい規範的理論として提起されたのが，ジェンダー・エクイティーである。

　ジェンダー・エクイティーは，7つの規範的原理からなる複合的な概念とされている。第一の原理は反貧困原理（antipoverty principle）で，これは女性や子どもが貧困に陥らないということ，第二は反搾取原理（antiexploitation principle）で，経済的に弱い女性が夫や雇用主などから搾取されないということ，第三は平等収入原理（income-equality principle）で，男女の所得の不平等を生じさせないということ，第四は平等余暇原理（leisure-time-equality principle）で，仕事と家庭内でのアンペイドワークにより時間貧乏になることがないよう，余暇時間が男女に均等に配分されるということ，第五は尊重の平等原理（equality-of-respect principle）で，女性の人格と活動を軽んじないということ，第六は反周縁化原理（antimarginalization principle）で，女性も男性と同等にあらゆる分野へ完全に参加できるようにするということ，第七は反男性中心主義原理（antiandrocentrism principle）で，男性の生活パターンを基準とする男性中心の考え方をとらないということである（Fraser 1997＝2003）。

　このように，ジェンダー・エクイティーは，お金や時間という資源の面からも，また，人としての尊厳や社会への参加という文化的な面からも，女性が不当に扱われないよう配慮された概念である。まさに，ジェンダー・エクイティーは現代社会が希求する基本原理といえるものである。フレイザーはこれを評価基準として，福祉国家が依拠すべき家族モ

デルの検討を行っている。

②新たな規範的モデル

　新しいモデルを問うことは，女性が家庭内で遂行しているケアワークというアンペイドワークにどう対処するか，そのあり方を論じることである。そこでフレイザーは3つのモデルを検討するが，そのうちはじめの2つが「総稼ぎ手モデル（Universal Breadwinner Model）」と「ケア提供者対等モデル（Caregiver Parity Model）」である。

　総稼ぎ手モデルとは，女性も男性同様に一家の稼ぎ手の役割を担うというモデルである。そこでは女性も男性と同様に，自分自身やその家族を自分の稼ぎで養えるよう，女性の雇用が促進される。女性が担ってきたケアワークに対しては，市場あるいは国家によってケアサービスが提供される。もうひとつのケア提供者対等モデルとは，国家が家庭内のケアワークに手当を支給することでケアの価値を高め，ケア提供者を一家の稼ぎ手と対等な立場に引き上げるということである。そこでは多くの女性がケアワークに専念するか，またはケアワークとパートタイム雇用を兼ねることになる。

　先のジェンダー・エクイティーの原理からこの2つのモデルを評価すると，総稼ぎ手モデルは余暇の平等を促進できない点と，男性中心主義に立ち向かえない点が弱点となる。それは総稼ぎ手モデルのもとでも，すべてのケアワークを市場や国家に任せることは不可能であり，結局，一定のケアワークは家庭に残り，それを女性がアンペイドワークとして行うことになるからである。他方，ケア提供者対等モデルは収入の平等を促進できない点と，女性の周縁化を防げない点が弱点となる。それはこのモデルでは，女性とケアワークの結合が維持されたままで，女性は雇用されても周縁的労働者とみなされる可能性が高いからである。さらに，どちらのモデルも男性のケアワークへの参加を要求しないという問題を残している。総稼ぎ手モデルは女性を男性のあり方に近づけるにすぎず，ケア提供者対等モデルは女性も男性もほとんど変化させない。したがって，どちらもジェンダー・エクイティーの観点からは，望ましいモデルとはいえない。

　そこで，第三のモデルとして提示されたのが「総ケア提供者モデル（Universal Caregiver Model）」である。これは男性のあり方を変えることに主眼を置いたモデルで，男性を女性のあり方に近づけるものである。現在多くの女性が仕事とケアワークの両方をこなしているが，この現代女性のライフパターンを男女の規範とするものである。男性にも女性と同等のケアワークの担い手となることが要請され，男女が均等にケアワークを分担すれば，雇用の領域においても，男性のルートと女性のルートの分離はなくなる。そうすると，このモデルの下では，余暇の平等が促進され，男性中心主義も是正される。さらに収入の不平等や女性労働者の周縁化も緩和され，先の2つのモデルの弱点は克服される。よって，これがジェンダー・エクイティーの観点から最も望ましいと評価される（Fraser 1997=2003）。総ケア提供者モデルという呼び方はわかりにくいが，言い換えれば，「男女どちらも，稼ぎ手とケア提供者」という家族モデルである。

3.「総ケア提供者モデル」に向けて

（1）日本の福祉国家体制における家族モデル

　日本の福祉国家体制については，強固な男性稼ぎ主モデルとみなされる。それを端的に示しているのが，国民年金の第三号被保険者制度である。この制度は，1985年の年金改正で創設されたもので，被用者に扶養されている配偶者で所得が一定未満であれば，第三号被保険者として国民年金の強制適用対象となる。性別には中立的な制度だが，第三号被保険者のほとんどは女性であり，サラリーマンの妻ということである。第三号被保険者の保険料は，配偶者（サラリーマンの妻の場合は夫）が加入している年金制度が一括して負担する仕組みとなっており，第三号被保険者は保険料を支払わなくても基礎年金を受給することができる。そのため，片働き世帯を優遇している，あるいは，既婚女性の就労を抑制する，といった批判がある。

　第三号被保険者制度については，2000年7月に厚生労働省に設置された「女性のライフスタイルの変化等に対応した年金の在り方に関する

36

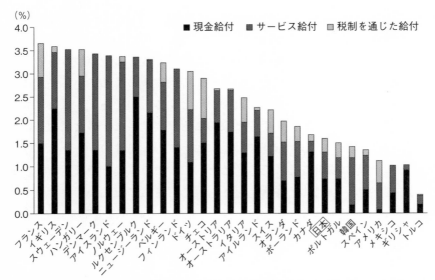

注：出典のデータのうち，1990年代までに OECD に加盟した29か国を記載．オランダ，
　　ニュージーランドは2011年，ポーランドは2014年．
出典：OECD（2019）の "Chart PF1.1.A. Public spending on family benefits" をもとに筆
　　者作成．

図2−1　子育て家族に対する公的支出：OECD 諸国（対 GDP 比，2015年）

検討会」で詳細な検討が進められ，2001年12月に公表された報告書で
は，第一案から第六案まで具体的な見直し案が示されている。しかし，
それから約20年を経た現在も改正に至っていない（2019年8月現在）。
こうした状況をみると，いかに男性稼ぎ主モデルが根強いか，日本の特
徴がよくわかる。

　しかも，日本は福祉の供給体制において，家族への依存が強い。エス
ピン−アンデルセンの福祉レジーム論は自由主義，保守主義，社会民主
主義の3類型であったが，政治学者の新川敏光はエスピン−アンデルセ
ンの脱商品化と脱家族化を指標として，福祉レジームの4類型を提示し
ている。そこでは，脱商品化を横軸，脱家族化を縦軸にした4区分から，
自由主義，保守主義，社会民主主義に加えて，「家族主義」が導き出さ
れている。家族主義は脱商品化が低く，脱家族化も低いタイプで，日本
はこの家族主義に位置づけられている（新川 2011）。つまり，日本は福

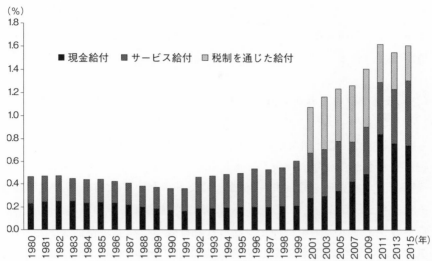

注：「税制を通じた給付」のデータは 2001 年以降のみ取得可。ただし，毎年のデータが得られないため，2001 年以降は隔年記載.
出典：OECD（2019）の "PF1.1.A. Public spending on family benefits, Public spending on families over time" をもとに筆者作成.

図2－2　子育て家族に対する公的支出：日本の推移（対 GDP 比，1980-2015 年）

祉供給における家族の比重が高く，国家による給付も少ないということである。

　実際，**図2－1**で子育て家族への公的支出の国際比較をみると，日本は OECD 29 か国のなかでも低いランクにとどまっている。これは，日本は少子化により子どもが少なくなったからというわけではない。図2－2でこれまでの日本の推移をみると，むしろ少子化問題が深刻化している 2000 年代以降，公的支出は増大している。ようするに，従来，日本は子育て家族に対する公的支出が非常に少なく，少子化対策で増加しているものの，それでも他の先進国との格差は大きい，ということである。

　前述のとおり，日本は強固な男性稼ぎ主モデルで，かつ，家族主義の福祉レジームである。つまり，福祉国家の役割は小さく，福祉国家は性別役割分業型の家族に依存している，ということである。しかし，すでに共働き世帯が片働き世帯を大きく上回っており（内閣府 2019），男性

稼ぎ主モデルと現実の家族との乖離は大きい。こうしてみると，男性稼ぎ主モデルの限界は明らかであり，日本でも総ケア提供者モデルへの転換が求められる。

（2）ライフスタイルの中立性問題

　ジェンダー・エクイティーを基準にすれば，総ケア提供者モデルが最も望ましいが，福祉国家が総ケア提供者モデルを基底とすることで，「夫婦と子どもからなり，両親がともに仕事と子育てを両立する家族」という画一的な家族像を規範化することになる，という批判も考えられる。そもそもジェンダー・エクイティーに基づく社会は，その原理からみて，特定のライフスタイルが押しつけられる社会ではなく，多様な生き方が尊重される社会のはずである。総ケア提供者モデルの福祉国家によって，同性カップル，ひとり親家族，片働き家族，カップル以外の形で人生を共有する人々，子どもをもたない人々など，多様なライフスタイルが排除されてはならない。

　このようなライフスタイルに対する中立性の問題は，総ケア提供者モデルに限らず，何らかの家族モデルを採用することで生じる問題ともいえる。そこで，特定のライフスタイルを前提とせず，しかも女性による家庭内でのケアワークに着目した議論として，フェミニズム法学者のM. ファインマンによる主張があげられる。ファインマンは，ジェンダー中立的な平等主義家族は現実的ではない，という認識のもと，家族が育児や介護などのケア負担の受け皿であることを見据えたうえで，子どもや高齢者などの「必然的依存」者のケア負担を担っている女性が，そのことのために「二次的依存」状態に陥っていることを問題視する。二次的依存とは，たとえば，女性は子どものケアの担っているために経済的に自立できず，自身も夫に依存しなくてはならないことをいう。子どもが女性に依存している状態が一次的依存であり，この一次的依存によってもたらされる依存状態，つまり，女性が夫に依存している状態が二次的依存である。

　そこでファインマンは，第一に，婚姻制度および核家族に対する法的

保護を廃止し，第二に，国家が保護すべき家族の単位を「母子ダイアド（母子対）」に体現される「ケアの受け手と担い手の関係」とすることを提唱している（Fineman 1995=2003）。

　ここでの「母」はケアの担い手を象徴するものであり，「子」はケアを必然的に必要とする存在を示すものであって，保護の対象を母子関係に限定するものではない。ただし，ファインマンは，女性の二次的依存を問題にしていることから，あえてジェンダー中立的な言葉ではなく，「母子」をメタファーとして用いている。このようにファインマンの主張は，これまで不可視化されてきた家庭内での女性によるケアワークを政策対象の中心とするものであり，男性稼ぎ主モデルの問題の核心をつく戦略的な提案といえる。しかし，福祉国家が保護の対象とする家族を「ケアの受け手と担い手の関係」とすると，その政策対象は極めて限定される。また，女性にケア責任が偏在している現状を追認することになり，ケア関係の変革の可能性を閉ざしてしまうという問題もある。よって，ファインマンの提唱は興味深いものの，福祉国家が依拠する家族モデルとしては採用できない。

　こうしてみると，総ケア提供者モデルにはライフスタイルの中立性問題が伴うが，これに依拠し，そこで生じる問題に対応策を講じていくことが最善の選択といえる。だれもが稼ぎ手とケア提供者を兼務しており，どちらか一方の役割から免除される人はいない，という前提で社会の土台を作っておくことは，多様なライフスタイルへの適応力を高めることになる。

　したがって，全体としては，総ケア提供者モデルの福祉国家を構想し，そのもとで，個々の制度設計や政策展開に関して，画一的なライフスタイルを強要していないか監視していくこと，そして，現実にライフスタイルによる不当な排除が生じている場合には，それらの個別事案を一つひとつ検証し，その結果を政策に反映させていくことが必要である。

（3）企業と家族という公私の再定位

　総ケア提供者モデルは，ジェンダー・エクイティーの観点からだけで

なく，従来の公的領域と私的領域の区分（以下，公私区分）に変革をもたらす可能性がある，という点からも評価される。

　公私区分については，政治学の議論では「国家と市民社会」という公私が観念されてきたが，フェミニズム法学者のF.オルセンは，私的領域に位置づけられてきた市民社会のなかに，さらに「市場と家族」という公私区分を見出している。すなわち，公的領域としての市場，私的領域としての家族である。市場と家族は相互依存的でありながら，対比的に捉えられ，市場は男性領域で家族は女性領域，市場は平等主義と個人主義が結合した領域で，家族は家庭内ヒエラルヒーと利他主義が結合した領域，とみなされる（オルセン 2009）。

　総ケア提供者モデルは，この「市場と家族」という公私区分に深く関わっている。総ケア提供者モデルを前述のとおり，「男女どちらも，稼ぎ手とケア提供者」とみなすと，公私区分の「市場と家族」は「会社と家庭」と置き換えることができる。そうすると，公的領域としての会社は，生産（市場労働），合理性・効率主義，男性の領域で，私的領域としての家庭は，再生産（家事・育児などのケアワーク），愛情・利他主義，女性の領域とみなされる。しかも，この会社と家庭という公私区分は，単に対比的な関係にあるだけではなく，そこには価値の序列があり，会社が上位で家庭が下位に位置づけられている。

　ジェンダー・エクイティーに基づけば，性別による公私の割当を解消するだけでは不十分で，公私の序列をなくし，両者を対等に位置づけなおす必要がある。したがって，総ケア提供者モデルによって，会社と家庭がともに男女の領域になったとしても，会社での稼ぎ手としてのあり方，家庭でのケア担当者としてあり方が変わらなければ，会社と家庭の論理と序列は何ら変化しない。

　総ケア提供者モデルの「男女どちらも，稼ぎ手とケア提供者」という考え方は，男性も女性も，会社においては「ケア提供者役割も担っている稼ぎ手」，家庭においては「稼ぎ手役割も担っているケア提供者」ということである。それは，会社の都合を家庭に持ち込み，家庭の都合を会社にも持ち込むことを意味する。これまでも，会社の都合は当然のよ

うに家庭に持ち込まれ,家庭は会社との調整をはかってきた。たとえば,転勤,残業,休日出勤に家族は当たり前のこととして対応してきた。しかし,基本的に,家庭の都合が会社に持ち込まれることはなく,家庭の都合を会社に持ち込まざるを得ない女性は,会社を退職するか,二流労働者の地位に甘んじてきた。

　ジェンダー・エクイティーを満たす社会を実現するには,合理主義・効率主義に基づく会社のシステムを,家庭の都合と調整可能なものに変えていくことが不可欠である。総ケア提供者モデルは,女性ばかりでなく,男性も家庭の都合を持ち込まざるを得ないアクターとして,公的領域に登場させる。それにより,会社の論理に修正を迫り,家庭に対する会社の優位性を揺るがすことができる。これは従来の公私区分を根本から変えることである。

　結局,男性稼ぎ主モデルから総ケア提供者モデルに組み替えていくことは,公的領域における人間像を改めることにほかならない。それにより,公的領域の原理が修正されれば,公私の価値の序列も変化する。「個人が生きていくための連帯の仕組み」としての家族(本書第1章)は会社に劣後するものではない。この公私区分の変革において,家族政策の果たす役割は極めて重要である。

》》注

1)「脱家族化」(de-familialization) は「脱家族主義化」と訳されることもある。
2) ルイスはその後,「男性稼ぎ主モデル」から「成人労働者モデル」(adult worker model) への変化を議論している (Lewis 2001)。
3) セインズベリはその後,ジェンダー・ポリシー・レジーム論として,「男性稼ぎ主レジーム」「分離型ジェンダー役割レジーム」「各人稼得者＝ケア提供者レジーム」を提示している (Sainsbury 1999)。

参考文献 ▌

Esping-Andersen, G., 1990, *The Three Worlds of Welfare Capitalism*, Princeton University Press. (岡沢憲芙・宮本太郎監訳, 2001, 『福祉資本主義の三つの世

界——比較福祉国家の理論と動態』ミネルヴァ書房.）

Esping-Andersen, G., 1999, *Social Foundations of Post-industrial Economies*, Oxford University Press.（渡辺雅男・渡辺景子訳, 2000,『ポスト工業経済の社会的基礎——市場・福祉国家・家族の政治経済学』桜井書店.）

Fineman, M., 1995, *The Neutered Mother, The Sexual Family and Other Twentieth Century Tragedies*, Routledge.（速水葉子・穐田信子訳, 2003,『家族, 積みすぎた方舟——ポスト平等主義のフェミニズム法理論』学陽書房.）

Fraser, N., 1997, *Justice Interruptus: Critical Reflections on the "Postsocialist" Condition*, Routledge.（仲正昌樹監訳, 2003,『中断された正義——「ポスト社会主義的」条件をめぐる批判的省察』御茶の水書房.）

Lewis, J., 1992, "Gender and the Development of Welfare Regimes," *Journal of European Social Policy*, 2（3）: 159-173.

Lewis, J., 2001, "The Decline of the Male Breadwinner Model: Implications for Work and Care," *Social Politics: International Studies in Gender, State & Society*, 8（2）: 152-169.

内閣府, 2019,『令和元年版 男女共同参画白書』,（2020 年 2 月 10 日取得, http://www.gender.go.jp/about_danjo/whitepaper/r01/zentai/index.html）.

OECD, OECD Family Database,（2019 年 8 月 8 日取得, www.oecd.org/social/family/database）.

オルセン・フランシス（寺尾美子編訳）, 2009,『法の性別——近代法公私二元論を超えて』東京大学出版会.

Sainsbury, D., 1994, "Women's and Men's Social Rights: Gendering Dimensions of Welfare States," Sainsbury, D. ed., *Gendering Welfare States*, SAGE, 150-169.

Sainsbury, D., 1996, *Gender, Equality and Welfare States*, Cambridge University Press.

Sainsbury, D., 1999, *Gender and Welfare State Regimes*, Oxford University Press.

新川敏光編, 2011,『福祉レジームの収斂と分岐——脱商品化と脱家族化の多様性』ミネルヴァ書房.

3 │ 戦後憲法と家族

　本章では，家族政策のあり方の根幹に関わる問題として，憲法と家族をテーマとし，憲法の家族保護条項に焦点をあてて考える。まず，家族保護条項の意味を確認し，つぎに，憲法第24条の制定過程における議論の経緯を跡づける。そして，戦後日本の憲法改正の動きと第24条をめぐる議論を検討し，最後に，日本における家族保護条項の特殊性について考察する。

1.　家族保護条項とは

　日本国憲法で家族が保護されているかについては，いくつかの考え方があるが（米沢 1992：274-280），本章ではその解釈ではなく，憲法の条項に「家族の保護／尊重」あるいは「家庭生活の保護／尊重」といった文言を置くことに焦点化して考えていく。このような明文規定のことを本章では「家族保護条項」と呼ぶ。家族保護条項をめぐっては，後述するとおり，日本でもさまざまな議論が展開されてきた。憲法の家族保護条項は，家族政策の根幹に関わる問題であり，その議論の経緯と特徴を押さえておくことは，現在の家族政策を検討するうえで欠かせない。

　日本国憲法で「家族」という文言が用いられているのは，第24条のみである。第24条は次のとおり，家族関係における個人の尊厳と両性の平等を謳ったもので，「家族」の語は第2項に入っている。

【日本国憲法】
　第24条　婚姻は，両性の合意のみに基いて成立し，夫婦が同等の権利を有することを基本として，相互の協力により，維持されなければ

ならない。

　2　配偶者の選択，財産権，相続，住居の選定，離婚並びに婚姻及び家族に関するその他の事項に関しては，法律は，個人の尊厳と両性の本質的平等に立脚して，制定されなければならない。

　これをみるとわかるとおり，日本国憲法に家族保護条項は置かれていない。それは日本に限ったことではなく，憲法に家族保護条項があるかないか，その状況は国によってさまざまである[1]。家族政策の観点から，日本でよく取り上げられるのがドイツ基本法の家族保護条項である（倉田 2008，齋藤 2010）。ドイツ基本法は憲法に相当するが，その第6条に「婚姻と家族は国の特別な保護を受ける」と規定されている。その前身は，1919 年のワイマール憲法第119条であるという。

　また，国連の宣言や条約にも家族保護条項が置かれている。「世界人権宣言」は「すべての人民とすべての国とが達成すべき共通の基準」として，1948 年の第3回国連総会で採択された宣言だが，その第16条第3項に「家庭は，社会の自然かつ基礎的な集団単位であって，社会及び国の保護を受ける権利を有する」とある[2]。

　さらに，「国際人権規約」にも家族保護条項を見出すことができる。国際人権規約には，「経済的，社会的及び文化的権利に関する国際規約」と「市民的及び政治的権利に関する国際規約」があり，前者は社会権規約，後者は自由権規約と略されるが，いずれも 1966 年の第21回国連総会で採択されている。家族保護条項は自由権規約の第23条第1項にあり，「家族は，社会の自然かつ基礎的な単位であり，社会及び国による保護を受ける権利を有する」と規定されている。また，社会権規約にも家族に関する規定が含まれており，第10条第1項に「できる限り広範な保護及び援助が，社会の自然かつ基礎的な単位である家族に対し，特に，家族の形成のために並びに扶養児童の養育及び教育について責任を有する間に，与えられるべきである。（略）」とある。国際人権規約は世界人権宣言と異なり，条約であり，締約国は規約に規定された権利を尊重し，その実現を確保しなくてはならない。日本は 1979 年に社会権規約，

自由権規約のいずれも批准している[3]。

　このように国際文書にも家族保護条項がみられるが、前述のとおり、日本国憲法の第24条には家族の文言はあるものの、家族保護条項は規定されていない。しかし、これまでの憲法改正の議論では、第9条と並び第24条も取り上げられており、家族保護条項はしばしば大きなトピックとなってきた。では、そもそも日本国憲法第24条はどのような経過で、家族保護条項を欠く現在の形になったのだろうか。

2. 日本国憲法第24条の制定過程における議論

(1) シロタ草案・GHQ草案・帝国憲法改正案

　日本国憲法第24条は、GHQ民政局員のベアテ・シロタによる草案がもとになっている（辻村 1997：210）。彼女はウィーン生まれだが、父のレオ・シロタが著名なピアニストで、戦前、東京音楽学校（現・東京芸術大学）教授を務めていたことから、その娘として5歳から15歳までを日本で生活している。それから単身アメリカに渡り、戦後、両親のいる日本に再来日し、民政局員として日本国憲法の草案づくりに参画している。シロタは当時22歳で法律の専門家ではなかったが、人権に関する小委員会に配置され、人権条項のうち、女性の権利と教育の自由を担当している。少女期に戦前の日本女性の惨状を見聞きしていたことから、都内のいくつもの図書館から憲法の本を集め、「日本の女性にはどういう権利が必要であるか」を考えて起草したという[4]。実際、シロタは、家族に関する規定のほかにも、妊婦および幼児を持つ母親に対する国の保護、婚外子に対する法的差別の禁止と婚外子の権利の保障、長男の権利の禁止、子どもに対する無償の医療など、女性や子どもの福祉に関わる詳細な条項を起草している（辻村 1997：210）。

　日本国憲法第24条のもととなるシロタの草案「18」は、次のとおりである。

【シロタ草案（GHQ原案）】

18　家族は、人間社会の基礎であり、その伝統は、よきにつけあしき

につけ国〔全体〕に浸透する。それ故，婚姻と家庭とは法の保護を受け
る。〔そして，婚姻と家庭とは，〕争いなく認められている両性の法的か
つ社会的平等に基礎を置き，親の強制ではなく相互の合意に基づき，か
つ男性の支配ではなく〔両性の〕協力に基づくべきことを，ここに定め
る。これらの原理に反する法律は廃止され，配偶者の選択，財産権，相
続，住居の選定，離婚並びに婚姻および家族に関するその他の事項を，
個人の尊厳と両性の本質的平等の立場から見る他の法律に替えられる。

（和田 2010：30-31）

　これをみると，第二文に家族保護条項が置かれている。シロタは起草
にあたり諸外国の憲法を参照しているが，家族保護条項については，ワ
イマール憲法第 119 条によるとみられている。当時，憲法で婚姻や家族
を保障していたのは，ヨーロッパ諸国の憲法ではワイマール憲法しかな
い。ただし，ワイマール憲法第 119 条が保護の対象としている家族は，
キリスト教，とくにカトリック的な保守的な婚姻を基礎とするものであ
り，シロタの思い描く家族とは異なるという（光田 2004：454, 472-3）。
　シロタの草案は GHQ 民政局の運営委員会で審議され，そこでは社会
立法に関わる細かい点は憲法には規定しないこととなり，シロタが起草
した女性や子どもの福祉に関連する条項案は削除されている（和田
2010：30-31）。
　上記の家族に関する条項案は残ったが，その後の民政局内での審議に
より，第二文の家族保護条項は削除されている。その理由としては，「こ
のようなことは憲法で規定するのが妥当かどうか疑問であり，むしろ法
律の規定に待つべきであると指摘されたため」と考えられている。さら
に，第三文では，婚姻と家庭の両方について定められていたが，「家庭」
が削除され，「婚姻」のみの規定に修正されている（高柳・大友・田中
編 1972：169-170）。
　こうして，民政局の審議段階で，シロタ草案の「18」は家族保護条項
が削られ，さらに婚姻と家庭の両方に重点を置いていたものが婚姻につ
いて規定するものとなり，GHQ 草案の第 23 条として次のようにまとめ

られている[5]。

【GHQ 草案（1946 年 2 月 13 日）】
第 23 条　家族ハ人類社会ノ基底ニシテ其ノ伝統ハ善カレ悪シカレ国民
ニ浸透ス婚姻ハ男女両性ノ法律上及社会上ノ争フ可カラザル平等ノ上ニ
存シ両親ノ強要ノ代リニ相互同意ノ上ニ基礎ヅケラレ且男性支配ノ代リ
ニ協力ニ依リ維持セラルベシ此等ノ原則ニ反スル諸法律ハ廃止セラレ配
偶ノ選択，財産権，相続，住所ノ選定，離婚並ニ婚姻及家族ニ関スル其
ノ他ノ事項ヲ個人ノ威厳及両性ノ本質ニ立脚スル他ノ法律ヲ以テ之ニ代
フベシ

（国立国会図書館 2004）

　これが日本政府に示されるが，日本側は，第一文の「家族ハ人類社会
ノ基底ニシテ其ノ伝統ハ善カレ悪シカレ国民ニ浸透ス」は，日本の法文
の体裁に合わず，かつ，必ずしも憲法上に書く必要もないとして削除し
ている（高柳・大友・田中編 1972：170）。加えて，第二文と第三文も
文言上の修正がなされ，GHQ 草案第 23 条は，帝国憲法改正案の第 22
条として次のようになっている。

【帝国憲法改正案（1946 年 6 月 20 日）】
第 22 条　婚姻は，両性の合意のみに基いて成立し，夫婦が同等の権利
を有することを基本として，相互の協力により，維持されなければなら
ない。
配偶者の選択，財産権，相続，住居の選定，離婚並びに婚姻及び家族に
関するその他の事項に関しては，法律は，個人の権威と両性の本質的平
等に立脚して，制定されなければならない。

（国立国会図書館 2004）

（2）帝国議会における議論
①衆議院での審議

　帝国憲法改正案（以下，政府案）は，1946 年 5 月 16 日に召集された第 90 回帝国議会に提出され，衆議院，貴族院の順に審議されている。前述のとおり，シロタが起草した家族保護条項はすでに GHQ 草案に至る過程で削除されており，政府案の第 22 条にも置かれていない。しかし，衆議院でも参議院でも，家族保護条項を定めてはどうか，という議論が展開されている。まず，衆議院からみてみよう。

　政府案は，衆議院に上程後，帝国憲法改正案委員会に付託され，同委員会内に修正案作成のための小委員会が設置されているが，その各審議において，社会党議員が政府案の第 22 条に「家庭生活の保護」の条文を追加するよう提案している[6]。

　委員会に付託される前の本会議では，社会党議員が次のように発言している[7]。

　鈴木義男　草案第 22 条は，婚姻其の他に於ける男女の平等を規定して居りますが，古き家族制度の解体，新しい家庭の成立に当りまして，将来親子，兄弟，姉妹の関係等を合理化する必要を認めまするから，家庭生活の保護と云ふことを追加致して置きたいのであります

（衆議院本会議 1946 年 6 月 26 日）

　これに対し，政府側からは憲法における国民の権利の規定に関する全般的な見解が示されただけで，具体的な議論にはなっていない。その後，政府案は委員会で審議されるが，そこでも社会党議員が同様の主張を述べ，政府側と次のようなやり取りをしている。

　黒田委員　単に婚姻に於ける男女間の平等の規定だけでなくて，更に我が国民生活の実情に基き，家庭生活に付きましても，国家として是が円滑に遂行し得られるように保障する必要があると思うのであります，（中略）之に付きまして政府は積極的に憲法上に於て，国民の家庭生活を保障する意味の条項を規定して，将来の立法に対する指針とされる御方針はございませんでしょうか

　金森国務大臣　「家族に関するその他の事項」と云う肩書を以ちまして，個人の権威と両性の本質的平等に立脚して制定せらるべき旨を規定し，其の他のことは今後の此の憲法の持って居る大精神に基いて，個々の立法に依って最善の目的を達成したいと考えて居ります

　黒田委員　「家族に関するその他の事項」と云うのと，私が只今質問しました意味での国民の家庭生活の保障と云うのとでは，範囲が大分違うと思います，是も議論になると居(ママ)いますが，私は此の第22条の第2項に現われて居りますだけでなくて，積極的に新しい条文乃至項目を設けて，国民の家庭生活は之を保障すると云う意味の積極的なる規定をなすべきことを主張したいと思います，併し此の点は此の辺で打切ります

　　　　　　　　　（衆議院帝国憲法改正案委員会 1946 年 7 月 2 日）

　このように委員会でも議論は深まっていないが，その後の小委員会においても，社会党議員が修正意見を述べ，政府側との間で次のようなやり取りが行われている。

　鈴木（義）委員　「家庭生活は保護される」と云うことを提案したのですが，それはどうでしょう，そう云うのを入れるのは一寸難かしいようですが，此の「家族に関する」と云う所に，「家族生活に関するその他の事項に関しては」と入れることに依って，略略其の目的を達すると思うのです

　（中略）

　佐藤（達）政府委員　理詰めで考えますと，今「家族に関する」とある「家族に関する」と云う言葉の中には，「家族生活」も入り得る表現だと思います，それを潰してしまって，「家族生活」と云うことだけにしてしまうと，原案より狭くなりますね，本当を言うと，「家族生活その他の家族に関し」と云う言葉を重ねないと，幅が狭くなるような気がします

　鈴木（義）委員　それでは，どっちにしても難かしいから，是も撤回します，「生活」を入れることも撤回します

（衆議院帝国憲法改正案委員小委員会 1946 年 8 月 1 日）

　社会党による当初の提案は，家族福祉に関する立法の指針として，家族保護条項を憲法に置こうとするものであったと考えられる。しかし，小委員会の提案では当初の趣旨は後退し，「家族生活」の文言を入れるというだけの提案になっている。当初の家族保護条項の提案は，生活権の保障，とくに社会福祉および社会保障に関する憲法規定と関連することから，第 22 条での家族保護条項の明文化にこだわらなかったものとみられる。しかしこれにより，政府委員との間で家族保護条項について議論する機会が失われることとなった。

　結局，衆議院では，政府案の第 22 条については，「個人の権威」が「個人の尊厳」に修正されただけで，条番号を第 24 条に改めたものが貴族院に送られている。

②貴族院での審議

　前述のとおり，衆議院での第 22 条の審議では，家族保護条項に関する十分な議論は行われていないが，同条をめぐっては，保守派も議論を展開している。たとえば，衆議院の本会議で「我が国の家族制度と天皇制とは非常に密接なる関係のある従来の旧慣制度」「我が国の家族制度なるものは，是は我が国の所謂神ながらの道」「我が国の家族制度あって，此の日本国の家族から天皇陛下の御膝元に大道が通じて居る」といった発言がなされている[8]。発言のなかでたびたび登場する「家族制度」という言葉は，明治民法の「家」制度に代表される，戸主の強い統制下にある家父長的な家族制度のことである。こうした家族制度を擁護する思想が強くみられる時代状況のもと，貴族院では衆議院での社会党による提案とはまったく異なる観点から，家族保護条項が提案されている。

　貴族院でも，改正案は本会議，委員会（特別委員会）および小委員会で審議されているが，いずれにおいても，家族保護条項の挿入を求める意見が出されている。

　その中心人物は法学者の牧野英一（無所属）である。彼は本会議での改正案の趣旨説明後の質疑応答において，「我々の現実に営んで居る家

族協同体の生活を基本として，此の家族協同体と云うものを法律上適当
に保護し，奨励し，其の発展を促進すると云うことは，矢張り憲法上の
問題としても重要なことであろうと思います」と述べている[9]。ここで
牧野が，保護しようとしているのは，醇風美俗と称される旧来の道徳的
家族である。

　特別委員会においても，牧野は「家族生活に付ても，何か斯う穏かな
一原則を掲げて頂く訳には行きますまいか，（中略）仮に家族生活の健
全なる発達を保障し，保護すると云ふ精神で規定を設けると云う試みを
致しましたならば，それは此の憲法改正案の全体に亙って不都合を生じ
ることでございましょうか」と条文の追加を求めている[10]。さらに，
小委員会でも「家族制度の原則として『家族生活はこれを尊重する。法
律は家族生活の平和及健全の保持の為に制定せねばならぬ』を 24 条の
前に設けて頂きたい」と述べ，それに保守系議員の田所美治が同調して
いる[11]。小委員会では田所自身も「家族生活はこれを尊重する」の挿
入を提案しており，それには賛否の意見が出されている[12]。

　その後の特別委員会では，小委員会の委員長報告が行われており，そ
こでは「家族生活は之を尊重する」の挿入を求める意見が出され，多数
の委員から支持があったと報告されている[13]。この特別委員会では，
牧野は自説を主張するにとどめているが，田所は次のような修正提案を
行っている。

　田所美治　此の憲法の中に我が国の社会生活の基礎と申しますか，延
いては国体観念の基礎になる家族主義と言いますか，家族団体と言いま
すか，家族生活と申しますか，家族に関する…我が国の家と申しますれ
ば，（中略）第 1 項に「家族生活はこれを尊重する」,「リスペクト」する，
「リガード」する，忘れては居ないぞと云う，斯う云うことの規定を加
えることに御賛成を願いたいと斯う申すのであります
　　　　　　　　　　（貴族院帝国憲法改正案特別委員会 1946 年 10 月 3 日）

　この提案については，委員会で採決がなされ，賛成の起立少数で否決

されている。その後，改正案は本会議で最終段階の審議が行われるが，そこでは牧野と田所が連名で，第24条に第1項として，「家族生活はこれを尊重する」を加える，という修正案を発議している。本会議で牧野はこの修正発議について，次のように説明している。

牧野英一　申す迄もなく「父母に孝に兄弟に友に夫婦相和し」と云うことが家族生活の本質であり，本体であり其の一つを欠いても既に家族生活を理解すると云うことは出来ないことと心得ます，（中略）是は独り法律問題であるに止まりませぬ，更に教育上の問題であり，思想上の大きな問題と考えられます，（中略）家族生活其のものは之を平和的に，之を民主的に保持し，矢張り依然十分之を尊敬し続けると云うことがなければなりますまい，是は我が国の美風として考えられるばかりではござりませぬ，先進諸国に於ても此の点は矢張りやかましく論じられて居るのでありまして，実に人類普遍の法則であると言はねばなりませぬ

（貴族院本会議 1946年10月6日）

本会議ではこの修正案に対して，反対の討論がなされた後，起立投票が実施されている。しかし，可否の確認ができず，記名投票が実施され，その結果，投票総数300のうち，賛成が165，反対が135で，賛成が2/3に達せず否決となっている[14]。こうして，第24条については，衆議院から送られてきた改正案が成立しているが，貴族院では保守派からの家族保護条項の提案が繰り返され，最後の本会議での牧野らの修正発議の採決では，否決されたとはいえ，賛成が過半数を占めている。

　以上のとおり，日本国憲法第24条の成立過程において，帝国議会では衆議院でも貴族院でも家族保護条項を求める主張が展開されているが，その考え方はまったく異なる。そして，それぞれの議論を詳細にみていくと，保守派からの主張が強力，かつ執拗に繰り返されているのがわかる。

3. 憲法改正の動きと第24条をめぐる議論

（1）対日講和条約締結後の動き

　1947年5月3日，日本国憲法が施行され，第24条の下で民法の「家」制度も廃止されたが，1951年に対日講和条約（サンフランシスコ講和条約）が締結され，1952年に同条約が発効すると，憲法改正の動きが活発になる。1953年12月には，内閣法制局が憲法の問題点について調査研究を終えた，と新聞が報じている。それによると，法制局が作成した資料には，問題点のひとつに「家の制度の問題」があげられ，「旧来の家の制度を廃止した第24条第2項の規定は日本の実情に適しないとの意見もあるのでこれを再検討する」と記されている[15]。

　そして，1954年3月に自由党憲法調査会が発足し，同年11月，自由党憲法調査会の「日本国憲法改正案要綱」が発表される。そのなかに，第24条に関しては次のようにある。

【自由党憲法調査会「日本国憲法改正案要綱」（1954年11月5日）】

　旧来の封建的家族制度の復活は否定するが，夫婦親子を中心とする血族的共同体を保護尊重し，親の子に対する扶養および教育の義務，子の親に対する孝養の義務を規定すること。農地の相続につき家産制度を取入れる。

（宮沢 1956：231）

　このように，家族の保護尊重のほか，孝養の義務の規定を求める内容となっており，先にみた貴族院での保守派による家族保護条項の提案と同様の主張がみてとれる。この要綱については，次のような説明がなされている[16]。

【自由党憲法調査会「日本国憲法改正案要綱説明書」】

　家族制度の問題については，憲法改正と関連して，とくに議論が多い。占領軍は憲法第24条と，民法の改正によって，わが国の家族制度に根

本的変革を加えた。これは日本の弱体化という，占領政策の線に副って
実行したものである。然し，わが国の従来の家族制度には，人権尊重の
立場から反省すべき点があった。家長の権限が強大であり，又女子の地
位の低かった点などは，改めるのが正しいから，憲法改正に当っても，
これ等の封建的色彩は，復活すべきでない。

　然しながら現行の憲法と之に基く教育方針が極端な個人主義の立場か
ら，家族という観念の抹殺を図ったのは行過である。夫婦親子を中心と
する家族は，人間性に由来する血族的共同体であって，健全な社会構成
のため保護尊重すべきである。現行憲法では夫婦関係についてのみ相互
協力の義務を規定し，親子関係については親の子に対する教育の義務を
規定するのに止まり，相互扶助のことは挙げて民法に譲っているのは妥
当を欠く。親の子に対する扶養義務と教育の義務については問題がない
が，子が親に対する尊敬と，老後の扶養については，今日学校教育その
他に於て著しく軽視され，時としては否認されている。生活力を失った
親は幼子と同じく弱者である。社会保障によって全部の老人の老後の安
泰を期することは，経済力の貧弱なわが国状の許さざる所である。憲法
に子の親に対する孝養の義務を規定して，人倫の大義を明らかにすべき
である。

（宮沢 1956：174-175）

　ここでは，憲法第24条とそれに基づく民法改正が「日本の弱体化」
のための占領政策とみなされている。そして，封建的な家族制度を否定
しつつ，夫婦親子を中心とする家族を保護尊重すべきと主張されている
が，その主眼は子による老親扶養の強化にほかならない。その理由も明
確に示されており，高齢者に対する社会保障を家族に代替させるためで
ある。

（2）1964年の憲法調査会報告書

　こうした動きに女性団体がいち早く反応し，団結して抗議の運動を展
開している（本書第4章）。そのほか，民法学者など多くの論者も新聞

や雑誌などで，家族制度復活を批判する議論を展開している。しかし，改憲を求める政治勢力により，1957年には内閣に憲法調査会が設置されている。この憲法調査会は，社会党が不参加のまま，1957年8月から約7年間，調査審議が行われ，1964年7月に最終報告が内閣および内閣を通して国会に提出されている [17]。

　報告書には，「家族の共同生活に関する原則および家庭生活の保護について，規定を設ける必要はないか」の賛否について，委員の意見が次のようにまとめられている [18]。

【政府の憲法調査会報告書（1964年7月）】

＜規定を設けるべきであるとする意見＞

・個人の尊厳，両性の平等のほかに家庭の『和親結合』と『持続発展』の二原則を加え，これらの四原則を家の内部秩序として憲法に明記し，民法，社会保障の法制その他の指導原理とすべきである。また個人のほか，自然の集団単位としての家，世帯もまた国家の基礎であるから，国家は厚生行政，財政政策，農業政策その他あらゆる面で家を保護する責任がある。したがって，婚姻または血縁に基礎をおく生活協同体としての家を国が保護する責務を規定しなければならない。

・第24条は旧来の日本的な家族制度を西洋的な家族制度におきかえたものとみるべきであるが，ここでは愛と犠牲がはたらくゲマインシャフトの性格が抹殺されている。したがって，家庭が，社会の自然的かつ基礎的な結合体であって，社会および国の保護をうける権利を有することを明記すべきである。

＜改正の必要はないとする意見＞

・個人の尊厳を中心とした近代主義の建て前は，くずすべきでなく，夫婦が単位となって市民的家庭が建設され，旧来の『家』の制度が崩壊していくことは，時代の必然である。この問題は道徳の面とか社会保障の拡充などで解決すべきである。

・先祖から子孫にまでわたって男子の系統を中心としてつながっていく

という原理の上に立った伝統的な『家』の制度は，家父長の権力とともに封建的な権威主義に結びついて，家庭生活の民主化を妨げるものであった。現行憲法が，個人の尊厳や法の下の平等などを第 13 条，第 14 条に定めたほかに，家庭生活における個人の尊厳と両性の平等について特別の規定をおいたことは，日本の伝統的な家族制度を近代化する上にも，また近代民主主義社会のあり方を示す上にも重要な意味があるといわなければならない。家族全体の幸福のため親和，敬愛，協力などを説くことは正しいが，これらのことは道義の問題であって，道徳や教育および社会政策にまかせるのがよく，それを法の世界に持ち込むことはなすべきではない。もしも，それらを法の世界に持ち込もうとするならば，それは従来の伝統的な『家』の制度における価値基準で判断されることとなり，近代的な家族生活のあり方を失わしめることとなる。

(憲法調査会 1964：563-564)

　ここでの家族保護条項に賛成の意見は，先にみた貴族院での保守派の主張に通じるものであり，家族道徳を重視し，これを憲法上明記することを求めるものである。一方の意見は，家族保護条項を「家」制度への回帰と捉え，これに反対している。こうしてみると，日本国憲法制定過程における帝国議会での議論が再開されているかのようである。

（3）2005 年の憲法調査会報告書

　憲法改正をめぐる政党や各種団体の動きはその後もみられるが，大きな展開は国会にはじめて憲法調査会が設置されたことである。1997 年の日本国憲法施行 50 周年を契機に保守政党を中心に憲法改正の議論が高まり，国会法の一部改正等を経て，2000 年 1 月，衆議院と参議院にそれぞれ憲法調査会が設置されている。いずれも約 5 年の調査の後，2005 年に最終報告書を各院の議長に提出している [19]。

　まず，衆議院の最終報告書をみると，そこには「家族・家庭に関する事項を憲法に規定することの是非」について，次のような意見が示されている [20]。

【衆議院の憲法調査会報告書 (2005 年 4 月)】

＜設けるべきであるとする意見＞

・顕在化している社会問題を解決するために，社会の基礎としての家族・家庭の重要性を再認識し，家族における相互扶助，家庭教育等の家族・家庭が果たしてきた機能を再構築する必要がある。そのためには，前文や各条項において，家族・家庭の尊重及び保護を明記することが必要である。

・憲法に家族・家庭の尊重を明記した上で，そのような憲法の指針に従い，具体的施策を展開していくべきである。

・24 条が行きすぎた個人主義の風潮を生んでいる側面は否定できない。

＜設けるべきではないとする意見＞

・近代立憲主義の流れからすると，家族・家庭の尊重のような徳目的な事項は憲法に書き込むべきではない。

・憲法が個人主義に偏っているとの批判があるが，個人主義は決して利己主義と同義ではなく，互いの人格を尊重し合うという意味であり，決して 24 条を否定的に見る必要はない。

・家庭崩壊等の社会問題を解決するには，憲法に家族の保護を規定するといった観念論ではなく，長時間労働の解消等，家族生活を守るための現実の政策の実現について，子どもの権利という観点から取り組むべきである。

・家族条項の規定が戦前の家制度への回帰につながることが懸念される。

（衆議院憲法調査会 2005：373-374）

　報告書にはこれらの意見のほかに，「家族・家庭の尊重のような徳目的な規定ではなく，国民が，家族的な価値を共有したり，享受することができるような政策を要求することができる権利又はそのような政策を実施する国の責務という性質の規定であれば，憲法上規定することもあり得るとする意見が述べられた」と記されている（衆議院憲法審査会

2005：374)。これは家族保護条項の議論として注目されるが，報告書では「その他」の扱いとなっており，主要な論点にはならなかったものとみられる。

　一方，参議院の憲法調査会報告書には，家族に関して，「家族，コミュニティなどを憲法に組み込むこと」について，次のような意見が示されている[21]。

【参議院の憲法調査会報告書（2005 年 4 月）】
＜肯定的な意見＞
・党の新憲法起草小委員会の検討（平成 17 年）においては，責務として追加すべきものとして，家庭を保護する責務などを挙げている（自由民主党）。
・現憲法では，人と人とのつながり，例えば家族の絆や郷土愛，環境等公共に対する姿勢や，社会を築いた先人への尊敬の念，すなわち伝統の尊重など，健全な社会の運営に必要不可欠な要素が明記されていない。

＜否定的な意見＞
・家庭・家族が崩壊している中で，家庭のことまで政治・行政が立ち入ろうとする動きがあるが，慎重に行うべき（公明党）。
・男女平等の観点からは，家庭の保護は，性的役割分担を押し付け，進み始めた女性の政治参加，政策決定の場への進出に障害物を持ち込むことになり，国連や世界各国の動向にも反する時代錯誤である。

（参議院憲法調査会 2005：107-108）

　報告書には，この点に関連し，「家庭・家族の重要性」について憲法に規定することを求める意見があった一方，それとは見方が異なる意見があったことも記されている。前者は「家族は社会を構成する重要な基礎的な単位であり，憲法にも家族に関する文言を盛り込むべき」「憲法には家庭について定めがないが，社会を構成する基本単位としての重要性をより高く評価し，イタリアやドイツのように，憲法の中にその意義

及び国家による配慮について規定するなど明確に位置付けることが必要」などであり，後者は「現憲法は女性解放の救世主であったが，家庭のしつけというような小さなことが提起される最近の状況には，危険を感じる」「家庭内におけるＤＶの増加，児童虐待の頻発など家族の崩壊は，個性が尊重されないジェンダー身分社会の存在と無縁ではない」などである（参議院憲法審査会 2005：107-108）。

こうしてみると，2005 年の衆参両院の報告書は，1964 年の報告書に比べ，家族保護条項に関わる意見が多方面にわたっているのがわかる。そのなかには，家族保護条項を家族が社会や国から保護をうける「権利」という観点から捉える意見もみられるが，それは議論の主流にはなっていない。中心となる議論は，家族の相互扶助や道徳的価値を重視する立場から家族保護条項を求める意見と，それを家族機能の強化や「家」制度への回帰に通じるものとみて反対する意見により展開されている。その意味では，戦後の憲法制定過程で家族保護条項を主張した保守派の家族観念が受け継がれ，現在も議論の軸となっているといえる。

その後，2007 年 5 月に憲法改正国民投票法が成立し，これを受けて，2007 年 8 月に衆参両院に憲法審査会が設置され，現在に至っている[22)]（2019 年 9 月時点）。

4．日本における家族保護条項

ここまで憲法の家族保護条項に着目し，日本国憲法第 24 条の成立過程およびその後の議論を捉えてきた。こうしてみてくると，日本において，家族ないしは家庭生活の保護，尊重という文言を憲法に置くことが，独特な意味を有していることがわかる。

憲法学者の辻村みよ子は，憲法第 24 条の成立過程について，「保守派議員らの日本型家父長家族擁護論と，左派議員らの社会国家型の家族保護論の両者を同時に排除する形で」「いわば，左右両派の攻勢に対する妥協として，個人尊重主義を基礎とした画期的な憲法 24 条が成立した」（辻村 1997：212）と評している[23)]。

辻村の言葉を借りれば，日本における憲法の家族保護条項については，

「日本型家父長家族擁護論」と「社会国家型の家族保護論」のそれぞれの立場からの主張が成り立つといえる。ただし，ここまでみてきたとおり，この2つの立場があるとはいえ，これまでの日本の議論においては前者（日本型家父長家族擁護論）が後者（社会国家型の家族保障論）を圧倒している。家族保護条項をめぐる議論においては，この歴史的現実を十分に踏まえて，慎重に論じる姿勢が求められる[24]。つまり，世界人権宣言や国際人権規約では家族保護規定が置かれているが，そこで謳われている「家族の保護」と，日本社会における「家族の保護」は異なる意味を持ちうるということである。憲法における家族規定は，家族政策の根幹にかかわる問題であり，それがどのような意味で論じられているか，十分に見極めなくてはならない。

》 注

1）尾澤（2006：372）によると，2006年1月時点のEU加盟25か国のうち，現行憲法で家族の保護を謳っているのは13か国であったという。

2）外務省「世界人権宣言」ウェブサイトによる（2019年9月10日取得，https://www.mofa.go.jp/mofaj/gaiko/udhr/index.html）。なお，「家庭」と訳されているのは，原文では family である。

3）外務省「国際人権規約」ウェブサイトによる（2019年9月10日取得，https://www.mofa.go.jp/mofaj/gaiko/kiyaku/index.html）。

4）シロタは，2000年5月2日，参議院憲法調査会に出席し，当時の状況を証言している。

5）引用に際し，旧字体・旧かなを新字体・新かなに改めている。以下，本章の引用については同様。

6）戦後，各政党は組織が整うにつれ，順次，独自の憲法改正草案を発表している。社会党が発表した憲法改正要綱（1946年2月24日）には，「国民の権利義務」の項目の第8に「国民の家庭生活は保護せらる，婚姻は男女の同等の権利を有することを基本とす」とある。国立国会図書館（2004）による。

7）本章における帝国議会での発言の引用は，第90回帝国議会の議事速記録および筆記要旨による。引用は必要な部分のみを抜粋している。

8）発言者は原夫次郎（日本進歩党）である。衆議院本会議，1946年6月26日。

9）貴族院本会議，1946年8月27日。

10）貴族院帝国憲法改正案特別委員会，1946年9月19日。

11）貴族院帝国憲法改正案特別委員小委員会，1946 年 10 月 1 日。

12）貴族院帝国憲法改正案特別委員小委員会，1946 年 10 月 2 日。

13）貴族院帝国憲法改正案特別委員会，1946 年 10 月 3 日。

14）貴族院帝国憲法改正案特別委員会，1946 年 10 月 6 日。

15）『朝日新聞』1953 年 12 月 14 日朝刊。

16）引用は必要な部分のみを抜粋している。一部，改行を修正。

17）社会党は，憲法調査会を行政府に設置することは憲法違反であるとの見解により，参加していない（憲法調査会 1964：956-961）。

18）引用は主な意見のみを抜粋している。一部，記号および句読点を修正。

19）経緯は，衆議院憲法審査会のウェブサイトによる（2019 年 9 月 25 日取得，http://www.shugiin.go.jp/internet/itdb_kenpou.nsf/html/kenpou/chosa/keii.htm）。

20）前掲注 18）。

21）前掲注 18）。

22）経緯は，衆議院憲法審査会のウェブサイトによる（2019 年 9 月 25 日取得，http://www.shugiin.go.jp/internet/itdb_kenpou.nsf/html/kenpou/keii.htm）。

23）日本型家父長家族擁護論とは，帝国議会で保守派が論じたような，「天皇陛下の御膝元に大道が通じて居る」という日本国の国体としての天皇制家父長家族制度を堅持しようとする議論を指す。また，社会国家型の家族保護論とは，社会党などの左派議員が論じたような，ワイマール憲法型の社会権的な家族保護規定を求める議論を指す（辻村 1997：212）。

24）2012 年 4 月には自由民主党が憲法改正草案を決定し，第 24 条の第 1 項として「家族は，社会の自然かつ基礎的な単位として，尊重される。家族は，互いに助け合わなければならない。」の規定の新設を提案している（自由民主党 2012：8）。その理由について，同党の文書では「家族は，社会の極めて重要な存在であるにもかかわらず，昨今，家族の絆が薄くなってきていると言われていることに鑑みて，24 条 1 項に家族の規定を置いたものです。個人と家族を対比して考えようとするものでは，全くありません」「家族の在り方に関する一般論を訓示規定として定めたものであり，家族の形について国が介入しようとするものではありません」と記され，加えて，世界人権宣言の規定を参考にしたことが強調されている（自由民主党憲法改正推進本部 2013：16-17）。しかし，家族が助け合わなければならないという「義務」を規定する自民党草案と，世界人権宣言の家族保護条項とは性格が異なるといえる。

参考文献

自由民主党，2012，「日本国憲法改正草案（現行憲法対照）」，（2019 年 9 月 26 日取得，https://jimin.jp-east-2.storage.api.nifcloud.com/pdf/news/policy/130250_1.pdf）.

自由民主党憲法改正推進本部，2013，『日本国憲法改正草案 Q&A 増補版』，（2019 年 9 月 26 日取得，https://jimin.jp-east-2.storage.api.nifcloud.com/pdf/pamphlet/kenpou_qa.pdf）.

憲法調査会，1964，『憲法調査会報告書』大蔵省印刷局.

国立国会図書館，2004，「日本国憲法の誕生」（リニューアル版）（国立国会図書館・電子展示会），（2019 年 9 月 10 日取得，http://www.ndl.go.jp/constitution/index.html）.

倉田賀世，2008，『子育て支援の理念と方法——ドイツ法からの視点』北海道大学出版会.

光田督良，2004，「憲法による家族の保障」DAS 研究会編『ドイツ公法理論の受容と展開——山下威士先生還暦記念』尚学社：451-477.

宮沢俊義（代表），1956，『憲法改正』（ジュリスト叢書）有斐閣.

尾澤恵，2006，「憲法の家族規定と社会保障—— EU 構成国における憲法の家族規定と家族政策の関係」『季刊社会保障研究』41（4）：368-384.

齋藤純子，2010，「ドイツの児童手当と新しい家族政策」『レファレンス』716：47-72.

参議院憲法調査会，2005，『日本国憲法に関する調査報告書』．（2015 年 10 月 17 日取得，http://www.kenpoushinsa.sangiin.go.jp/kenpou/houkokusyo/pdf/honhoukoku.pdf）.

衆議院憲法調査会，2005，『衆議院憲法調査会報告書』．（2015 年 10 月 17 日取得，http://www.shugiin.go.jp/internet/itdb_kenpou.nsf/html/kenpou/houkoku.pdf/$File/houkoku.pdf）.

高柳賢三・大友一郎・田中英夫編，1972，『日本国憲法制定の過程 Ⅱ 解説——連合国総司令部側の記録による』有斐閣.

辻村みよ子，1997，『女性と人権——歴史と理論から学ぶ』日本評論社.

和田幹彦，2010，『家制度の廃止——占領期の憲法・民法・戸籍法改正過程』信山社.

米沢広一，1992『子ども・家族・憲法』有斐閣.

4 │「家」制度と戦後民法

　本章では，戦前の日本の家族のあり方を規定し，戦後も家族に影響を及ぼ
している「家」制度について考える。まず，明治民法における「家」制度の
制定過程を確認し，つぎに，「家」制度の特徴を捉える。そして，戦後の民法
改正における「家」制度の廃止，およびその後の「家族制度復活反対運動」
について検討し，最後に，日本社会と「家」制度の関わりについて考察する。

1.「家」制度の成立過程

（1）民法編纂と旧民法
　家族および家族政策のあり方は，各国それぞれの歴史のうえに成り
立っているが，その点，日本においては，明治民法の「家」制度による
影響が大きい。明治民法の「家」制度はどのようにして成立したのか，
まずはその過程を押さえておきたい。
　明治政府は江戸幕府崩壊に続く版籍奉還の後，ただちに民法典の編纂
に着手している。それは全国統一の民法典を編纂して，富国強兵を目指
そうという対国内的な理由と，国内体制を整備して，治外法権の屈辱的
な条約を改正しようという対国外的な理由の2つの理由による。初期の
作業はフランス民法を翻訳し，それを順次検討するという形式で進めら
れているが（石井 1979：3-23），その後，御雇外国人 G. E. ボアソナー
ドを中心とする起草作業が開始される。ただし，家族法部分（人事編）
については日本の習俗慣習に基づいて制定されるべきという考えから，
日本人委員が起草を担当している。最初の草案（第一草案）は各裁判所
や地方長官への照会，法律取調委員会での審議等を経て，最終案として

まとめられ，元老院で審議されている。元老院においては，「慣習にないこと」「美風に損しますること」を徹底的に削除するという立場から，近代的な規定がことごとく変更あるいは削除されたという（手塚 1991：281-282）。そして，1890 年，民法中財産取得編・人事編が成立している（青山・有地編 1989：23）。これは，旧民法と呼ばれている。

　民法学者の星野英一はこの過程で注目すべき点として，すでに第一草案以来，「戸主及ヒ家族」と題する一章が置かれ，その理由として「我邦戸主家族ノ慣習ハ千古ノ遺風ニシテ之ヲ保存スヘキハ固ヨリ当然ナリ」とされていることをあげている（星野 1994：36）。旧民法では人事編 243 条が「戸主及ヒ家族」の冒頭の規定となっており，「戸主トハ一家ノ長ヲ謂ヒ家族トハ戸主ノ配偶者及ヒ其家ニ在ル親族，姻族ヲ謂フ」とある（大村 2015：389）。

（2）明治民法の成立と「家」制度

　旧民法は 1893 年に施行することとされていた。しかし，旧民法に対しては，個人主義的であり日本の伝統に反するとの強力な反対論が起こり，施行延期派と施行断行派の間で激しい論争となる。これは，民法典論争と呼ばれるが，批判は主に家族法部分についてであった。結局，旧民法は施行延期となり，1893 年から梅謙次郎，富井政章，穂積陳重によって修正作業が行われる。そして，1896 年の民法の前 3 編（総則・物権・債権）に続き，1898 年に民法の後 2 編（人事・相続）が制定・施行されている（青山・有地編 1989：23-25）。これは，旧民法に対し，明治民法と呼ばれている。

　明治民法には，一家の長である「戸主」と「家族」からなる「家」が規定され，後述するような戸主の強い権利と義務を中核とする「家」制度が採用されている。「家」制度はイデオロギーとしても，また，実質的な面でも，明治政府にとって重要な意味を持っていた。それは主として，「家」の政治的機能と経済的機能からみることができる。

　政治的機能としては，「家」が天皇制国家の礎をなしていたということである。明治政府は天皇を頂点とする国家体制をとるが，その体制の

基礎として「家」が配置され，天皇と国民の関係は，戸主と家族の関係とパラレルなものとされる。つまり，天皇の国民に対する支配は，戸主の家族に対する支配（権利）と同質のものとされ，一方，国民の天皇に対する義務である「忠」と，子の親に対する「孝」は「忠孝一本」として最高の道徳として説かれる（星野 1994：40-41）。国民はすべて戸主または家族として「家」に属し，「家」制度のもとに置かれるが，それにより，政府は国民に天皇制国家のあり方を「家」を媒介して浸透させることができた，というわけである。

　明治政府にとっては，「家」制度が実質的に果たす経済的機能も重要であった。なかでも，「家」が社会保障を代替する機能を果たしていたことである。後述するとおり，戸主は家族に対する扶養義務を負っており，老親のみならず家族メンバー全員の生活を保護しなくてはならない。政府は「家」制度に依存することで，社会保障制度の費用を節約することができる。しかし，それは長期的には社会連帯思想の発生を妨げ，社会保障制度の発達を遅らせる結果を招いたといえる（星野 1994：40）。

2. 「家」制度の特徴

（1）民法上の「家」

　明治民法による「家」制度とは，具体的にどのように定められていたのだろうか[1]。

　「家」は，戸主と家族から構成される。戸主は一家の長のことを指し，家督相続により順次継承される。また，家族とは「戸主ノ親族ニシテ其家ニ在ル者及ヒ其配偶者」と規定されている。よって，戸主の親族であっても，その「家」に属する者でなければ家族ではない[2]。たとえば，戸主の娘が婚姻して他家に入れば，民法上の家族ではない，ということになる。なお，民法上の「家」に属することと，実際の共同生活の有無とは関係がない。

　戸主と家族は，同じ戸籍に記載され，「家」の氏を称する。氏については，江戸時代には平民は氏を称することを許されていなかったが，明治政府により 1870 年に平民に苗字を公称することを許可する「平民苗

字許可令」が出されている。しかし，苗字の届出が進まなかったことから，政府は 1875 年に改めて「苗字必称義務令」を出し，すべての国民に氏を称することを義務づけている[3]。

　こうして，戸主と家族は，同じ氏を称し，同一戸籍に記載され，ひとつの「家」を構成する。「家」は，いわば戸籍の「戸」と同義であり，「家」制度と戸籍制度は密接不可分の関係にあるといえる（本書第 5 章）。

（2）戸主の権利と義務

　戸主は「家」の統率者として強い権利と義務を有するが，その基盤となっているのが家督相続である。家督相続とは，戸主の地位と財産をひとりの相続人が継承することをいう。家督相続人になるのは，親等が遠いものよりは近いもの，女子より男子，非嫡出子より嫡出子，私生子（たる男子）より嫡出子・庶子（たる女子），年少者より年長者と決められていることから，長男（1 親等，男子，嫡出子，最年長）が原則となる（大村 2015：378）。なお，私生子は認知されていない非嫡出子であり，庶子は認知された非嫡出子である。

　戸主が家族に対して行使できる権利全般を一括して，戸主権と呼ぶ。主なものとしては，家族の婚姻や養子縁組に対する同意，があげられる。家族が婚姻あるいは養子縁組をするには，戸主の同意が必要とされており，家族が戸主の同意を得ずに婚姻または養子縁組を行った場合，戸主はその家族を離籍する，あるいは復籍を拒否することができる。つまり，家族の年齢にかかわらず，戸主には家族の身分変動に干渉する権利が与えられているということである。

　また，戸主には家族に対する居所指定権も与えられている。これは，家族がどこに居所を定めるかを，戸主が指定することができるというものである。家族が戸主の指定に従わない場合，戸主は家族に対する扶養義務を免れ，さらに，家族が戸主の催告にもかかわらず居所指定に従わない場合には，戸主は家族を離籍することもできる。よって，戸主が居所指定権を用いて，あえて家族の意に添わない場所を居所に指定し，それに従わないことを理由に離籍するといったことも生じうる。実際，軍

人遺族への扶助料をめぐる遺族間の紛争では，戦死した軍人の妻である嫁を家から追い出したうえで，戸主の居所指定権に従わないとして嫁を離籍し，嫁が得るべき扶助料を奪うという事例もあったようである[4]。

　このように戸主には家族に対する支配的な権利が認められているが，それは，戸主が家族に対する扶養義務を負っているからにほかならない。家督相続により前戸主からすべての財産を単独で相続するとはいえ，家族の人数に制限もなく，その扶養義務の負担は大きい。家族からみれば，戸主への従属と引き換えに，扶養が確保されるということであり，社会的にみれば，社会保障制度が整備されていないなか，「家」が人々の生活保障の基盤となっていたといえる。

（3）男女不平等

　明治民法は近代法として個人の権利を規定しているが，その権利は男女平等ではない。「家」制度では，夫婦および親子のいずれにおいても，女性は男性に従属するものとみなされている。

　婚姻においては，妻は夫の「家」に入り，「家」の氏，つまり夫の氏を称するとされている。基本的に夫に対して妻の地位は低く位置づけられており，たとえば，夫婦の同居義務についても，妻が夫の居所に従うものとされ，法律の条文は「妻ハ夫ト同居スル義務ヲ負フ夫ハ妻ヲシテ同居ヲ為サシムルコトヲ要ス」となっている。

　妻にも個人としての法的権利が認められているものの，その能力は夫より低いとみなされ，妻が一定の法律行為または訴訟行為を行うには，夫の許可が必要とされている。財産管理についても同様で，妻も固有の財産を持つことができるが，妻の財産は夫が管理することが原則となっている。よって，事実上，妻の財産は夫に支配されていたといえる。

　離婚においても夫と妻で不平等な扱いがある。それが明らかにわかるのは，裁判離婚の離婚原因である。民法には，裁判所が離婚の成否を判断するための基準として，離婚原因が規定されている。そのうち姦通については，妻の姦通はその事実のみで離婚原因となるが，夫の姦通は姦通罪により処せられた場合にのみ離婚原因となる。姦通罪とは，夫のあ

る女性と，夫以外の男性との性行為について成立する罪である。よって，夫の姦通が離婚原因となるのは，相手女性の夫が告訴し，有罪になったときに限られる。つまり，夫の姦通は相手が未婚女性であれば問題にならず，また，相手が既婚女性であっても，女性の夫から告訴されなければ姦通罪に問われることもない。相手女性の夫としても，自身の妻の姦通は不名誉なことであり，「家」の恥ともいえ，告訴するよりも内密に処理した方が良い，ということになる[5]。このように，法定の離婚原因となる姦通について，夫と妻で扱いが異なり，夫には緩やかな基準となっているのである。

　夫と妻の関係だけでなく，子に対する父と母の立場でみても，男女の不平等がある。親権者は子と家籍を同じくする父または母であるが，原則として父が親権者と定められている。父母がいる場合でも父のみが親権者であり，母に親権は与えられない。母が子の親権者になれるのは，子が母の私生子である場合，父が死亡している場合か，父が親権を行使できない事由がある場合等に限られている。

　このように子との関係においても夫が妻より優先されるが，嫡母庶子関係もそのひとつである。嫡母庶子関係とは，父が認知した子とその父の妻の関係を指し，明治民法ではこれを実親子に準ずると規定している。前述のとおり，父が子を認知すると庶子と呼ばれるが，庶子は原則として父の「家」に入る。そうすると，妻はその子の嫡母となり，実親子と同じ身分関係が生じる。ようするに，夫が他の女性との間にもうけた子を認知すると，妻はその子の母にならざるを得ない，ということである。これも妻の夫に対する従属的地位を示すものといえる。

　親に対する子の立場においても男女不平等となっており，先にみたとおり，家督相続人の順位は男子優先である。嫡出子のなかで女子より男子が優先されるのはもちろん，非嫡出子の場合でも，庶子が男子であれば，嫡出子の女子よりも上位に位置づけられる。

3. 民法改正と「家」制度の廃止

（1）大正期からの「家」制度の動揺

　「家」制度は戦後，新憲法に基づく民法改正で廃止されるが，それ以前に法改正の動きがなかったわけではない。1919 年 7 月に臨時法制審議会が設置され，明治民法の施行後，初の本格的な改正作業が始まっている。その直接的契機は，同年 1 月の臨時教育審議会の「教育ノ効果ヲ完カラシムヘキ一般施設ニ関スル建議」である。この建議では，着手実行すべき事項として 23 項目があげられており，その第二項目に「我国固有ノ醇風美俗ヲ維持シ法律制度ノ之ニ副ハサルモノヲ改正スルコト」とある（海後編 1960）。これは日本の醇風美俗の維持に反する法律は改正すること，という簡単なものだが，建議の理由をみると，法令のなかには日本の家族制度と著しく矛盾する条項があり，教育において家族制度を尊重しながら，法律でこれを軽視するという事態になっているので，至急，法改正に着手するよう望む，という内容が記されている。（碓井 1960：1014-1015）。まさに，教育分野の保守層から提起された極めて直接的な民法改正要求である。たとえば，婚姻について，明治民法では男性 30 歳未満，女性 25 歳未満の場合は父母の同意を要すると規定されているが，これに関して，臨時教育審議会の委員は，教育ではどこまでも父母の命令に従うよう教えているにもかかわらず，民法では男性 30 歳，女性 25 歳以上は父母の同意なき結婚を認めていると指摘し，民法改正を主張している[6]。

　そもそも臨時教育審議会は，1917 年 9 月に設置された日本初の内閣直属の教育諮問機関であるが（海後編 1960：5），これは資本主義の発展による社会経済の変化，すなわち労働者階級の増大に伴う階級対立，労働争議・小作争議，米騒動，社会主義の浸透といった事態に危機感を抱いた政府が，労働者や農民が地位向上を欲しないようにするために，家父長的「家」の上からの強力維持，家族主義イデオロギーの強化を狙って設置したものとみられている（磯野 1957：360，玉城 1957：285）。よって，前述の建議も「家」制度の強化を目的としたものにほかならない。

建議を受けて，1919年7月に臨時法制審議会が設置され，審議の結果，1925年5月に「民法親族編中改正ノ要綱」が決議されている（堀内 1976：132-154）。これは1927年12月に決議された相続編の改正要綱とあわせて，「大正改正要綱」と呼ばれている。その内容は，一部で保守派に配慮しつつも，傾向としては戸主権を制限し，男女平等に近づけるものとなっている。たとえば，庶子は父の配偶者（妻）の同意がなければ「家」に入ることができないと規定されている。また，離婚原因の姦通の問題についても男女平等とはいえないが，「妻に不貞行為があったとき」「夫が著しく不行跡であるとき」といった規定になっている。このように，改正作業が開始されたのは，教育界の保守的な立場からの要請によるものであったが，法律家はそれとは異なり，「家」制度を是正する法改正をしようとしていたのである。

大正改正要綱を受けて，条文化の作業が始まり，改正作業は戦局の悪化によって1944年10月に中止されるまで続けられている。この間にまとめられた草案は人事法案と呼ばれている（唄・利谷 1975：505）。よって，戦後の民法改正は，まったく何もないところから動き出したわけではない。

（2）戦後民法の改正過程

戦後，政府は憲法改正に伴う各種法整備のため，1946年7月に臨時法制調査会を設置している。それからほどなく，同調査会の司法関係の部会を兼ねて，司法省に司法法制審議会が設置され，民法についてはその審議会に置かれた委員会で検討が進められている[7]。改正要綱や改正法の起草作業においては，大正改正要綱やそれに基づく人事法案も参考にされたという（我妻編 1956：27-28）。

まず，改正要綱が作られるが，起草委員会では当初から「家」制度を廃止する方針で，要綱案の「第1」として，「民法上の『家』を廃止すること」を置いていた。しかし，司法法制審議会で保守派からこれに反論が噴出し，起草委員会では事態を収拾するために要綱案の文言を修正し，「第1 民法の戸主及家族に関する規定を削除し親族共同生活を現実

に即して規律すること」に改めている（我妻編 1956：50-56）。つまり，「家」廃止の直接的な表現を回避した形にしたというわけである。当時，起草委員らは要綱の内容さえ変更されなければ，文言にはこだわらない態度であった。というのも，この民法改正については短期間で立案しなければならないため，通常のように，まず要綱を決定し，それから要綱に基づいて条文を作るという手順をとることができず，民法改正の要綱と条文の作成を並行して進めていたからである（我妻編 1956：10）。

　要綱案の修正は，この「家」廃止の文言についてだけでなく，家督相続廃止についても行われている。起草委員会の要綱案には，「第 32　家督相続を廃止すること」とあったが，この直接的な表現は表面上消去され，要綱案の「第 35」に配置されていた祭具継承の規定と統合し，「第 2」として，「系譜，祭具及墳墓の所有者は被相続人の指定又は慣習に従い祖先の祭祀を主宰すべき者之を継承するものとすること。其の他の財産は遺産相続の原則に従うものとすること」に改められている（我妻編 1956：56-57）。起草委員会としては，要綱案にこのような文言の「第 1」「第 2」を置いて，保守派の反論を防御しようとしたといえる[8]。

　こうして要綱案から「家」廃止の文言が消えてもなお，保守派の執拗な追及は止まらない。そのため，起草委員として民法改正の中心的役割を果たしていた民法学者の我妻栄は，民法改正要綱案を成立させるため，「民法改正要綱と家族制度との関係」と題する文書を臨時法制調査会に提出し，そのなかで「本改正要綱は，特定の法律制度としての家族制度を廃止しても，道徳的理念としての家族制度は脆弱化されるものではない。否これによって却って新しき時代に即応した家族制度を発展せしめ得るという考えに立脚するものである」と説明している[9]。そこまでしてようやく，民法改正要綱の決定にこぎつけるのである。

　最も強力に「家」の維持を主張したのは法学者の牧野英一である。彼は臨時法制調査会総会の最後に，要綱案の「第 1」に関して 3 点の修正案を提出し，結局，そのうち「直系血族及同居の親族は互に協力扶助すべきものとすること」という 1 点が，総会の希望条件として決議されている（我妻 1956：80-85）。これは後に改正民法の条文に入ることになる。

　このように最後まで保守派の抵抗は続くが，「家」制度を廃止する内容の改正要綱が成立し，改正法の起草作業が進展していく。しかし，GHQ が民法典の審議を 1947 年 5 月 3 日の新憲法施行に間に合わせることができないと判断したため，民法の改正は先送りされ，憲法施行から改正民法が施行されるまでの対応として，民法応急措置法が制定されている [10]。

　民法応急措置法はわずか 10 か条しかないが，それは「家」制度の廃止が決定的であることを明確に示すものとなっている。たとえば，「第2条 妻又は母であることに基いて法律上の能力その他を制限する規定は，これを適用しない。」「第3条 戸主，家族その他家に関する規定は，これを適用しない。」「第4条 成年者の婚姻，離婚，養子縁組及び離縁については，父母の合意を要しない。」「第5条 夫婦は，その協議で定める場所に同居するものとする。2 夫婦の財産関係に関する規定で両性の本質的平等に反するものは，これを適用しない。3 配偶者の一方に著しい不貞の行為があつたときは，他の一方は，これを原因として離婚の訴を提起することができる。」「第6条 親権は，父母が共同してこれを行う。（略）」「第7条 家督相続に関する規定は，これを適用しない。（略）」などである。これは言うまでもなく，憲法第24条による個人の尊厳と男女の平等に基づくものである。

　その後，日本政府と GHQ との交渉を経て民法改正法案が確定し，これが 1947 年の第1回国会に上程され，12 月に可決，1948 年 1 月 1 日から施行される。

（3）「家」制度の廃止と残滓

　改正民法は，民法応急措置法に示されたとおり，「戸主と家族」および「家」に関する規定を削除し，「家」制度を廃止している。同時に，男女平等や子の間の平等を基本とする規定となっている。男女平等に関しては，夫婦の平等を実現しただけでなく，妻の地位向上が図られている。具体的には，生存配偶者に第一順位の相続権が認められたこと，および，離婚に際して，配偶者の一方から他方に対して，財産分与請求が

認められるようになったことである。いずれも，妻のみに与えられた権利ではなく，中立的な規定になっているが，実質的には妻の保護を狙ったものとみなされている（大村 1998：151-152）。

　このように，民法改正では，新憲法に基づき「家」制度の規定が削除され，個人の尊厳と両性の平等に即した条文が整備されたが，保守派への配慮から，改正民法には「家」制度の残滓とみなされる規定も含まれている。その典型は「親族間の扶け合い」の規定である。民法第730条には「直系血族及び同居の親族は，互いに扶け合わなければならない」と定められている。これは，先にみたとおり，臨時法制調査会の総会で牧野が民法改正要綱案の修正案として提出し，総会の希望条件として決議されたものである。いわば，保守派との妥協により決議されたものだが，これが条文として挿入されている。そのほか，改正要綱の「第2」に入っていた「祭祀に関する権利の継承」についても，その内容が規定されている。これも「家」制度を踏襲するものとみなされる。

　こうしたことから，改正民法に対しては，「家」制度に親和的な保守派からだけでなく，保守派に対抗する立場からも批判がなされている。その代表的なものとして，民法改正案研究会の「民法改正案に対する意見書」があげられる。そこでは改正による「家」制度の廃止が不徹底であるとの主張が展開されており，批判は「親族間の扶け合い」や「祭祀に関する権利の継承」の問題にとどまらない。「家」廃止を謳いながら，「家」が「氏」に置き替えられたにすぎないという批判，協議離婚の名のもとに一方的な「追い出し離婚」が行われないよう，協議離婚について国家機関を関与させるべきであるという提案，成年養子は「家」のための養子制度であり，成年養子は認めるべきでないという意見など，改正案全般にわたり具体的な問題点が指摘されている[11]（民法改正案研究会 1947）。

　このように，戦後の民法改正は「家」制度を廃止したが，保守派の強い抵抗のなかで一定の妥協が図られ，課題も残されていたといえる。

4. 家族制度復活反対運動

（1）保守層による家族制度復活を求める動き

　戦後民法は課題を残しつつも，個人の尊厳と男女平等を基本とするものとなったことは評価される。とくに，男女平等に関しては，当時の世界水準からみて極めて進歩的ものであったという（利谷 1987：82）。もちろん，人々の「家」意識や「家」の慣習が民法改正と同時に払拭されるわけではないが，「家」制度により抑圧されてきた女性にとって，法改正の意義は大きい。

　しかし，保守勢力の抵抗は根強く，対日講和条約が締結され日本が独立を回復するころになると，憲法改正に向けた動きが活発化する（本書第3章）。そのなかで，改憲論者からは憲法第24条を改正し，家族制度復活を求める主張も展開される[12]。1954年3月13日の参議院予算委員会では「日本の自主並びに再建のために民法を改正して或る程度の家族制度の伝統のいいところを取戻す必要がありはせんか」と議員が質問し，法相が「近く実は民法全般に亘って改正すべき点について法制審議会の民法部会に諮問をいたすことになっておりますから，そのときに十分に議を練りたい」と答弁している[13]。また，同26日の新聞は，自由党憲法調査会会長の岸信介が，「在日中の米国法律学者の研究会での講演で，憲法改正の問題点を4つ上げ，その中で第24条を改正し，昔の家族制度を復活したい意向を強く述べ」たと報じ，同副会長が「委員の中にも家族制度復活論者は少くない。今の個人主義的な家の制度は，国家の観念を余りに軽視している。」と語ったとも伝えている[14]。

　岸はこの新聞記事には誤りがあるとして，女性雑誌のインタビューに応じ，そのなかで「今の民法では『家』という観念が全くないので，『家』──ファミリーというものが失われてしまい，祖先をまつり，血統を尊び，子孫に伝えるという考えが失われてしまった。（中略）子は親を養う責任はないというので，年寄りは皆養老院へ行ってしまえといった調子であるが，これが日本の国情にあったゆき方だろうか。日本の伝統や，習慣，国情にふさわしい『家』のあり方というものが，私にはどうして

も必要であると思われる。そして, その『家』の精神にもとづいて国家が形成され, また国際的に進出するもととなるのだ。」と語っている[15]。

ただし, 自身のいう「家」はかつての家父長的な「家」ではないとも述べており, その見解は明確ではない。インタビューのなかで岸は, 家族制度復活の意図がないことをアピールするためとみられるが,「家」を「ファミリー」に置き換えている。しかし, 岸による「ファミリー」のキー概念は「祖先, 血統, 子孫」であり, それはまさしく「家」制度の根本原理である「家」の継承を示すものである。

(2) 女性団体による家族制度復活反対運動

こうした動きに, 女性たちがいち早く反応し, 抗議の運動を展開している。1954年初頭から, 婦人人権擁護同盟と日本法律家協会が研究会を開いて問題を共有し, さらに各婦人団体, 労働組合の女性にも呼びかけ, 啓発活動を行っている。そして, 婦人人権擁護同盟, 日本法律家協会のほか, 日本婦人有権者同盟, 主婦連合会, 全国地域婦人団体連絡協議会, 全国未亡人団体協議会, 総評婦人協議会, 全労婦人部等の各種婦人団体により, 家族制度復活反対連絡協議会が結成され, 1954年11月には家族制度復活反対総決起大会が開催されている。この大会への参加団体は35団体を数え, 午前には東京都内でデモ行進が行われている。そこには幼児を連れた母親たちも多数参加していたという (田辺1955：128-129)。午後の大会では, 次のような宣言が出されている[16]。

【大会宣言】(1954年11月13日, 家族制度復活反対総決起大会)

新憲法の制定によって私たち女性は個人の尊厳と男女の平等の地位を保障されました。

その結果永年国民道徳の美名の下に女性にのみ忍従を強い, その犠牲の上に築かれて来た家族制度は廃止され, 女性も人間として公私共に自由で平等の地位を獲得することが出来たのです。しかるに日本国憲法施行以来7年, 未だに民主主義の精神は社会の隅々まで行きわたってはおりません。国民の半数を占る女性が, 男性と平等の権利と地位を認めら

れることなしには健全で民主的な社会が発達する道理はありません。しかも最近の再軍備をめぐる憲法改正の動きが，同時に家族制度復活の動きをはらんでいることは憲法の上で認められた女性の地位を再びおびやかすものとして，見のがすことは出来ません。

　この問題に対し私達女性はお互に手をつなぎ今こそ憲法で保障された私達の権利をあくまで守るため家族制度の復活を阻止しなければなりません。ここに私達は家族制度復活の企てに対して断固反対を表明し，之を阻止するために，全女性の力を結集しようとして立ち上りました。

　本日の家族制度復活反対総決起大会に参加した婦人団体並びに労働組合婦人部の数は三十有余その傘下に組織された全国の家庭婦人勤労婦人は実に数百万に達して居ります。私達はこれ等のあらゆる分野に亘る婦人が，ここに大同団結して家族制度の復活を阻止し，同時に家庭や職場における封建制を一掃するために，全力を尽くすことを誓います。

（家族制度復活反対連絡協議会資料）

　このように，大会宣言では，女性が団結して憲法改正に反対し，家族制度復活を阻止するとの意思が力強く表明されている。その後もこの協議会は運動を展開しており，1955 年 1 月には翌月の衆議院総選挙を前に，「各政党の家族制度に対する政策を聞く懇談会」を開催している。総選挙の結果，革新政党が衆議院の 1/3 以上を獲得したが，1955 年 4 月には「家族制度復活反対婦人の集い」を開催し，警戒を緩めることなく活動している。4 月の集いのプログラムには，「総選挙もすみました。みなさまの努力で憲法の改正は一応阻止することが出来そうです。しかしこれで家族制度復活のおそれが全くなくなったと考えることは早すぎます。わたくしたちのまわりには，封建的な意識はまだまだ強く残っていて，家族制度を再び復活させようとする動きも消えてしまったわけではありません。」とのメッセージが添えられている [17]。

　実際，しばらくすると政治の場面では憲法改正の動きが加速する。そこで，1956 年 4 月には再び，家族制度復活反対総決起大会が開かれ，1954 年の大会と同様，午前にはデモ行進，午後には決議がなされ，宣

言も出されている。宣言では,「家族制度が廃止されて,ここに十年になろうとしています。漸く一般の家庭生活の中にも民主的なものが芽生え始めたとは申せ,今日この席上で多くの人が訴えているように,今も尚家族制度的な意識や慣習の中で痛めつけられている女性が如何に多いことか知ることが出来ます。」と述べ[18],戦後も残る「家」意識や慣習による女性の惨状を訴えている。

　当時,女性たちが家族制度復活に抗議して反対運動を繰り広げた事実から,女性にとって「家」制度がいかに抑圧的なものであるかがわかる。

5. 日本社会と「家」制度

　1956年を過ぎると家族制度復活の動きは影をひそめていくが,その後も三世代同居家族を「福祉の含み資産」とみなして(1978年『厚生白書』),親族内の世代間相互扶助が強調されたり(本書第12章),憲法改正の議論のたびに「家」制度に根ざした主張が展開されたりしている(本書第3章)。結局,「家」制度は戦後の民法改正で法律上廃止されたが,「家」の意識や慣習は日本社会に根強く残っているのである。その根強さには歴史的背景がある。

　ここまでみてきたとおり,旧民法をめぐる民法典論争など,明治民法の「家」制度成立当時から近代的条項への対抗勢力は強い。また,大正改正要綱の成立過程をみても,明治民法成立後も「家」制度の強化を求める保守派とそれに対抗する勢力がせめぎ合っている。さらに,戦後の民法改正の過程においては,新憲法のもとで「家」制度の廃止は必至といえるが,保守派の抵抗は執拗に続き,その結果,改正民法には「家」の残滓ともいえる条文が盛り込まれている。

　戦後の占領期が過ぎると,家族制度復活の動きが活発化し,それは女性を中心とする反対活動によって鎮静化するが,その後も福祉や憲法の議論では,「家」制度に由来する家族・親族の扶け合いを美化する主張がみられる。

　「家」制度の廃止から70年以上を経た現在においても,日本社会の基底に「家」制度に通じる思想が脈々と流れているといえる。こうした社

会の現実を踏まえておかなくては，日本の家族政策を十分に探究することはできない。

》》注

1）本章における明治民法の「家」制度については，野上（1929）による。

2）「戸主ノ親族ニシテ其家ニ在ル者」の「親族」とは，現行民法の「親族」と同じ意味であり，「家ニ在ル者」とは「家」に属する者のことで，具体的には，同一戸籍に記載される人々のことを指す。なお，現行民法の親族の範囲は，明治民法と変わらず，「6 親等内の血族，配偶者，3 親等内の姻族」と規定されている。

3）「国立公文書館ニュース」Vol.11（2017 年 9 月 -11 月）による（2020 年 5 月 2 日取得，http://www.archives.go.jp/naj_news/11/index.html）。

4）婦人団体の相談所にそのような相談が寄せられている（『東京朝日新聞』1939 年 3 月 16 日）。

5）1947 年の刑法改正により，姦通罪の規定は削除されている。

6）これは 1918 年 10 月 30 日の第 27 回臨時教育審議会総会における江木千之の発言である（碓井 1960：988-989）。

7）臨時法制調査会の第三部会が司法関係となり，これを兼ねる形で司法省に司法法制審議会が設置され，そこに設けられた第二小委員会が民法を担当している。この小委員会で民法改正のための起草作業が行われている（我妻編 1956：5-6）。

8）その後の審議でも，保守派による「家」廃止の反対意見が繰り返され，その対応という形で，家事審判制度創設の項目が要綱案に追加されている（下夷 2015：132-141）。これは後の家庭裁判所制度につながるものである。

9）国立公文書館の「再建日本の出発──1947 年 5 月 日本国憲法の施行」ウェブサイトに「民法改正要綱と家族制度との関係（我妻委員）昭和 21 年（1946）10 月 23 日」の一部が登載されている（2019 年 9 月 10 日取得，http://www.archives.go.jp/exhibition/digital/saiken/shousai/2_20_21_22.html?num=20）。

10）正式には，「日本国憲法の施行に伴う民法の応急的措置に関する法律」。

11）これに対して，民法改正を中心的に担った立場からの再批判もなされている（中川 1947）。

12）ここでの「家族制度」という言葉は，本書第 3 章の帝国議会での保守派の議論，および，本章の臨時教育審議会での保守派の議論と同様，家父長的な家族制度の意味で用いられており，家族制度復活は，「家」制度の復活とほぼ同義といえる。

13）質問は小林武治議員，答弁は犬養健法務大臣である。

14）『朝日新聞』1954 年 3 月 26 日夕刊。記事には，岸の講演を批判する 4 人（鵜飼信成，川島武宜，加藤シヅエ，渡邊道子）のコメントも掲載されている。

15) インタビュー記事は, 『婦人公論』1954 年 6 月号の「憲法改正による家族制度
の復活を防ごう」のなかで「『家』の復活を唱える, 岸信介氏」と題し, インタビュー
を行った記者の文責として掲載されている.

16) 市川房枝記念会女性と政治センター・図書室所蔵の「家族制度復活反対連絡協
議会」資料による (2015 年 11 月 27 日閲覧).

17) 前掲注 16).

18) 前掲注 16).

参考文献

青山道夫・有地亨編, 1989『注釈民法 21 親族 (1)』有斐閣.

唄孝一・利谷信義, 1975, 「『人事法案』の起草過程とその概要」星野英一編『私法
学の新たな展開』有斐閣：471-526.

堀内節, 1976, 『続家事審判制度の研究』日本比較法研究所・中央大学出版部.

星野英一, 1994, 『家族法』放送大学教育振興会.

石井良助, 1979, 『民法典の編纂』創文社.

磯野誠一, 1957, 「明治民法の変遷」中川善之助編『家族問題と家族法 I 家族』酒
井書店：351-366.

海後宗臣編, 1960, 『臨時教育審議会の研究』東京大学出版会.

民法改正案研究会, 1947, 「民法改正案に対する意見書」『法律時報』19 (8)：2-13.

中川善之助, 1947, 「『民法改正案意見書』異見」『法律タイムズ』7：12-17.

野上久幸, 1929, 『親族法講義』厳松堂書店.

大村敦志, 1998, 「日本民法の展開 (1) 民法典の改正——後二編」広中俊雄・星野
英一編『民法典の百年 I』有斐閣：125-179.

大村敦志, 2015, 『民法読解 親族編』有斐閣.

下夷美幸, 2015, 『養育費制度の源流——家庭裁判所における履行確保制度の制定
過程』法律文化社.

玉城肇, 1957, 「日本における『家族制度』思想および『家族国家』思想」中川善
之助編『家族問題と家族法 I 家族』酒井書店：255-312.

田辺繁子, 1955, 「家族制度復活の声と戦う」『世界』111：125-129.

手塚豊, 1991, 『手塚豊著作集 第 8 巻』(『明治民法史の研究 (下)』) 慶応通信.

利谷信義, 1987, 『家族と国家——家族を動かす法・政策・思想』筑摩書房.

碓井正久, 1960, 「教育ノ効果ヲ完カラシムヘキ一般施設ニ関スル建議」海後宗臣
編『臨時教育審議会の研究』東京大学出版会：957-1018.

我妻栄編, 1956, 『戦後における民法改正の経過』日本評論社.

5 | 戸籍制度

　本章では，日本の家族のあり方と深く関わる戸籍制度について考察する。まず，戸籍制度の現況について確認し，つぎに，明治以降の戸籍制度の変遷をたどり，戸籍と家族が歴史的にどのように結びついてきたかを把握する。そして，戦後の「夫婦と未婚の子」単位の戸籍がもたらす問題について検討し，最後に，戸籍と家族規範の関係について考察する。

1. 戸籍とは

（1）戸籍・戸籍謄本・戸籍抄本

　戸籍は，「人の出生から死亡に至るまでの親族関係を登録公証するもので，日本国民について編製され，日本国籍をも公証する唯一の制度」とされている[1]。親族関係とは，夫婦や親子などの関係のことであり，ようするに，戸籍は日本人の家族関係を公証する制度ということである[2]。

　実際に，戸籍に登録された内容の証明書として利用されるのが，戸籍謄本または戸籍抄本である。戸籍謄本は戸籍の全部を写したもの，戸籍抄本は戸籍の一部を写したものである。つまり，戸籍謄本は戸籍の原本に記載されている全員分の内容，戸籍抄本は必要な人の分のみ（通常は1人分）の内容を写した書類である。現在，戸籍は電子化（いわゆるコンピューター化）が進んでおり，電子化された戸籍の謄本は「戸籍全部事項証明書」，抄本は「戸籍個人事項証明書」「戸籍一部事項証明書」と呼ばれている。本章では電子化後の戸籍の場合も含めて，「戸籍謄本」「戸籍抄本」の語を用いることとする。

　戸籍謄本や戸籍抄本は，本籍地のある市区町村役場に申請して取得す

る。かつては，戸籍は公開が原則とされており，手数料さえ払えば誰で
も他人の戸籍を閲覧でき，戸籍謄本・戸籍抄本を請求することができた。
しかし，これでは個人情報の不当な利用につながることから，1976年
の法改正により，閲覧制度は廃止され，戸籍謄本・戸籍抄本の請求には
原則として請求理由を明らかにすることが求められるようになった。そ
れでも，不正に他人の戸籍謄本を取得する事件が跡を絶たなかったため，
さらに2007年に法改正が行われ，とくに第三者が戸籍謄本などを請求
する場合の要件や手続きが厳しくなっている（小池2012：30-33）。

（2）戸籍謄本等の請求状況

　最近では，日常生活で戸籍謄本や戸籍抄本を求められる場面は少なく
なっているが，どれぐらい利用されているのだろうか。図5−1はその
請求件数を示したものである。まず，戸籍謄本と戸籍抄本の請求数の合
計について，データが得られた1952年からの推移をみると，1970年代
初めにかけて大幅に増加し，1972年には4,700万件を超えている。当時
は，戸籍謄本・戸籍抄本が身分証明書として多用されていたほか，戸籍
の公開制度の下，他人の戸籍謄本・戸籍抄本を自由に取得できたことか
ら，企業が商品販売のために大量の戸籍謄本を請求することもあったと
みられる。

　しかし，1976年に突然，請求数が激減している。これは前述の法改
正で戸籍の公開原則が見直され，請求手続きが改められたことによる。
法改正の影響により，いったん2,500万件程度に落ち込むが，1980年代
になると増加し，2017年には約4,000万件となっている。

　つぎに，図5−1で戸籍謄本と戸籍抄本のそれぞれについて，データ
が得られる1968年以降の推移をみると，常に戸籍謄本が戸籍抄本を上
回っており，その差が拡大している[3]。そこで，戸籍謄本からみていく
と，請求数は1972年には3,000万件を超えているが，1976年の法改正
の影響で1977年にはピーク時の半数以下になっている。しかし，これ
を底に増加に転じ，2015年には3,600万件を超え，その後も年間約3,500
万件程度で推移している。

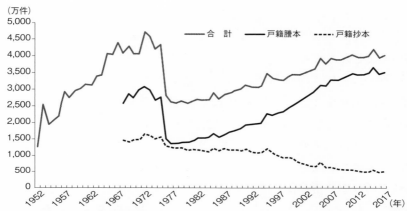

注：請求件数は有料と無料の合計.
出典：法務省 (1953-1972), 法務省 (1973-1980), 法務省 (1981-2006), 法務省 (2007-2018)
をもとに筆者作成.

図5－1　戸籍謄本・戸籍抄本の請求件数：1952-2017 年

　一方，戸籍抄本のほうは戸籍謄本より請求数が少なく，1976 年の法
改正前から戸籍謄本の半分程度で，法改正による減少幅も小さい。その
後の推移をみても，戸籍謄本とは逆に減少傾向にあり，2017 年には約
500 万件となっている。

　こうしてみると，同じ戸籍の証明書といっても，戸籍謄本のほうが圧
倒的に多く利用されているのがわかる。

（3）戸籍謄本の使途

　これほど多くの戸籍謄本が，いったい何に使われているのだろうか。
戸籍謄本が求められる機会としては，婚姻届や離婚届を提出するとき，
遺言を公正証書にして作るとき，相続をするとき，社会保障関係の手続
きをするときなどがあるが，戸籍謄本の請求理由については統計が取ら
れていない。ただし，戸籍謄本の統計では，有料・無料の区分で請求数
が示されている。通常，戸籍謄本の発行には１通あたりの手数料が課さ
れるが，自治体によっては，各種公的年金や児童扶養手当などの社会保
障関係の手続きのために戸籍謄本を必要とする場合には，発行手数料が
無料となる。そこで，有料・無料別にみると，2017 年の戸籍謄本請求

数約3,500万件のうち，有料が約2,600万件，無料が約900万件である（法務省 2018）。よって，発行された戸籍謄本のおよそ1/4は，社会保障関係の利用とみられる。

　それでは，残りの約2,600万通の戸籍謄本は何に利用されているのだろうか。正確なことはわからないが，相続関係で多く利用されているとみられる[4]。通常，相続の手続きは複数の戸籍謄本を必要とするのがほとんどである。それは，相続人を確定しなくてはならないからである。相続の手続きを開始するためには，相続財産の多寡にかかわらず，たとえ残額の少ない預貯金だけであっても，すべての相続人を確定する必要がある。しかし，それは簡単なことではない。被相続人（亡くなった人）の子は全員が相続人になることから，被相続人の現在の戸籍謄本だけでは，相続人を確定することはできない。というのも，婚姻や転籍（戸籍の本籍地を移すこと），あるいは戸籍の改製（戸籍の電子化など，法令等により戸籍の書き換えが行われること）などで，新しい戸籍が作られた場合，新しい戸籍には元の戸籍の内容がすべて移し替えられるわけではなく，すでに除籍されている人や，離婚や認知などの身分事項は記載されないからである。

　そのため，相続人を確定するには，被相続人が生前，認知した子はいないか，養子縁組をした子はいないか，前婚の子がいないかなど，被相続人の出生から死亡までのすべての戸籍謄本をもれなく取り寄せて，チェックしなければならない。また，相続人となるはずの子が死亡しているときは，その子，すなわち被相続人の孫が相続人となることから（代襲相続），さらに戸籍謄本をたどらなくてはならない場合もある。こうして，相続人を確定するために，被相続人の出生から死亡までのすべての戸籍謄本が必要となり，さらに，相続人全員の現在の戸籍謄本もそろえなくてはならないのである。

　この戸籍謄本のセットを，被相続人が保有していた不動産や預貯金，株式，自動車などの名義変更の手続きのために提出しなければならない。提出先は財産に応じて，不動産は法務局，預貯金は各銀行，株式は各証券会社，自動車は運輸局などさまざまである。そのため，戸籍謄本のセッ

トを複数用意することになる。提出した戸籍謄本が返却されることもあり，それを使い回すこともできるが，そうするとすべての相続手続きを完了するために相当の時間を要することになる。

　なお，このような負担を減らすため，2017 年 5 月から法定相続情報証明制度が実施されている。これは，戸籍謄本のセットをもとに被相続人と相続人の一覧図を作成し，それを戸籍謄本のセットとともに法務局に提出すれば，登記官がチェックのうえ，内容に誤りがなければ証明書にしてくれるというものである。証明書は無料で何通でも発行されるため，一度に複数枚の証明書を受け取っておけば，手続き先が多数の場合でも一斉に手続きを開始することができる[5]。ただし，この制度を利用するにしても，相続人を確定するための戸籍謄本が 1 セットは不可欠であり，必要な戸籍謄本をすべてそろえなくてはならない点は変わらない。

　このように，ほとんどの相続では複数の戸籍謄本を必要とすることから，日本全体でみると，相続手続きのために利用される戸籍謄本はかなりの数になるといえる。

（4）戸籍制度の日本的特徴

　戸籍謄本の利用目的からもわかるとおり，戸籍自体はいわば事務手続きのためのものであり，本来，それ以上のものではないはずである。しかし，戸籍のもつ意味はそれにとどまらない。民法学者の利谷信義は「この制度が，国民の生活に密接に関係するところから国民の意識につよく影響し，その意識の深層にまで定着した」と指摘している（利谷［初出 1972］1987：140）。とりわけ，戸籍は日本の家族のあり方に大きな影響を与えている。それは，戸籍が個人単位ではなく，親族単位で作られることによる。

　前述のとおり，戸籍は「人の出生から死亡に至るまで」，すなわち「個人」の生涯にわたって，その親族関係を登録，公証するものである。つまり，戸籍は個人の一生の公式記録であり，個人の身分証明書というわけである。ところが，戸籍は個人別ではなく，「夫婦と未婚の子」を基本単位として作られる。通常，人が戸籍に登録されるのは，出生届が提

　出されたときである。しかし，その際，一人ひとりに新しく戸籍が作られるのではなく，親の戸籍に登録される。そして，結婚すると親の戸籍から除かれ，配偶者と同じ戸籍に登録される。

　このような戸籍が作られる基本単位のことを「編製単位」という。ようするに，日本の戸籍の編製単位は個人ではなく，親族集団なのである。欧米では，個人単位で，出生，死亡，婚姻などの身分事項ごとに登録する方式が一般的である。その点に関し，ドイツは個人単位の身分事項別の身分登録制度を基本としつつも，1938年以降，夫婦とその子の身分関係の変動を一括して記載する「家族簿」を設けてきた。これは日本の戸籍に類似する制度とみられてきたが，2009年施行の身分登録法により，家族簿は廃止され，ドイツでも個人単位の身分登録制度のみになっている。家族簿廃止の理由は，電算化により各身分登録簿の連結が容易になったからであるという（岩志 2016：12）。また，韓国は日本と同様，親族単位の戸籍制度を設けていたが，2005年の民法改正で戸主制度が廃止されたことから，2007年に家族関係登録法が制定され，個人別の編製方式に改められている（文 2012；金 2016）。

　こうしてみると，身分登録簿が親族単位で編製されることは，日本の際立った特徴といえる。

2．戸籍法の制定と戦後改正

（1）明治政府と戸籍

　編製単位に示されるとおり，戸籍は家族と強く結びついているが，それには明治以来の歴史的背景がある[6]。

　現在の戸籍制度は，1871年に制定された戸籍法に由来する。明治政府は徴税や治安行政のため，人々をそれぞれが住む土地に結び付けて一元的に把握しようと，戸籍法を定め，全国統一的な戸籍制度を実施した。それは，すべての人々を身分の別なく，現実の生活単位によって把握する方式であった。具体的には，屋敷に番号をつけ，その家屋で暮らす人々をもれなく登録して，これを「戸」とするものである。それぞれの「戸」には「戸主」が置かれ，戸主以外の人々は戸主との続柄において記載さ

れていた。

　戸籍は行政施策を実施するための基礎資料として欠かせないものだが，全国一律の戸籍制度が導入された目的はそれだけではない。明治政府にとって，戸籍法制定の根源的な目的は「国民」をつくり，その国民を管理することにあったといえる。政府は戸籍法の掲げる「臣民一般」によって国民観念を植え付け，そのもとに納税や徴兵を行ったとみられている（熊谷 1958：23）。利谷は，戸籍制度により全国一律に「臣民」として政治的平準化が図られ，国民や国家の観念が形成されたことで，国を守るという徴兵制度が成立した[7]，と指摘している（利谷［初出1972］1987：143）。

　このように，明治政府による戸籍制度には，表層の行政目的というだけなく，深層にイデオロギー的な目的が潜んでいるが，いずれにせよ，1871年の戸籍法により，家屋ごとに住民をもれなく記載し，管理する戸籍制度が確立したといえる。

（2）身分登記制度の導入と廃止

　その後，1898年に明治民法（親族・相続編）が施行されるが，それに伴い，戸籍法も改正される（以下，これを旧戸籍法と呼ぶ）。明治民法には戸主を頂点とする「家」制度が規定され（本書第4章），戸籍制度はこの「家」制度と密接不可分のものとなる。すなわち，戸籍は民法上の「家」を単位に編製され，そこには民法の「家」制度に基づく「戸主とその家族」が登録される。戸籍には，「家」の戸籍法上の所在地を意味する「本籍」が記載され，「家」に所属する者は全員が同じ戸籍に入り，「家」の呼称である「氏」を名乗る。まさに，戸籍は「家」の範囲を確定し，「家」を目にみえる形で具体的に示すものとなったのである。人は戸籍に登録されることで，「家」の一員としての資格が与えられ，さらに，戸主とどのような続柄で記載されるかによって，各人の権利義務が左右される。「家」が生活保障の機能を果たしていた当時，戸籍は人々にとって重大な関心事となっていく。

　実はこの旧戸籍法には，「家」単位で編製される戸籍制度とは別に，

欧米の身分登録制度に倣って，個人単位の身分登記制度が新たに設けられている。ここでの「身分」とは封建社会の身分制度における地位，たとえば，士農工商のことではなく，親族関係における法的な地位，たとえば，法律上の親子関係，夫婦関係を指す（以下では，とくに言及しない限り，身分の語はこの意味で用いる）。

旧戸籍法に新たに導入された身分登記制度は，出生や婚姻といった身分事項別に個人を登録する制度で，その規定は戸籍に関する諸規定の前に置かれ，163か条にわたって掲げられている。163か条というおびただしい条文の数は，戸籍法全体の7割強を占め，戸籍について規定した条文数よりはるかに多い。このように，戸籍法上は「家」単位の戸籍制度よりも個人単位の身分登記制度が重要な位置を占めているのである。これは当時の立法者が，日本社会の近代化を念頭に，戸籍制度よりも身分登記制度を基礎に置いたほうが適当，と考えて導入したものとみられている（福島［初出 1980］1996：246）。

ところが，身分登記制度は早くも1914年の法改正で廃止されている。政府はその理由について，身分登記制度と戸籍制度の両方の制度があることで，登録事務が煩雑になるため，と説明している。実際，身分登記制度の利用はほとんどないことから，身分登記制度を廃止し，戸籍簿に一本化するという。また，政府としては，「家」制度を基本とする日本社会において戸籍を無くすことはできないことから，戸籍簿のほうに一本化するとも説明している[8]。このように，日本にも個人単位の身分登記制度が創設されたものの，それは短命に終わったという歴史がある。

しかし，現実には社会の近代化とともに人々の移動が激しくなり，当時すでに，戸籍は住民登録としては機能しなくなっていた。そこで政府は，この1914年の戸籍法改正と同時に寄留法を制定し，人々の居住地を把握するために寄留簿を整備する。これは住民登録制度の前身にあたるものである。こうして，戸籍は住民登録の機能を寄留簿に譲り，身分登録制度として確立する。

（3）「家」制度の廃止と新戸籍法

　戦後，新憲法の制定により，個人の尊厳と男女平等の理念のもと，1947 年 12 月，民法が改正され，「家」制度は廃止される（本書第 4 章）。当然，それにあわせて戸籍法も改正される（以下，これを新戸籍法と呼ぶ）。新戸籍法では「戸籍は，市町村の区域内に本籍を定める一の夫婦及びこれと氏を同じくする子ごとに，これを編製する」と定められ，「家」単位の戸籍から「夫婦と未婚の子」単位の戸籍に改められている。

　これは，婚姻により新たな戸籍を作り，「夫婦と未婚の子」という親子二代までを単位とし，三代以上は認めないということである。その戸籍は「氏」を基準に編製され，同じ氏の者が同じ戸籍に入る。このことから，戦後の戸籍の特徴として，「一夫婦一戸籍の原則」「三代戸籍禁止の原則」「同氏同籍の原則」の 3 つがあげられる（清水 2004：110）。

　このように，「家」単位から「夫婦と未婚の子」単位に変わったが，戦後の戸籍でも「氏」を基準として，家族が集団で登録されるという記載方法は継承されている。また，「本籍」についても，「家」の所在地ではなく，単なる戸籍の登録地という意味ではあるが，戦後の戸籍にも記載される。そのほか，戸籍の索引として「戸籍筆頭者」の氏名が，あたかも「戸主」であるかのように戸籍の最初の欄に記載される。これらの点は戦後の法改正時から「家」の残滓として批判されていたが，改正されることなく現在に至っている。

3.「夫婦と未婚の子」単位の戸籍がもたらす問題

　新戸籍法で戸籍の編成単位は「夫婦と未婚の子」に改められ，戸籍筆頭者や本籍の記載といった「家」制度的なものを残しつつも，その後，「夫婦と未婚の子」単位の戸籍制度が日本社会に定着していく。ここでは，「夫婦と未婚の子」という戸籍の編成単位を「家族単位」と呼び，戸籍が個人単位ではなく家族単位であることの問題について考えてみたい。それは，家族単位の戸籍が「結婚した夫婦と，その夫婦の間に生まれた子からなる家族」を前提としていることから生じる問題といえる。つまり，戸籍制度が前提とする家族モデルにあわない生き方をする人々にとっ

て，家族単位は苦悩や困難をもたらすものとなっているのである[9]。

（1）婚外子に関わる問題
①出生届

　家族単位による問題として，婚姻関係以外で誕生した子，すなわち婚外子のケースがあげられる。婚外子は法律的には非嫡出子と呼ばれるが，その出生届や認知などをめぐり，家族単位の戸籍が当事者や関係者に悩みや紛争をもたらすことがある[10]。

　まず，婚外子の出生届にまつわる問題からみてみたい。前述のとおり，戸籍制度は日本人の身分関係を公証するものであり，社会生活を送るうえで欠かせないが，そのためにはまず出生届が受理され，戸籍に登録される必要がある。子が生まれると，親は子の出生から14日以内に出生届を提出しなければならない。出生届が受理されると，夫婦の間に生まれた子は嫡出子として夫婦の戸籍に入り，婚外子の場合は非嫡出子として母の戸籍に入る仕組みである。よって，未婚の女性が，自身の親の戸籍に入ったまま婚外子を出産すると，親の戸籍から除籍となり，その女性を筆頭者とする戸籍が作られ，生まれた子はそこに入る。ようするに，未婚出産の場合は母と子からなる戸籍が新たに作られる，ということである。

　家族単位の戸籍は「夫婦と未婚の子」を基本とし，多くの場合，婚姻時に夫婦の新たな戸籍が作られることからスタートする。その際，夫の氏か，妻の氏のどちらかの氏で戸籍は作られるが，夫婦の氏としては夫の氏が選択されることがほとんどで，夫を戸籍筆頭者とする戸籍が作られ，そこに夫，妻の順に記載される。そして，夫婦に子が生まれると，夫，妻の後に子が記載され，子の父欄には夫の名，その横の母欄には妻の名が記されるのが典型である。

　このような状況のなかで，母を筆頭者とする母と子のみの戸籍は特別視されやすい。戦前から，婚外子は私生子あるいは庶子と呼ばれ，差別や偏見の対象となることが多かったが，そのような差別の観念や実態は戦後の日本社会にも根強く残っており，人々は子が婚外子として戸籍に

記載されることを回避しようとする。実際，戦後しばらくは，婚外子の親や親族により，子が戸籍に非嫡出子として記載されないよう，虚偽の出生届を提出する事態も生じている。その場合，婚外子を子の母の両親（本来であれば，子の祖父母）の嫡出子として届け出ることが多かったようである。

　虚偽の出生届を提出することは，戦前にも行われていたが，戦後はそのような不正防止を目的に，出生届と同時に出生証明書の添付が義務づけられており，制度上，虚偽の出生届は提出できないことになっている。しかしそれでもなお，手を尽くして，1950年代までは虚偽の届出が行われていたとみられる。当時は自宅出産も多く，助産師が母子のために出生証明書等の作成に便宜を図っていた例もあるようである（下夷2019：238）。

　法務省は1961年に虚偽の届出を防止するために通達を出している[11]。通達では，「最近，出産能力のない高齢の母の出生した子として虚偽の出生届がなされる傾向がある」ことを理由にあげて，「今後母が50歳に達した後に出生した子として届け出のあった出生届」については，市町村長に監督法務局またはその支局の長の指示を求めた上で処理するよう求めている（家崎1979：113-114）。

　出生登録を偽ることは，子の一生に関わる重大な問題であるが，婚外子の母親もその親族も，非嫡出子の記載を戸籍の「汚れ」とみなし，これを回避しようと真実を曲げて届け出ていたのである。なお，1965年の母親の年齢別の出生数をみると，全出生数約182万人のうち，50歳以上の母親の出生数は18人であり（厚生労働省2018），上記の通達後，婚外子の母の両親の間に誕生したと偽り，子を嫡出子として届け出るケースはなくなったものとみられる。

②認　知

　非嫡出子として届け出た場合には，「認知」をめぐり，家族単位による問題が生じることがある。認知とは，非嫡出子と父の間に法律上の父子関係を成立させる法的行為であり，子は認知されると，父親から扶養を受ける権利や，父の遺産を相続する権利を得る。父である以上，子を

認知し，子に対する親の責任を果たすことは当然のことといえる。

　戸籍の面でいえば，子を認知した父は，認知届を役所に提出するが，そうすると，子と父の両方の戸籍に認知の事実が記載される。子の戸籍については，前述のとおり非嫡出子として母の戸籍に入っているが，子の身分事項欄に認知されたことが追記され，父欄に認知した父親の氏名が記される。一方，父の戸籍についても，その身分事項欄に非嫡出子を認知したことが追記される。その認知の記載としては，認知の日付のほか，認知した「子の氏名」と「子の戸籍」が記載されるが，「子の戸籍」とは，具体的には子が入っている戸籍の本籍地と戸籍筆頭者のことである。婚外子が未成年の場合，その多くは母を筆頭者とする戸籍に入っていることから，父の戸籍に「子の戸籍」の情報として，婚外子の母の氏名も記載されることになる。

　こうしたことから，本来，認知は父子間の問題であるが，父の婚姻家族，すなわち妻と嫡出子にとっても，自分たちの戸籍の記載に関わる重大な問題と受け止められる。父の婚姻家族の側には，認知の記載が戸籍の「汚れ」とみなされ，なかには子（嫡出子）の結婚への影響を懸念する場合もある。そうしたことから，婚外子の母のなかには，婚姻家族側との紛争を恐れて，認知の請求を躊躇するケースもないとはいえず，そうなると，最終的に子（非嫡出子）の権利が奪われることになる。

③子の氏の変更

　さらに，子が認知された場合，子の氏をめぐり，家族単位の戸籍が婚外子側と父の婚姻家族側との間に軋轢や紛争をもたらすこともある。認知された子と父との間には法的な父子関係が成立するが，認知により，子が自動的に父の戸籍に入るわけではない。したがって，子の氏も変わらない。子が母の氏から父の氏に変更するには，家庭裁判所の審判で「子の氏の変更」の許可を得て，父の戸籍に入らなければならない。

　しかし，父の婚姻家族側は自分たちだけの戸籍を守ろうと，認知された子の入籍に抵抗感を持つケースは少なくない。なかには，「子の氏の変更」の申立に対して，婚姻家族側が家庭裁判所に反対の意思を伝え，事実上，父の婚姻家族が子の氏の変更を阻止することもある。子として

も，父の氏を名乗りたいだけであって，父の婚姻家族と同じ戸籍に入ることを望んでいるわけではないとみられるが，そうであっても，父の氏を称するためには，父の戸籍に入籍せざるを得ない。このことは，認知された子にとっても大きな負担といえる。

　このように，婚外子の場合には，その戸籍が特異なものとみなされ，それが差別や偏見の温床になったり，認知や氏の変更という子と父との二者間の問題についても，婚外子側と父の婚姻家族側の間に軋轢や紛争が生じたり，結果的に婚外子の権利や利益が損なわれる場合がある。これらはいずれも，戸籍が家族単位になっていることに起因する問題である。

（2）離婚・再婚に関わる問題
①離婚後の子の籍

　離婚や再婚に関しても，家族単位の戸籍が当事者にとって悩ましい問題となる場合がある。それは主に子の戸籍についてである。

　多くの夫婦は，夫の氏を称し，夫を筆頭者とする戸籍に入っており，夫婦の子もその戸籍に入っている。このような場合，夫婦が離婚すると，妻は婚姻前の氏に戻ることになり，夫の戸籍から出て婚姻前の戸籍に戻るか，あるいは，婚姻前の氏で新たな戸籍を作ることになる。ただし，離婚の日から3か月以内に，いわゆる「婚氏続称届」を提出すると，婚姻中の氏を名乗り続けることができる。これは1976年の民法改正で導入された制度で，婚氏続称制度と呼ばれている。先ほどの例でも，妻がこの手続きを行えば，婚姻中の氏で自身を筆頭者とする新たな戸籍が作られる。

　一方，子の戸籍は夫婦の離婚とは別問題であり，家庭裁判所に「子の氏の変更」許可の申立をしなければ，子の戸籍や氏は変わらない。つまり，離婚後，妻（子の母）が親権者となり，母と子で暮らしていても，家庭裁判所の許可を得て子の氏を変更し，子の戸籍を母の戸籍に移す手続きをしなければ，子は父の戸籍に入ったままである。

　子が父の戸籍に入っていても，母の戸籍に入っていても，法的な親子

関係に影響はなく，両親が離婚しても，親子の間の権利義務関係に変わりはない。しかし，父と母のどちらも子の籍を自身の戸籍に置いておきたい場合，紛争となることがある。たとえば，離婚後，母子で生活しているケースで，母が子の籍を自身の戸籍に移したいが，父が親権者となっており，それに応じないときなどである。仮に，子の母が婚氏続称制度を利用し，婚姻中の氏を名乗っていれば，母子は同じ氏であり，子が父の戸籍に入っていようと日常生活を送るうえで支障はないとみられる。そうであっても，子の籍を自身と同じ戸籍に入れたいと願う母親は少なくない [12]。このことは，後述するとおり，家族単位の戸籍が人々の家族観念に影響を与えているからである。

②嫡出推定

　離婚と子の籍に関して，もっとも深刻な問題となるのが，嫡出推定に関わる場合である。嫡出推定とは，婚姻中に懐胎した子は夫の子と推定する，という民法上の制度で，その目的は子の父親を早期に確定し，子の身分関係を安定させることにある。

　主に問題となるのは，夫との離婚が成立しないまま，女性が別の男性と事実婚状態で子を産んだケースである。その場合，女性と現在同居している男性が子の父であることが明らかであっても，嫡出推定により，女性の法律上の夫が子の父と推定され，子は夫の戸籍に入ることになる。しかし，このようなケースは，妻が離婚を望んでいても夫が応じないために，子の父である男性との婚姻届を出せないまま出産したという場合が少なくない。

　また，離婚成立後に子が生まれた場合であっても，子の戸籍について問題が生じることがある。前述のとおり，嫡出推定で夫の子と推定されるのは，婚姻中に「懐胎」した子であって，婚姻中に「誕生」した子ではない。民法では，「婚姻成立の日から200日を経過した後又は離婚後300日以内に出生した子については，婚姻中に懐胎したものと推定する」と定められている（2020年4月時点）。よって，離婚が成立したあとに子が生まれても，それが離婚後300日以内であれば，その子は元夫の子と推定される。しかし，離婚前にすでに夫婦関係が破綻していることは

一般的であり，離婚後に生まれた子の血縁上の父親が前夫と異なるケースは珍しくない。

　このように，夫・元夫の子でないことが明らかな場合であっても，子を夫・元夫の戸籍に入れなければならないことは，子の母にとっては耐え難いことであり，なかには子の出生届を提出せず，子が無戸籍状態になっている場合もある。こうしてみると，このような無戸籍問題は嫡出推定だけでなく，戸籍が家族単位であることもネックになっていることがわかる。戸籍が個人単位で子に単独の戸籍が作られるのであれば，母親の心理的抵抗も低くなるであろうし，事務的にも子の父の氏名欄について対処の余地がある。結局，家族単位の戸籍制度が，子に不利益をもたらしているといえる。

③再　　婚

　再婚についても，子の戸籍が問題となる場合がある。たとえば，離婚後，母子世帯となり，母の戸籍に子が入っているケースで，母が再婚し，相手男性の戸籍に入る場合，家庭裁判所に「子の氏の変更」許可を得て，子の籍も一緒に移さなければ，子は母を筆頭者とする戸籍に残ることになる。子が一人であれば，いわゆる「ひとり戸籍」となるが，母親のなかにはそのことを不憫に思い，再婚相手の戸籍への自身の入籍を先延ばしにする場合もある。つまり，家族単位の戸籍が女性の事実上の婚姻障害となっているのである。

　もちろん，このようなケースでは「子の氏の変更」許可を申し立てれば，容易に認められるが，子からみれば，親の離婚や再婚により，自身の戸籍が振り回されることになる。

　また，子を連れて再婚した女性のなかには，戸籍上，その子が夫婦の実子にみえるようにできないかと悩んだり，夫も妻もそれぞれ年少の子を連れて再婚した夫婦のなかには，戸籍上，連れ子全員を夫婦の実子にみえるように，子の戸籍の記載を出生年順に並べ替え，続柄も修正できないか，と模索したりするケースもある。いずれの当事者も「夫婦とその子」からなる戸籍ではない，という事実に苦悩している。

　そのほか，女性が離婚歴のある男性の戸籍に入籍する際，その戸籍に

男性の前婚の子の籍が入っている場合もあり，そのことが女性にとって悩ましい問題となることもある。女性としては，結婚して新たに形成する家族の戸籍を欲するのである。

4. 戸籍と家族規範

　戦後の法改正で戸籍の編成単位は「家」単位から「夫婦と未婚の子」単位に変わったが，戦後の戸籍でも「氏」を基準として，家族が集団で登録されるという点は継承されている。本章ではここまで，「夫婦と未婚の子」という戸籍の編成単位を家族単位と呼び，家族単位の戸籍制度がもたらす問題を捉えてきた。それは，婚外子や離婚，再婚に伴う子の戸籍の問題であった。いずれも家族単位が「結婚した夫婦と，その夫婦の間に生まれた子からなる家族」を前提としていることから生じる問題である。つまり，戸籍制度が前提とする家族モデルにあわない生き方をする人々に，家族単位は苦悩や困難をもたらしているのである。

　こうしてみると，戸籍制度は歴史的に家族と深く結びついているが，戦後の日本社会においても，家族単位の戸籍制度が，婚姻届を出した夫婦とその間に生まれた子のみからなる家族こそが正当な家族であり，「あるべき家族」であるとする家族規範を体現するものとして機能したといえる。戸籍は各人にとって重要な身分証明書であり，人々の生活に直接関わるものである。戸籍制度に裏打ちされた家族規範は，広く人々の家族に関する意識や行動の基準となり，戦後日本の家族を強力に方向づけてきたといえるのではないだろうか。まさに，家族単位の戸籍制度は戦後日本の家族政策の中枢をなすものということになるが，しかし本来，戸籍制度は個人の身分関係を公証するツールにすぎないものである。身分関係の公証ツールである戸籍が，家族規範として作用し，人々に生きづらさをもたらしている事態を放置してよいはずはない。戸籍制度は，家族政策としてではなく，本来の身分登録制度として再定位されるべきである。それは，家族単位ではなく，個人単位の戸籍に改めることにほかならない [13]。

》》注

1）法務省「戸籍」ウェブサイトによる（2019 年 6 月 13 日取得，http://www.moj.
go.jp/MINJI/koseki.html）なお，本章の記述の多くは，下夷（2019）をもとにし
たものである。

2）外国人の場合，日本人との間に家族関係があっても戸籍は作られない。

3）ただし，戸籍謄本の請求については，本来は戸籍抄本で足りる場合でも，戸籍
謄本が請求されている場合もあるとみられる。手数料は同額で，戸籍謄本であれ
ば戸籍抄本の内容も含まれているからである。

4）法務省に設置された「戸籍制度に関する研究会」の委託研究によると，東京都
内のある自治体で 2014 年分の戸籍謄本等の交付請求書を精査した結果，利用目
的で最も多いのは「相続関係手続」（33.9％）であったという（戸籍制度に関す
る研究会 2017：8）。

5）法務局「『法定相続情報証明制度』について」ウェブサイトによる（2019 年 9
月 16 日取得，http://houmukyoku.moj.go.jp/homu/page7_000013.html）。

6）明治前期からの戸籍法の変遷については，福島・利谷（1957），熊谷（1958），
福島（1967）に多くを負っている。

7）ただし，それは政府の想定どおりに当初からスムーズに進展したわけではなく，
徴兵制度に対しては，戸籍制度を逆手に取った国民からの抵抗がみられた。1873
年に徴兵令が発せられるが，当初，戸主とその後継者を免役または徴兵猶予にす
る規定が設けられていたことから，分家や養子縁組など戸籍制度の手続きを利用
して，にわかに戸主またはその後継者となり，徴兵を免れようとするケースが跡
を絶たなかったという。政府はたびたび徴兵令を改正し，対抗措置をとっている
が，最終的には 1889 年の改正で「戸」を維持するための免役・徴兵猶予の規定
を完全撤廃している（谷口 1957：8；利谷［初出 1972］1987：146-147）。

8）帝国議会貴族院戸籍法改正法律案外三件特別委員会（1914 年 3 月 17 日）にお
ける奥田義人司法大臣の戸籍法改正理由による。

9）下夷（2019）では，「家族単位」の戸籍にまつわる悩みについて，新聞の「身
の上相談」を対象に分析している。相談記事には，戸籍と格闘する人々の姿や，
家族単位であるがゆえの深い苦悩が綴られている。

10）本書では基本的には「婚外子」という表現を用い，法律用語としての記載が必
要な場合にのみ「非嫡出子」という表現を用いる。

11）1961 年 9 月 5 日民事甲第 2008 号民事局長通達。

12）ただし，このような子の籍をめぐる両親間の争いは，子が 15 歳以上であれば，
子本人が氏の変更の申立人となることから，解決する問題といえる。

13）戸籍が家族単位であることは，自明なことではない。下夷（2019）では，戦後
の戸籍法改正において，家族単位の導入に関わった法学者や法務官僚の「回顧談」
からそのことを明らかにしている。

参考文献

文興安，2012，「韓国における身分登録制度の改変と課題」アジア家族法会議『戸籍と身分登録制度』日本加除出版：133-176.

福島正夫編，1967，『日本資本主義と「家」制度』東京大学出版会.

福島正夫，［初出 1980］1996，「民法と戸籍法──そのしくみと変遷」福島正夫『福島正夫著作集 第 2 巻 家族』勁草書房：235-249.

福島正夫・利谷信義，1957，「明治以後の戸籍制度の発達」中川善之助・青山道夫・玉城肇・福島正夫・兼子一・川島武宜編『家族問題と家族法 Ⅶ 家事裁判』酒井書店：299-349.

法務省，1953-1972，『法務年鑑』（1952-1971 年・各年版）法務省.

法務省，1973-1980，『民事・訟務・人権統計年報』（1972-1979 年・各年版）法務省.

法務省，1981-2006，『民事・訟務・人権統計年報 Ⅱ 』（1980-2005 年・各年版）法務省.

法務省，2007-2018，「戸籍統計」（2006-2017 年・各年版），（2019 年 6 月 13 日取得，http://www.moj.go.jp/housei/toukei/toukei_ichiran_koseki.html）.

家崎宏，1979，「虚偽の出生証明書を付してした出生届について」中川善之助先生追悼現代家族法大系編集委員会『現代家族法大系 3 親子・親権・後見・扶養』有斐閣：108-121.

岩志和一郎，2016，「身分法としての民法の変容と戸籍」『法律時報』88（11）：6-12.

金敏圭，2016，「韓国の戸籍制度と住民登録制度」『法律時報』88（11）：20-29.

小池信行，2012，「日本の戸籍制度の改正と今後の課題」アジア家族法会議『戸籍と身分登録制度』日本加除出版：29-64.

戸籍制度に関する研究会，2017，「戸籍制度に関する研究会最終とりまとめ」，（2019 年 6 月 13 日取得，http://www.moj.go.jp/content/001236231.pdf）.

厚生労働省，2018，「人口動態統計（2017 年）」，（2019 年 6 月 13 日取得，https://www.e-stat.go.jp/stat-search/files?page=1&toukei=00450011&tstat=000001028897）.

熊谷開作，1958，「家族法（法体制準備期）」鵜飼信成・福島正夫・川島武宜・辻清明編『講座日本近代法発達史第 3 資本主義と法の発展』勁草書房：1-84.

清水誠，2004，「市民社会における市民登録制度に関する覚書」湯沢雍彦・宇都木伸編『人の法と医の倫理──唄孝一先生に賀寿と感謝の気持ちを込めて』信山社：93-141.

下夷美幸，2019，『日本の家族と戸籍──なぜ「夫婦と未婚の子」単位なのか』東京大学出版会.

谷口知平，1957，「現行戸籍制度の検討」中川善之助・青山道夫・玉城肇・福島正夫・兼子一・川島武宜編『家族問題と家族法Ⅶ 家事裁判』酒井書店：350-372.

利谷信義，［初出 1972］1987，「戸籍の思想」『家族と国家──家族を動かす法・政策・思想』筑摩書房：139-159.

6 | パートナー関係の法制度

　本章では，パートナー関係の法制度として，主に婚姻関係によらないカップルの法的保護のあり方について考える。まず，若者の同棲や非婚化の動向を確認し，つぎに，内縁，および現代的な事実婚の特徴を捉える。そして，国際的に議論になっている同性カップルの法的保護について，欧米と日本の状況を検討し，最後に，パートナー関係の法的保護に関する課題について考察する。

1. 結婚をめぐる情勢：欧米と日本

（1）晩婚化と同棲

　1990 年代以降の日本の家族に関わる顕著な変化として，若者の晩婚化があげられる。表6－1は日本と欧米5か国の平均初婚年齢を示したものである。まず，日本についてみると，2017 年は男性で31.1 歳，女性は29.4 歳となっており，1990 年に比べて，男性では2.7 歳，女性では3.5 歳上昇している。平均初婚年齢の上昇は欧米5か国に共通してみられ，スウェーデン，フランス，ドイツ，イギリスの2017 年前後の平均初婚年齢は日本より高く，1990 年からの上昇幅（フランスは2000 年から）も日本より大きい。アメリカは主要先進国のなかでは結婚年齢が低い国であるが，そのアメリカでも晩婚化傾向にあり，平均初婚年齢は上昇している。

　このように，若者の晩婚化は日本だけでなく，主要先進国に共通してみられるが，パートナーとの関係は日本と欧米では異なっている。欧米（欧州では北欧と西欧）の若者の間では，パートナーと同棲することがひとつのライフスタイルとして定着しているのである。表6－2は

表6－1　平均初婚年齢の国際比較：1990年・2000年・2017年

(%)

国　名	男　性			女　性		
	1990年	2000年	2017年	1990年	2000年	2017年
日　本	28.4	28.8	31.1	25.9	27.0	29.4
スウェーデン	30.3	33.0	36.6	27.7	30.4	33.8
フランス	..	30.7	34.4	..	28.4	32.2
ドイツ	28.2	30.5	34.0	25.5	27.7	31.2
イギリス	27.2	30.5	33.2	25.2	28.2	31.2
アメリカ	26.1	26.8	29.5	23.9	25.1	27.4

注：2017年欄のフランスとイギリスは2015年のデータ.
出典：OECD（2019）の "Chart SF3.1.B. Mean age at first marriage by sex, 1990, 2000, and 2017 or latest available year" をもとに筆者作成.

表6－2　5か国における若者のパートナー関係：2011年

(%)

国　名	パートナーと同居している			パートナーと同居していない
	計	婚姻, パートナーシップ登録等	同　棲	計
スウェーデン	46.98	17.57	29.41	53.02
フランス	50.42	21.89	28.53	49.58
イギリス	43.70	21.84	21.86	56.30
ドイツ	39.53	22.15	17.39	59.74
アメリカ	41.90	29.75	12.15	58.11

注：20-34歳のデータ. ただし, アメリカは18-34歳のデータ.「婚姻, パートナーシップ登録等」は出典では「婚姻, 民事または登録パートナーシップ」となっている.
出典：OECD（2019）の "Table SF3.3.A. Partnerships and cohabitation, 2011" をもとに筆者作成.

OECDの国際比較表から，若者のパートナー関係について，欧米5か国のデータを抜き出して示したものである。これは日本ではなじみのない区分で示されているが，まずパートナーと同居しているか否かで大別され，「パートナーと同居している」は，婚姻あるいはパートナーシップ登録等をしている場合と同棲している場合に分けられている。パートナーシップ登録については後述するが，この登録をするとカップルは法的に承認された関係となる。よって，この表の「同棲」は，法的関係にない特定のパートナーと同居しているということである。一方，「パートナーと同居していない」には，特定のパートナーと同居していない場

表6－3　未婚者の同棲経験（日本）：2015年

(%)

年　齢	男　性				女　性			
	同棲経験なし	以前していた	現在している	不　詳	同棲経験なし	以前していた	現在している	不　詳
20〜24歳	96.7	1.5	1.3	0.4	94.5	2.8	2.1	0.6
25〜29歳	91.9	5.3	2.3	0.5	89.3	7.8	2.1	0.8
30〜34歳	88.5	8.2	2.3	1.0	86.9	10.0	1.9	1.2

注：設問「あなたはこれまでに同棲経験（特定の異性と結婚の届け出なしで一緒に生活したこと）がありますか」に対する回答結果.
出典：国立社会保障・人口問題研究所（2017）をもとに筆者作成.

合がすべて含まれている[1]。

　ここで注目されるのが，各国の「同棲」の割合である。スウェーデンやフランスではおよそ３割を占め，「婚姻，登録パートナーシップ」（以下，「婚姻等」）を上回っている。イギリスは２割強で「婚姻等」とほぼ同等となっており，ドイツは約17％で「婚姻等」より低いものの，「婚姻等」と「同棲」の比率は5：4で，差はそれほど大きくない。この4か国に比べると，アメリカの「同棲」割合は低く，1割を超える程度だが，それでも「婚姻等」と「同棲」の比率は5：2である。

　このOECDの国際比較表には日本のデータは示されていない。そこで，表6－3で未婚者の同棲についてみると，現在同棲している若者は非常に少なく，男女別・年齢別のデータで1.3％から2.3％にとどまっている。これに以前同棲していた場合を加えて，同棲経験としてみると，年齢が上がるほど高くなっているが，30歳代前半でも男女とも1割を超える程度である。

　こうしてみると，パートナーとの同棲について，日本と欧米では状況が大きく異なるといえる。欧米でも以前からこれほど一般的だったわけではない。同棲は周縁的，前衛的なものとみなれていたが，それが徐々に変化し，まず，結婚までの試験的，経過的なスタイルとして，その後，結婚とは別のひとつのあり方として，さらに結婚と同等のもの（区別のつかないもの）として，社会的に受容されていったという（Cherlin 2004：849）。

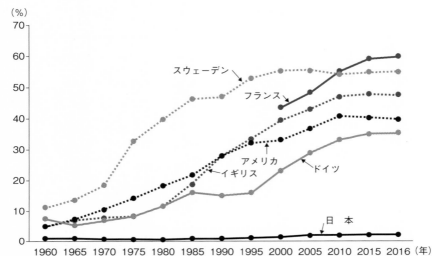

出典：OECD（2019）の "Chart SF2.4.B. Share of births outside of marriage over time, Proportion（%）of all live births where the mother's legal marital status at the time of birth is other than married, 1960-2017" をもとに筆者作成.

図6－1　婚外子率の国際比較：1960-2016 年

（2）非婚化

　欧米諸国では，概して，パートナー関係の非婚化が進んでおり，特定のパートナーと生活を共にしているけれども，法的な結婚（婚姻）はしない，という人々が増えている。子どもができても婚姻しないカップルも増えており，北欧や西欧では，婚姻外のパートナー関係が婚姻と並ぶひとつの選択肢として定着している。

　そのことは婚外子率にあらわれている。図6－1は，前述の5か国と日本の婚外子率の推移を示したものである。これをみると，日本を除き，婚外子率は各国とも大幅に上昇しているのがわかる。1960 年の婚外子率は5％から 11％で，婚外子率が最も高いスウェーデンでも，当時はおよそ9割の子どもは婚姻カップルから生まれている。その後，各国の婚外子率は上昇し，スウェーデンでは 1990 年代前半に5割を超え，フランスも 2000 年代はじめに5割を超えている。イギリスも 2010 年代に入ると5割弱で推移しており，これらの国では，現在，生まれる子どもの半数かそれ以上は，両親が結婚していない関係である。アメリカ，ド

イツの婚外子率も2016年は4割程度で，もはや婚外子は少数派ではない。

　こうしてみると，パートナー関係は婚姻に結実するとは限らず，婚姻制度に基づく，従来の「結婚－性－生殖」という三位一体の関係は大きく変化しているといえる。欧米で，このようなパートナー関係の非婚化が進行した背景としては，結婚の意味の変化があげられる。とくに女性の人生において，結婚は生活を保障するものから精神的な充足を得るものへと変化していった。また，離婚制度の変化で結婚の永続性が法的に担保されなくなったことも影響したといえる。日本とは異なり，欧米の離婚制度では離婚が認められる要件が厳しく規定されていたが，1960年代から各国の離婚法が改正され，離婚の要件が緩和されたのである。これにより，法的に結婚することの意義が問われるようになった。

　さらに，婚外子の差別が是正されたことも大きい。従来，キリスト教的婚姻観の下では，婚姻外の男女関係は抑制され，非嫡出子は差別を受けていた。しかし，子どもの人権擁護の観点から，相続法の改正など，婚外子に対する法的差別を是正する法改正が行われている。

　こうして，欧米では婚外子も増え，婚姻とは異なるパートナー関係のあり方が一つの選択肢として定着していったといえる。しかし，日本ではそのような動きはみられない。図6－1のとおり，日本は婚外子率が極めて低く，2000年代半ば以降も2％程度でさほど変化していない。つまり，日本も欧米と同様に晩婚化が進行しているが，日本では婚姻制度に対抗する新たなパートナー関係のあり方はみられず，婚姻が唯一の選択肢というなかで，若者の晩婚化が生じているのである。

2.　日本における事実上の夫婦

（1）内　縁

　現在の日本では，法的な結婚以外のパートナー関係のあり方は一般的ではないが，これは日本の伝統というわけではない。日本でも戦前は一定の割合の夫婦が，婚姻によらない事実上の夫婦であった。婚姻意思があり，婚姻と同じような夫婦としての共同生活がありながら，婚姻届を

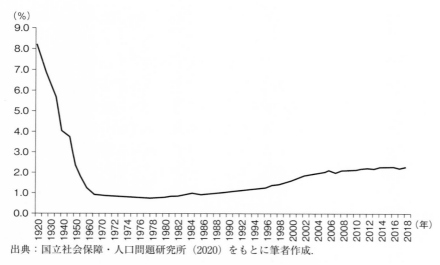

出典：国立社会保障・人口問題研究所（2020）をもとに筆者作成.

図６－２　日本の婚外子率：1920-2018 年

出していない男女の関係は，「内縁」と呼ばれている。

　大正期は内縁夫婦が一定数を占めており，1920 年の国勢調査では夫婦と申告したもののうち，17 ％の夫は配偶者のことを「未届けの妻」と記入している（湯沢 2005：194-195）。当時は婚外子率も高く，図６－２で戦前にさかのぼって日本の婚外子率をみると，1920 年は 8.25 ％となっており，2018 年の 2.29 ％の 3.6 倍である。

　戦前に内縁が多かった理由としては，「家」制度の影響があげられる。ひとつには，嫁を試す期間の一時的な内縁である。婚姻届の提出は，嫁を戸籍に入れることであり，それは嫁に「家」の一員としての正式な地位を付与することを意味する。戸籍を重視する「家」意識の下では，婚姻届を出さずに，嫁が家風にあうか，「家」の跡継ぎを産めるか等を見極める場合があった。そのために一時的，経過的に内縁が生じるというわけである。

　また，「家」制度に由来する法的な婚姻障害があり，婚姻できないことによる内縁もある。たとえば，婚姻の要件である「戸主の同意」が得られない場合や，「家」の跡継ぎである一人息子と一人娘が結婚する場合である。跡継ぎ同士は，挙式や同居生活により，社会的に夫婦と認め

られていても，戸主予定者は他家に入れない規定があるため，婚姻することができない[2]。

　そのほか，経済的にゆとりのない階層では，婚姻の法的効果が十分に認識されていなかったため，婚姻届を出さず，事実上の夫婦生活を続ける人々が少なくなかったとみられる（二宮 2019：143-144）。

　このように，戦前の内縁は，婚姻届を出せないことによる事実上の夫婦であったといえる。いわば，内縁は婚姻制度からの疎外により生じるものであり，消極的な評価がつきまとうものであった。

（2）準婚理論

　明治民法も現在同様，法律婚主義をとっており，婚姻届が提出されていなければ，法律的には夫婦と認められない。炭鉱労働者などの肉体労働者には内縁が多かったが，災害や事故で労働者が死亡しても，会社側は内縁の妻への補償に応じず，しばしば紛争になっていたという（湯沢 2005：195）。

　また，内縁夫婦の紛争では，不利を被るのはほとんどが女性側であった。そこで，内縁の妻が裁判を起こして，内縁は正式な婚姻の予約状態であると主張するケースもあったが，それはなかなか認められなかった。1911年の大審院の事件では，内縁の妻が不当に関係を解消されたことについて，婚姻予約の不履行を理由に損害賠償を請求したが，大審院はこれを認めていない。判決は，「婚姻の予約は当事者を拘束する効力がなく，これを履行すると否とは全然その自由であって，これを履行しなくとも予約の効果として何らの責にも任ずることがない」「当事者が婚姻の予約に基づき慣習に従って婚姻の儀式を挙げ，事実上夫婦的関係が生じていた場合であっても，その関係を断つことは双方の自由であって，男子より予約の履行を拒絶したために，女子の品格を毀損しその名誉を傷つける結果が生じても，不法に名誉を侵害したものということはできない」という内容であった[3]。

　しかしその後，内縁は婚姻に準ずるものと扱われるようになる。その契機となったのが，1915年の大審院判決である。この事件も女性側が

不当に離別されたとして損害賠償を求めたものだが，大審院はそれまでの判例を覆し，「婚姻の予約は将来に於いて婚姻を為すべきことを目的とする契約にして有効である」「婚姻予約は，法律上これにより婚姻することを強制することはできないが，当事者の一方が正当の理由なく違約した場合においては，違約した方は，相手方が予約を信じた為に被った有形無形の損害を賠償する責任がある」としている[4]。

　この1915年の大審院判決は，一般論として，婚姻予約を無効としていた点を改め，しかも内縁についても，その不当な破棄に対して損害賠償を認めたものとして評価された。これ以後，内縁を婚姻に準ずるものとして保護すべきとの学説が説かれるようになる（星野 1994：97）。というのも，内縁を婚姻予約とみなすだけでは当事者の保護には限界があり，不当破棄に対しては救済が可能だが，それ以外の夫婦としての義務違反には対処できないからである。この学説は「準婚理論」と呼ばれている。

　そして戦後，1958年の最高裁判決は準婚理論を採用し，「いわゆる内縁は，婚姻の届出を欠くがゆえに，法律上の婚姻ということはできないが，男女が相協力して夫婦としての生活を営む結合であるという点においては，婚姻関係と異る（ママ）ものではなく，これを婚姻に準ずる関係というを妨げない。」「内縁も保護せられるべき生活関係に外ならないのであるから，（中略）内縁を不当に破棄された者は，相手方に対し婚姻予約の不履行を理由として損害賠償を求めることができるとともに，不法行為を理由として損害賠償を求めることもできるものといわなければならない。」と明示している[5]。

　こうして，内縁は婚姻に準ずる関係とみなされるようになり，内縁の配偶者にも一定の法的保護がなされ，相続と親子に関するものを除き，婚姻している場合とほぼ同様の権利義務が適用されている。ただし，税制に関しては，法的な婚姻以外は認めていないため，内縁の場合には，税制上の控除や相続税などの配偶者に対する優遇措置は受けられない。

　民法や税制以外でみると，社会保障の領域では，生活実態に即していることが重視されており，すでに戦前から法的に内縁が婚姻に準ずるも

のとして扱われている。1923 年の改正工場法がその最初で，「本人ノ死
亡当時其ノ収入ニ依リ生計ヲ維持シタル者」という表現で，内縁の妻が
遺族扶助料を受ける最終順位者に含められている。なお，この条文上の
表現は，内務省社会局の原案では，「内縁の妻」という表現をあてていた
たが，議会でこのように修正されたという（湯沢 2005：197）。

　戦後の社会保障の法制度では，「配偶者（婚姻の届出をしていないが
事実上婚姻関係と同様の事情にある者を含む。）」といった表現で，内縁
関係の配偶者が保護されている。よって，夫婦としての事実関係が認め
られれば，年金や健康保険など，内縁の夫婦も法的に結婚している場合
と同様の扱いとなる。

　このように，日本の婚姻制度は法律婚主義をとっているが，戦前から
内縁を婚姻に準じて扱ってきた経緯があり，戦後は最高裁も準婚理論を
明示的に採用し，法的結婚をしていない夫婦にも一定の保護がなされて
いる。

（3）現代の事実婚
①事実婚という選択

　戦前の内縁は，「家」制度上の問題で婚姻できない人々や，婚姻届出
の認識が十分でない人々によるものであったが，戦後，「家」制度は廃
止され，婚姻届を出すことの認識も一般化している。そのようななか，
自分たちの主体的な意思により，婚姻届を提出せずに，事実上の夫婦関
係を営む人々が登場している。このようなパートナー関係は，主体的な
選択によることから，かつての「内縁」という表現ではなく，「事実婚」
と呼ばれるようになっている。事実婚とは，法律婚に対応する言葉だが，
明確な定義があるわけではなく，同棲との区別も明白ではない。

　事実婚の統計はとられていないが，前述の若者の同棲率や婚外子率か
らみて，日本では法律婚が圧倒的多数であり，事実婚は少数派といえる。
ただし，事実婚を実践している人の中には，そのスタイルをパートナー
関係の新しいあり方として積極的に主張している人もいる。事実婚を選
択している理由はさまざまだが，夫婦別姓を理由に婚姻届を出さない

ケースが多いとみられる。そのほか，従来の夫婦に典型的にみられる性別役割分業に対する批判，また，根強く残る「家」制度的な慣習や「嫁」役割からの解放を求める意識から，事実婚を選択する場合もある。さらに，婚姻制度や戸籍制度により国家が家族を管理することに抗議し，事実婚を選択する人もいる（善積 1997）。

②夫婦別姓制度

　事実婚というあり方は，主に夫婦別姓を求める人々によって選択されてきた。夫婦別姓とは，婚姻後も夫婦双方ともそれぞれ婚姻前の姓を称することである。「姓」や「名字」は，民法や戸籍法では「氏」の語が用いられており，法律上の説明や議論では，夫婦別姓は夫婦別氏と呼ばれることが多い。民法では夫婦同氏が強制されており，夫婦は婚姻の際，夫または妻のどちらか一方の氏を選択しなくてはならない。婚姻届の「婚姻後の夫婦の氏」の選択欄にチェックを入れなければ，婚姻届は受理されず，法律上の結婚をすることができない仕組みとなっている。そのため，当事者双方が婚姻後もそれまでの姓を称したいと望み，かつ，双方とも相手に対して，意に反する改姓を求めたくない場合，法的結婚の意思があっても婚姻届を出さず，事実婚にとどまる選択となる。

　別姓を求める声は，女性からより多くあがっている。実際に婚姻する夫婦の氏のほとんどが，夫の氏となっているからである。たしかに，統計をみると，2016 年の婚姻では「夫の氏」とする夫婦が 96 ％を占めている（厚生労働省 2017）。別姓を望む理由は一様ではないが，理由としては，改姓による仕事上の不利益や生活上の不便を回避したい，夫の家の「嫁」役割を強いられたくない，自己のアイデンティティーを失いたくない，などがあげられる。また，これらとは方向性が異なる理由として，男性のきょうだいがいない女性が，実家の姓や墓を継承するために別姓を求める場合もある。

　夫婦別姓については，1996 年に法制審議会が選択的夫婦別姓制度の導入を答申しているが[6)]，政権与党内に反対論もあり，法改正に至っていない（2020 年 4 月時点）。夫婦別姓をめぐっては訴訟も起きており，別姓を認めていない民法の規定の違憲性が問われている。しかし，最高

裁判所は2015年の判決で，民法の規定に男女の不平等はなく，家族が同じ姓を名乗る制度は日本社会に定着しているとして，合憲の判断を示している。これは夫婦別姓に関する初の最高裁判決であるが，裁判官の判断は割れており，15名の裁判官のうち合憲が10名，違憲が5名であった。女性の裁判官3名は全員が違憲と判断している。

　女性裁判官の意見は，「96％もの多数が夫の氏を称することは，女性の社会的経済的な立場の弱さ，家庭生活における立場の弱さ，種々の事実上の圧力など様々な要因のもたらすところであるといえるのであって，夫の氏を称することが妻の意思に基づくものであるとしても，その意思決定の過程に現実の不平等と力関係が作用しているのである。そうすると，その点の配慮をしないまま夫婦同氏に例外を設けないことは，多くの場合妻となった者のみが個人の尊厳の基礎である個人識別機能を損ねられ，また，自己喪失感といった負担を負うこととなり，個人の尊厳と両性の本質的平等に立脚した制度とはいえない。」「そして，氏を改めることにより生ずる上記のような個人識別機能への支障，自己喪失感などの負担が大きくなってきているため，現在では，夫婦となろうとする者のいずれかがこれらの不利益を受けることを避けるためにあえて法律上の婚姻をしないという選択をする者を生んでいる。」「夫婦が称する氏を選択しなければならないことは，婚姻成立に不合理な要件を課したものとして婚姻の自由を制約するものである。」「少なくとも現時点においては，夫婦が別の氏を称することを認めないものである点において，個人の尊厳と両性の本質的平等の要請に照らして合理性を欠き，国会の立法裁量の範囲を超える状態に至っており，憲法24条に違反するものといわざるを得ない。」というものである[7]。

　2015年の最高裁判決は現行制度を合憲と判断したが，選択的夫婦別姓制度の導入について，「合理性がないと断ずるものではない」とし，夫婦の姓に関する制度は「国会で論ぜられ，判断されるべき事柄にほかならない」としている。本来であれば，この最高裁判決を受けて，国会で本格的に議論されるべきであるが，具体的な進展はみられない（2020年4月時点）。法制審議会が選択的夫婦別姓制度の導入を答申してから，

およそ四半世紀が経過している。別姓の選択が認められないことは，日本の婚姻制度における重大な問題である。

3. 同性カップルの法的保護

（1）欧米における同性カップルの法制度

　国際的にみると，婚姻制度における中心的な論点は，同性カップルに婚姻または婚姻に準ずる法的保護を認めるか否かという点である。賛否の議論があるが，欧米を中心に同性婚を認める制度改正が近時の潮流となっている[8]。

　欧米では，歴史的には宗教上の問題を背景に同性愛行為が否定されてきた。しかし，人権擁護運動を経て，現在は同性カップルの法的保護が進展している。その法制度のタイプとしては，（ⅰ）法定同棲，（ⅱ）民事連帯契約，（ⅲ）登録パートナーシップ制度，（ⅳ）同性婚の4つがあげられる[9]。

　法定同棲とは，同棲関係に対して，一定の法律上の地位を認めるものである。主に財産関係について当事者を保護するものとなっており，代表的な例として，スウェーデンのサンボ法があげられる。スウェーデンでは同棲関係はサンボと呼ばれ，異性カップルを対象としたサンボ法が制定されていたが，1987年に同性カップルにもサンボ法のルールが適用されている（善積 2011：202-203）。

　民事連帯契約とは，共同生活に関する契約を登録するもので，フランスで1999年に制度化されたPACS（パクス）に代表される。パクスは，成年に達したふたりの間で，安定した持続的共同生活を営むために契約を結び，これを公的機関に登録することにより，扶養，住宅，財産，税金，社会的権利等で，双方に権利と義務が生じるものである。パクスはあくまで成人の当事者間の契約であり，子どもを含めた関係におよぶものではない。よって，パクス当事者は双方で養子縁組をすることはできず，また，一方がすでに親であっても，パクスはその親子関係や親権に一切影響しない。パクスは当初，同性カップル向けに構想されたが，同性カップルだけでなく，異性カップルも対象とする制度として導入され

ており，実際に利用しているのは異性カップルが圧倒的に多くなっている[10]。

　登録パートナーシップ制度は，パートナー関係を登録することで，婚姻に準ずる地位が与えられるものである。民事連帯契約が契約を登録するのに対し，登録パートナーシップ制度はふたりの関係，つまり，身分関係を登録するものである。1989年にデンマークで初めて登録パートナーシップ制度が創設され，その後，北欧，西欧を中心に広がっている。たとえば，スウェーデンでは1994年，ドイツでは2001年，イギリスでは2004年に導入されている（その後の制度改廃は次節のとおり）。

　登録パートナーシップ制度は，婚姻に準ずる制度であるが，各国の内容は一様ではなく，制度の対象を同性カップルに限定するか，同性カップルと異性カップルの両方を対象とするか，また，税制，相続等にも適用するか，養子縁組を認めるかなど国により異なっている。

　同性婚とは，いうまでもなく，同性カップルの婚姻が法的に認められることである。2000年にオランダが同性婚を認めて以後，同性婚を容認する国が増えている。前述の国際比較で取り上げた5か国は，いずれも同性婚を認めており，スウェーデンでは2009年に，フランス，イギリスでは2013年に，ドイツでは2017年に同性婚が認められている。アメリカでは，婚姻制度は州法によるが，2004年にマサチューセッツ州が全米の州で初めて同性婚を認めている。同性婚を認めない州もあったが，2015年に連邦最高裁判所が婚姻を異性カップルに限定する州法は違憲であるとの判断を示し，以後，すべての州で同性婚が認められるようになっている[11]。

　このように諸外国では，1980年代終わりから同性カップルの法的保護がなされるようになり，さらに2000年代に入ると同性婚を認める国が増えている[12]。

（2）自治体のパートナーシップ証明制度：日本

　日本の民法には，婚姻を異性カップルに限定すると明示した規定はないが，戸籍事務は，民法は同性婚を認めていないとの解釈で運用されて

おり，同性カップルは婚姻届を出すことができない。諸外国のような登録パートナーシップ制度もなく，日本では同性カップルを保護する法律は制定されていない。

　このような状況のなか，一部の地方自治体では，同性カップルに対してパートナー関係を公的に証明する制度が実施されている。最初に取り組んだ自治体は，東京都の渋谷区と世田谷区で，2015年にそれぞれ独自の制度を創設している。翌年には三重県伊賀市，兵庫県宝塚市，沖縄県那覇市が続き，2020年4月1日時点で，全国の48自治体がパートナーシップ証明制度を導入，あるいは導入することを決定している[13]。

　自治体により制度の名称やその内容は異なり，制度の対象についても，同性カップルのみとする自治体もあれば，一方または双方が性的マイノリティとする自治体もある。また，同性カップルと異性カップルの両方を対象とする自治体もある[14]。証明書発行の手続きもそれぞれで，たとえば，東京都渋谷区は当事者が公正証書を作成し，区がパートナーシップ証明書を発行する仕組みで，東京都世田谷区は当事者がパートナーシップ宣誓書を提出し，区がその受領書を証明書として発行する仕組みである。

　このように制度は自治体によるが，パートナーシップ証明を受けると，公営住宅の入居申し込みや公立病院での手術の同意などができるようになる。また，自治体の動きが民間企業の取り組みにも影響を与えており，渋谷区や世田谷区での制度導入を契機に，証明書があれば，生命保険の死亡保険金の受取人に同性パートナーを指定することや，携帯電話会社の家族割引を利用することができるようになっている。そのほか，企業の福利厚生において，同性パートナー関係を，家族や親族に関わる各種休暇や手当の対象とする事例もみられる（棚村2016：11）。

　しかし，パートナーシップ証明はあくまで自治体によるものであって，パートナーとして証明されても，民法や税制，社会保障で認められている配偶者としての法律上の権利を得ることはできない[15]。

4.　パートナー関係に対する法制度のあり方

　ここまでみてきたとおり，欧米では非婚化が進み，婚姻制度によらず，パートナーと人生を共にする人々が増えている。一方で，婚姻制度の対象外とされてきた同性カップルへの法的保護の要請が強まり，婚姻制度とは異なる法制度（登録パートナーシップ制度など）が創設され，さらに，婚姻制度を同性カップルにも認める動きが加速している。参照した欧米5か国のうち，アメリカは州により状況が異なるが，欧州の4か国はいずれもその傾向が明らかにみてとれる。

　スウェーデンでは，まずサンボ制度が異性カップルだけでなく同性カップルにも認められ，その後，登録パートナーシップ制度が同性カップル限定で導入されたが，この制度は同性婚が容認されたことで廃止されている。よって，異性カップル，同性カップルともに，サンボ制度か婚姻制度のいずれかが利用できる。

　フランスでは，パクスが創設当初から同性カップルと異性カップルの両方を対象としており，さらに同性婚が承認されたことで，異性カップル，同性カップルともに，パクスか婚姻制度のいずれかが利用できる。

　イギリスでは，同性カップル限定の登録パートナーシップ制度が導入され，その後，同性婚が認められたことから，同性カップルは登録パートナーシップ制度と婚姻制度のいずれかを選択でき，異性カップルは婚姻制度のみとなった。そこで，不均衡を是正するために，法改正を行い，登録パートナー制度の対象が異性カップルにも拡大されている（芦田2020）。よって，異性カップル，同性カップルともに，婚姻制度か登録パートナー制度のいずれかが利用できる。

　ドイツでも登録パートナーシップ制度が同性カップル限定で導入され，その後，同性婚が承認されているが，ドイツはイギリスと異なり，同性婚の施行後は新規のパートナーシップ登録は行われないことになり，結局，パートナー関係の法制度は，異性カップルも同性カップルも婚姻制度のみとなっている。

　こうして，各国のパートナー関係の法制度についてみると，ひとつは，

制度の対象が異性カップルと同性カップルで「共通」か，どちらかに「限定」か，という点から，もうひとつは，制度全体が婚姻制度のみの「一元的」な構成か，「多元的」な構成か，という点から整理することができる。これによると，スウェーデン，フランス，イギリスはいずれも異性・同性カップル「共通」の「多元的」な法制度であり，ドイツは異性・同性カップル「共通」の「一元的」な法制度といえる。それに対し，日本は異性カップル「限定」の「一元的」な法制度である。

　主要先進国のパートナー関係の法制度は，異性カップル限定の婚姻のみの制度から，各国それぞれの制度改正を経て，大きく変化している。日本の限定的・一元的な法制度が，人々のパートナー関係の自由を抑制することになっていないか，多角的な検討が必要である。

》》注

1）未婚者のほか，離婚した人や登録パートナーシップを解消した人などの場合もある。

2）明治民法には「法定ノ推定家督相続人ハ他家ニ入リ又ハ一家ヲ創立スルコトヲ得ス但本家相続ノ必要アルトキハ此限ニ在ラス」と規定されている。

3）「明治44年3月25日／大審院／第1民事部／判決／明治44年（オ）43号」の判旨。ただし，現代語に改めている。

4）「大正4年1月26日／大審院／民事連合部／判決／大正2年（オ）621号」の判旨の抜粋。ただし，現代語に改めている。なお，この事件については，婚姻予約不履行による損害賠償は，違約を原因として請求すべきところ，不法行為を原因として請求しているので認められない，という判断になっている。

5）「昭和33年4月11日／最高裁判所第二小法廷／判決／昭和32年（オ）21号」の判決文の抜粋。中略は筆者による。

6）「民法の一部を改正する法律案要綱」（平成8年2月26日法制審議会総会決定）による（2020年3月1日取得，http://www.moj.go.jp/shingi1/shingi_960226-1.html）。

7）「平成27年12月16日／最高裁判所大法廷／判決／平成26年（オ）1023号」の岡部喜代子裁判官の意見より抜粋。櫻井龍子裁判官，鬼丸かおる裁判官はいずれも岡部裁判官の意見に同調している。

8）本章の同性カップルの法制度に関する記述は，藤戸（2018, 2019），鳥澤（2010, 2013），渡邉（2006）による。

9）鳥澤（2010：4）の区分による。ただし，「同性間婚姻」を「同性婚」に改めている。渡邉（2006：1754）は，スイスのパートナーシップ法草案で示された区分をもとに5類型を示している。そこでは，登録パートナーシップ制度が独立した規定によるものと，婚姻の規定を準用するものに区分されている。藤戸（2018：67-68）は法定同棲と民事連帯契約を合わせて，法定同棲・PACS等とし，3類型にまとめている。

10）2018年のパクス件数は同性カップルが約9千組に対し，異性カップルが約20万組となっている。INSEE（フランス国立統計経済研究所）のウェブサイトによる（2020年3月10日取得，https://insee.fr/fr/statistiques/4277624?sommaire=4318291&q=pacs#consulter-sommaire）。

11）ただし，アメリカでは宗教的な理由から反対論も強く，ケンタッキー州の郡書記官が「キリスト教の教えに反する」として，同性カップルに結婚証明書の発行を拒否し，収監される事件も起きている（『朝日新聞』2015年9月4日夕刊）。

12）ただし，同性婚の容認に反対する国もあり，ロシアでは2013年に同性愛の宣伝を禁止する法律が制定されている。法律の目的は，未成年者や児童の健康・発達の保護にあるという（藤戸2015：80）。

13）『朝日新聞』2020年4月3日朝刊。

14）千葉県千葉市のパートナーシップ宣誓制度は，同性・異性を問わず，互いを人生のパートナーとする二者のパートナーシップの宣誓を証明するもの，と説明されている。千葉市ウェブサイトによる（2020年3月10日取得，https://www.city.chiba.jp/shimin/seikatsubunka/danjo/partnership.html）。

15）同性カップルのなかには，パートナー間で養子縁組をし，法的に親子となることで，相続等ができるようにしているケースもある。

参考文献

芦田淳，2020，「イギリス 異性間シビル・パートナーシップ規則の制定」『外国の立法』282（2）：8-9，（2020年3月30日取得，https://dl.ndl.go.jp/info:ndljp/pid/11448987）。

Cherlin, A.J., 2004, "The deinstitutionalization of American marriage," *Journal of Marriage and Family*, 66（4）：848-861.

藤戸敬貴，2018，「同性カップルの法的保護をめぐる国内外の動向―― 2013年8月～2017年12月，同性婚を中心に」『レファレンス』805：65-92，（2020年3月10日取得，https://dl.ndl.go.jp/info:ndljp/pid/11045309）。

藤戸敬貴，2019，「性の在り方の多様性と法制度――同性婚，性別変更，第三の性」

『レファレンス』819：45-62，（2020 年 3 月 10 日取得，https://dl.ndl.go.jp/info:
ndljp/pid/11275349）.

星野英一，1994，『家族法』放送大学教育振興会.

国立社会保障・人口問題研究所，2017，『現代日本の結婚と出産——第 15 回出生
動向基本調査（独身者調査ならびに夫婦調査）報告書』，（2020 年 3 月 30 日取得，
http://www.ipss.go.jp/ps-doukou/j/doukou15/NFS15_reportALL.pdf）.

国立社会保障・人口問題研究所，2020，「人口統計資料集（2020 年版）」，（2020 年 3
月 30 日取得，http://www.ipss.go.jp/syoushika/tohkei/Popular/Popular2020.
asp?chap=0）.

厚生労働省，2017，「平成 28 年度 人口動態統計特殊報告『婚姻に関する統計』の概況」，
（2020 年 3 月 10 日取得，https://www.mhlw.go.jp/toukei/saikin/hw/jinkou/
tokusyu/konin16/dl/gaikyo.pdf）.

二宮周平，2019，『家族法（第 5 版）』新世社.

OECD，2019，OECD Family Database，（2020 年 3 月 10 日 取 得，http://www.
oecd.org/social/family/database.htm）.

棚村政行，2016，「セクシュアル・マイノリティ入門」『月報司法書士』533：4-13，（2020
年 3 月 10 日取得，https://www.shiho-shoshi.or.jp/cms/wp-content/uploads/2016
/09/201607_03.pdf）.

鳥澤孝之，2010，「諸外国の同性パートナーシップ制度」『レファレンス』711：
29-46，（2020 年 3 月 10 日取得，https://dl.ndl.go.jp/info:ndljp/pid/8243577）.

鳥澤孝之，2013，「諸外国の同性婚制度等の動向—— 2010 年以降を中心に」『調査
と情報』798：1-12，（2020 年 3 月 10 日取得，https://dl.ndl.go.jp/info:ndljp/
pid/8243577）.

渡邉泰彦，2006，「ヨーロッパにおける同性カップルの法的保護」『北大法学論集』
57（4）：1752-1764.

善積京子，1997，『〈近代家族〉を超える——非法律婚カップルの声』青木書店.

善積京子，2011，「スウェーデンの家族変容——家族政策と生活実態」『家族社会学
研究』23（2）：196-208.

湯沢雍彦，2005，『明治の結婚 明治の離婚——家庭内ジェンダーの原点』角川学芸
出版.

7 | 離婚制度

　本章では，離婚による女性の経済的不利という問題認識のもと，離婚制度について考える。まず，離婚の動向を確認し，つぎに，日本の離婚制度の特徴を西欧法との歴史の違いから捉える。そして，協議離婚制度の問題点を財産分与に焦点をあてて検討し，最後に，家族政策としての協議離婚制度のあり方について考察する。

1. 離婚の動向

（1）離婚件数
　離婚とは婚姻を解消することであるが，同じく婚姻の終了となる死別による場合に比べて，解決すべき問題が多い。はじめに，離婚の実態について確認しておきたい。離婚件数は1970年代半ばぐらいから徐々に増加し，時期により増減がみられるものの，2000年代初めまでは増加傾向にある。しかし，2002年の26万4,246件をピークに減少に転じている。その後も減少傾向にあるとはいえ，2018年の離婚件数は20万8,333件である。同年の婚姻件数は58万6,481件であり，およそ3組のカップルが婚姻する一方で，1組の夫婦が離婚している状況となっている（厚生労働省 2019a）。

　離婚の種類については後述するが，協議離婚が全離婚のおよそ9割を占めており，協議離婚以外では，調停離婚が全体の1割弱で，判決による裁判離婚は非常に少なく1％程度にとどまっている。この割合はほとんど変化していない（厚生労働省 2019a）。

　近年の離婚の特徴は，結婚後，長期間を経た夫婦の離婚が増えている

118

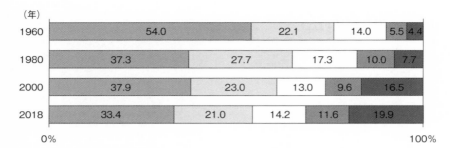

注：同居期間不詳を除いた総数に対する割合.
出典：厚生労働省（2019a）をもとに筆者作成.

図7－1　同居期間別にみた離婚の割合：1960・1980・2000・2018 年

ことである。図7－1で同居期間別の離婚の割合について，その推移を
みると，「5 年未満」の夫婦が最も多いことは変わらないが，「5 年未満」
の割合は減少しており，一方で，「20 年以上」の夫婦の割合が増大して
いる。2018 年では同居期間が「20 年以上」の夫婦の離婚が，全離婚の
約 2 割を占めるに至っており，その離婚件数は 3 万 8,537 件となってい
る（厚生労働省 2019a）。

（2）離婚理由

　なぜ，離婚に至るのか，離婚理由の統計はとられていないが，それを
知る手がかりとして，家庭裁判所への離婚調停の申立理由をみることが
できる。図7－2は 2018 年について，離婚調停の申立理由（複数回答）
を示したものである。申立人は夫より妻が圧倒的に多く，夫が 1 万 7,146
人であるのに対し，妻は 4 万 6,756 人となっている（最高裁判所
2019a）。

　申立理由では，夫も妻も「性格があわない」が最も多いが，多い順に
第 2 位以下をみると夫と妻で異なっている。妻は「生活費を渡さない」「精
神的に虐待する」「暴力をふるう」の順となっており，この 3 つの理由
をあげる妻は多い。「生活費を渡さない」は経済的虐待と呼ばれ，身体
的暴力や精神的虐待とともに，DV（ドメスティック・バイオレンス）

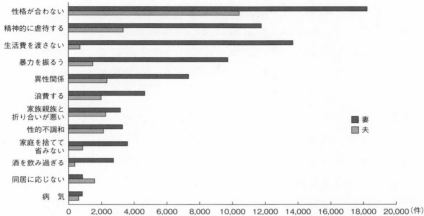

注：家庭裁判所における婚姻関係事件数について，申立人が言う動機のうち主なものを 3
　つまであげる方法で調査重複集計したもの．ただし，「その他」「不詳」は示していない．
出典：最高裁判所（2019a）をもとに筆者作成．

図 7 － 2　　離婚調停の申立理由：2018 年

にあたる。つまり，妻の理由では，性格不一致を除くと，DV が多くを
占めるということである。一方，夫の 2 位以下の申立理由は，「精神的
に虐待する」「異性関係」「家族親族と折り合いが悪い」の順となってい
るが，夫の理由は 1 位の「性格が合わない」に集中しており，それ以外
の理由は分散している傾向にある。

　こうしてみると，夫よりも妻のほうが，より深刻な問題で離婚を訴え
ているといえる。日本の離婚の約 9 割を占める協議離婚については，実
態がわからないが，離婚調停の申立理由をみると，協議離婚でも DV が
関係しているケースが多いのではないかと懸念される。

2.　離婚制度の特徴

（1）離婚の種類

　民法は，「協議離婚」と「裁判離婚」について規定している。日本の
離婚制度はこの 2 つに大別されるが，そのほかに「調停離婚」「審判離婚」
がある。調停離婚と審判離婚は家事事件手続法に基づくものである。さ
らに 2003 年に改正された人事訴訟法で「和解離婚」「認諾離婚」が創設

され，離婚の種類としては，合計6種類となる[1]。

　協議離婚は，夫婦が離婚に合意して，離婚届を提出すれば正式に離婚が成立するものである。届出に本人が出頭する必要はなく，代理人が届け出ることもでき，また，郵送でも受理される。前述のとおり，日本の離婚の大部分は協議離婚である。

　夫婦の協議が整わない場合は，家庭裁判所を利用することになる。その場合，まず，家庭裁判所に調停を申立てなくてはならない。つまり，たとえ当事者が離婚裁判を望んでいても，すぐに離婚訴訟を起こすことはできない仕組みである。これは調停前置主義と呼ばれている。家庭裁判所の調停は，裁判官または家事調停官と，2名以上の家事調停委員からなる調停委員会による。そこでは，当事者双方の主張が聞かれ，合意形成に向けた働きかけが行われる。その結果，当事者が合意に至れば，その内容が調停調書に記載され，離婚が成立する。これが調停離婚で，前述のとおり，全離婚の1割弱で推移している。

　調停離婚は，夫婦の問題は非公開の場で，当事者の合意に基づいて解決するほうがよい，という考え方に基づくものである。かつて，調停委員は名誉職的なもので，「年齢が高すぎる」「感覚が古い」などの批判もあった（湯沢 2012：68）。現在は，裁判所の非常勤職員という位置づけで，社会生活上の豊富な知識経験や専門的な知識を持つ人のなかから選ばれているという。年齢も原則として40歳以上70歳未満の人と定められている[2]。2018年の家事調停委員についてみると，年齢層では60代が67％，50代が20％を占め，職業では無職が36％となっている（最高裁判所 2019 b）。年齢や職業にかかわらず，どのような調停委員が担当になるかによって，公平で当事者の納得のいく調停がなされるかどうかが決まる面もある。

　調停が成立しなかった場合，家庭裁判所は必要と認めた場合には，職権で審判をすることができる。審判は，事件を解決するために行われるもので，「当事者双方のために衡平に考慮し，一切の事情を考慮して」なされる。「調停に代わる審判」と呼ばれるが，この審判により離婚が確定すると審判離婚となる。ただし，審判に対して当事者が2週間以内

に異議を申し立てれば，審判の効力は失われる。

　そのため，審判離婚は極めて少なく，2012 年までは年間 100 件を超えることはまれで，離婚に占める割合も 0.1 ％に達しないことがほとんどであった。ところが，2013 年の家事事件手続法の施行後，審判離婚の件数が増加し，2018 年は 1,096 件で全離婚の 0.5 ％となっている（厚生労働省 2019a）。増加の理由は明らかではないが，家事事件手続法ではそれ以前の家事審判法と異なり，審判に異議を申立てられる人が当事者に限定されていること，および当事者が異議申立権を放棄できる規定が設けられていることが影響しているとみられる。つまり，当事者双方が訴訟を回避したい場合，当事者が共同で異議申立権を放棄し，審判によって決着を図るケースが増えているのではないか，ということである。これは見方を変えれば，離婚訴訟が当事者にとって負担が重いということであり，審判離婚の増加は離婚訴訟の問題を反映したものとも考えられる。

　調停が成立しなかった場合（および，審判離婚も成立しなかった場合）には，離婚を求める当事者は，家庭裁判所に離婚訴訟を提起することができる。家庭裁判所の調停や審判は非公開で行われるが，離婚訴訟は特別な場合を除き，公開の法廷で行われる[3]。離婚訴訟では原告と被告が主張を述べ，その裏付けとなる証拠を提出したうえで，裁判官が離婚の成否について判決をくだす。判決による離婚が裁判離婚であり，判決離婚とも呼ばれる。

　裁判官は民法が定める離婚原因をもとに判断するが，離婚原因には「不貞行為」「悪意の遺棄」「3 年以上の生死不明」「回復の見込みがない強度の精神病」のほか，「その他婚姻を継続し難い重大な事由」が規定されており，裁判離婚は裁判官の裁量が大きい制度となっている。実際に裁判で争い，判決によって離婚する夫婦は少なく，判決離婚は全離婚の 1 ％程度にすぎないが，裁判所の離婚判決は協議離婚にも影響する。というのも，離婚に向けた協議の過程で，裁判に訴えた場合にどのような結果になるかが，離婚交渉の決め手になるからである。よって，判決離婚の持つ影響力は大きいといえる。

　2004 年から導入されている和解離婚と認諾離婚は，いずれも離婚訴訟中に成立する離婚である。訴訟中に当事者間で合意に至り，離婚が成立する場合が和解離婚で，訴訟中に被告が原告の主張を全面的に受け入れ，離婚が成立する場合が認諾離婚である。和解離婚の件数は 2007 年以降，判決離婚を上回っており，2018 年には全離婚の 1.6 ％になっている。一方，認諾離婚はわずかしかなく，2018 年までの間で最多は 2010 年の 30 件，最少は 2017 年の 9 件である（厚生労働省 2019a）。

（2）離婚制度の歴史性

　離婚には 6 種類があるが，離婚制度としては協議離婚が基本であり，協議が整わなかった場合に裁判所が関与する仕組みである。これは裁判離婚を原則とする諸外国の離婚制度とは大きく異なる日本の特徴である。それは離婚制度の歴史に由来する[4]。

　離婚制度を規定しているのは民法であり，日本の民法は西欧法の影響を受けているが，離婚に対する考え方は西欧と日本では歴史的に大きく異なっている。中世を通じて教会法の影響下にある西欧諸国では，婚姻は「神があわせ給いしもの」「人がこれを分かつべからず」というキリスト教倫理のもと，離婚は認められていなかった。これは婚姻非解消主義と呼ばれる。ただし，婚姻の無効を広く認めるなどの措置や，別居の制度はとられていた。

　離婚の禁止は西欧社会に浸透していたが，近世に至り婚姻が教会の支配から国家法によるものとなると，法律に基づき裁判所により離婚が認められるようになる。婚姻非解消主義から婚姻解消主義の考え方に変わったのである[5]。婚姻解消主義になったとはいえ，簡単に離婚が認められるわけではなく，有責主義の考え方がとられていた。それは，夫婦の一方に不貞行為や虐待など，配偶者としての義務違反や非行があった場合に限り，その義務違反や非行を行っていない側（無責配偶者）からの離婚請求があれば，裁判所は離婚を認めるというものである。有責主義のもとでは，原因を作った側（有責配偶者）はいくら離婚を望んでも，無責配偶者が離婚に応じない限り離婚は認められない。これは有責配偶

者に対する制裁であると同時に，無責配偶者を保護する機能も有していた。

　その後，人々の離婚に対する考え方も変わり，実際に離婚も増大していったことから，1960 年代から 1970 年代に西欧諸国では離婚法の改革が行われ，破綻主義による離婚が導入される。破綻主義とは，離婚原因となる事実の有無や夫婦のどちらが有責配偶者かを問わず，夫婦関係が破綻していれば離婚を認めるという考え方である。徹底した破綻主義の離婚制度は，法律に別居期間を定め，その期間の別居の事実によって離婚を容認するというものである。破綻主義離婚のみとするか，有責主義と破綻主義を併用するか，さらにその制度の具体的な内容は国により異なるが，各国とも離婚を認めやすくする方向で離婚制度が改正されてきたといえる。

　このように，西欧社会ではもともと離婚を認めないという制度から限定的に離婚を認める制度に変わり，その後，離婚の要件を緩めるという経緯をたどっている。しかし現在も，離婚は裁判所で扱われるのが基本である。

　それに対して，日本ではキリスト教の影響がなく，民法制定前から離婚や再婚に寛容な社会風土があり，離婚はタブー視されていなかった。実際，明治期の日本の離婚率は高く，1883 年の離婚率は 3.38 で，戦後最も高い離婚率である 2002 年の 2.30 よりもはるかに高い（国立社会保障・人口問題研究所 2019）。

　明治民法の立法作業の際には，西欧法の離婚制度が裁判離婚となっていることから，起草段階では協議離婚を認めるべきかどうかが検討されたが，結局，協議離婚も認められている。その理由として，不和の夫婦を法律で束縛しても婚姻の目的は達せられないという点のほか，家の内の不体裁を表に出さずに離婚ができ，日本人の気質として裁判沙汰を好まない点があげられている。起草者には協議を要件とすることで，夫による一方的な離婚を制限するという考えもあったようである（星野 1994：81，大村 2015：92）。

　こうして，明治民法でも協議離婚と裁判離婚が規定されたが，協議離

婚は「家」制度にとって都合のよい制度で，「家」にあわない嫁に対する「追い出し離婚」や，双方の「家」による熟談離婚など，実際には夫婦の合意を問わず，「家」によって離婚が容易にできる便利なものであった。

　第二次世界大戦後の民法改正の際には，起草委員会の検討段階で，協議離婚を廃止するか，裁判所の許可を受けることにするかという案が出されたが，日本の実情に合わないという理由から両案とも要綱案に入っていない。その実情とは，事実上の離婚が増えるという点と，裁判所が処理しきれないという問題である（我妻編 1956：194-195）。結局，改正民法でも協議離婚と裁判離婚の二本立ての制度が維持されている。

　また，戦後民法の施行と同時に，家庭裁判所の前身である家事審判所が創設され，協議離婚と裁判離婚の間に，調停離婚と審判離婚の仕組みが作られた。前述のとおり，さらに和解離婚や認諾離婚が加わり，離婚の種類は６種類になっているが，家庭裁判所で行われる離婚のうち，裁判離婚以外はいずれも当事者の合意がなければ成立しないものであり，その点では協議離婚に近いといえる。このように日本の離婚制度は，離婚に対する考え方の歴史的な違いから，裁判離婚を原則とする西欧法とは異なるものとなっている。

3.　協議離婚制度の問題点

（1）離婚意思の確認

　日本の協議離婚制度は，役所に離婚届を提出するだけで成立するもので，国際的にみれば特異な制度といえる。離婚の成否が全面的に当事者の意思にゆだねられており，離婚の自由を保障した制度との見方もできるが，夫と妻双方の離婚意思を確認する手続きがとられていないことから，夫婦の一方が相手に無断で離婚届を提出する危険性がある。

　こうした事態に備えて，不受理申出制度が用意されており，離婚届が出されても受理しないよう，あらかじめ申し出ておくことができる。しかし，離婚という重大な身分行為に関して，このような制度を必要とすること自体，協議離婚制度の問題をあらわしている。2018 年の不受理

申出件数は 2 万 7,060 件となっており（法務省 2019），これには離婚届だけでなく，婚姻届や養子縁組届などの申出も含まれているが，離婚届に対するものが最も多いと予想される。2018 年の不受理の申出は，同年の離婚件数（20 万 8,333 件）の約 13 ％に相当する件数であり（厚生労働省 2019a），夫または妻に勝手に離婚されてしまう危険を感じている人は少なくない。

　協議離婚の場合に離婚意思の確認が必要ではないか，という点については，戦後の民法改正を審議する国会でも議論となり，参議院では「協議上の離婚についてはその届出前に家事審判所の確認を経なければならない」という修正案が出され，これが賛成多数で通過している。なお，その際「家事審判所の確認は当分の間簡易裁判所の確認を以て之にかえることができる」という経過規定の付則がつけられている。しかし，参議院で成立した修正案は衆議院で否決され，結局，裁判所による確認制度は実現しなかったという経緯がある。

　離婚意思を確認する手続きについては，その後の民法改正の審議でも議論されてはいるが，検討課題として先送りされており，1996 年の「民法改正要綱」にも盛り込まれていない[6]。

（2）協議結果の確認

　協議離婚の問題は，離婚意思の確認についてだけではない。夫婦間の協議により取り決めた内容について，チェックする手続きがないまま離婚が成立する点も問題である。離婚にあたっては，夫婦間の財産問題の処理，また，子どもがいる夫婦の場合にはそれに加えて，離婚後の親権，ならびに養育費や面会交流について取り決める必要がある。

　しかし，離婚する夫婦がこれらの問題を冷静に話し合い，合理的な結論を得ることは容易ではなく，離婚の条件をめぐる協議においては，夫婦間の力関係が反映されやすい。概して，妻のほうが弱い立場にあり，離婚の協議においては，離婚を求める妻がこれに難色を示す夫に対して，財産分与や養育費等を請求しないことを条件に，離婚の合意と子どもの親権を得るケースがみられる。

　協議離婚はこうした夫婦間の力関係の現実を不問にし，結果的に弱者に不利が偏る制度となっている。その結果，離婚による経済的ダメージが妻側により大きくなっている。ひとり親世帯の貧困が社会問題化したことで，離婚母子世帯の厳しい経済状況が明らかとなっているが（本書第14章），母子世帯であるかどうかにかかわらず，離婚した女性の貧困リスクは高い。

　2013年の国民生活基礎調査に基づく貧困率によると，配偶関係により貧困率には差があり，男女とも既婚者に比べて，未婚，死別，離別者の貧困率が高くなっている。なかでも，離別女性の貧困率は高く，現役世代（20歳から64歳）では36.0％，高齢者では42.3％である。男性でも離別者は貧困率が高いものの，男女差は大きく，離別女性の貧困率は離別男性のそれに比べて，現役世代で15.6％ポイント，高齢者で11.3％ポイント高くなっている（阿部2015：178）。

　こうしてみると，離婚の際，財産分与や養育費を取決めることは重要である。養育費については，子どもの貧困対策として社会的関心が高まっているが（本書第15章），財産分与については注目されることが少ない。しかし，中高年期の離婚の割合が増えているなか，離婚後の女性の経済状況からみて，離婚時の財産分与のもつ意味は大きい。

（3）離婚時の財産分与

①財産分与制度

　財産分与は戦後の民法改正で導入された制度で，民法では離婚した夫婦の一方は他方に対して，財産分与を請求できると規定されている。協議離婚の場合の財産分与については，統計がなく，その実態は明らかではない。そこで，調停離婚・審判離婚の場合についてみると，2018年に家庭裁判所の調停，審判で成立した離婚のうち，財産分与の取決めがあるのは28.6％で，取決め率は3割に満たない。婚姻期間が長いほど，取決め率は高くなっているが，「20年以上25年未満」でも4割，「25年以上」でも5割弱にとどまっている（最高裁判所2019a）。

　さらに，取決めがある場合の財産分与額についてみると，表7－1の

表７－１　調停離婚・審判離婚の財産分与取決め状況：2018 年

(%)

婚姻期間	100万円以下	100万円超～200万円以下	200万円超～400万円以下	400万円超～600万円以下	600万円超～1000万円以下	1000万円超～2000万円以下	2000万円超	算定不能,総額決まらず
総　　　数	23.9	12.0	12.6	7.7	10.1	7.8	4.0	21.9
5　年　未　満	49.7	16.7	11.5	3.8	2.4	1.2	0.8	13.9
5年以上10年未満	36.1	14.1	13.8	5.8	6.4	3.2	1.5	19.3
10年以上15年未満	22.5	12.6	12.9	7.6	8.2	7.8	2.4	25.9
15年以上20年未満	17.5	11.7	12.5	9.0	12.2	7.8	3.2	26.1
20年以上25年未満	12.6	8.8	12.8	11.0	15.1	10.2	5.9	23.6
25　年　以　上	5.7	8.0	12.1	9.5	16.2	16.0	9.8	22.7

注：「離婚」の調停成立または調停に代わる審判事件（調停離婚，協議離婚届出の調停成立，調停に代わる審判による審判離婚の事件）のうち「財産分与の取決め有り」総数に占める割合.
出典：最高裁判所（2019a）をもとに筆者作成.

とおり，全体では「100 万円以下」が最も多くなっている。婚姻期間が10 年以上では「算定不能・総額決まらず」が最も多く，住居等の不動産や家財道具等が分与されているものとみられるが，これを除くと，婚姻期間が長くなるにつれて，財産分与額は高くなる傾向にある。しかし，婚姻期間が 20 年を超えても，200 万円以下のケースは少なくない。「20 年以上 25 年未満」では 200 万円以下が 2 割を超え，「25 年以上」でも13 ％を超えている。夫婦の財産状況が明らかでないため，取決め額の妥当性については判断できないが，経済力の弱い妻が財産分与請求権を十分に行使できているのか，考えさせられる結果である。

　このように，家庭裁判所の調停や審判による離婚でも，7 割以上のケースで財産分与の取決めがなされていない状況をみると，第三者の介入が確保されていない協議離婚において，財産分与の話し合いが行われ，正当な財産分与が行われているのか疑問が残る。

②離婚時の年金分割制度

　財産分与制度と関連するものとして，離婚時の年金分割制度がある[7]。これは，離婚後の夫婦の年金額の格差を是正するための制度で，主に離婚女性の年金が低くなることに対処するものである。日本の年金制度は，「3 階建て」とみなされ，1 階部分が国民年金（基礎年金），2 階部分が

厚生年金（報酬比例部分），3 階部分が企業年金である。このうち，年金分割の対象となるのは 2 階部分の厚生年金である[8]。

　厚生年金は被雇用者が給与等の報酬に応じて保険料を納付し，報酬額の記録に応じて支給される年金である。離婚時の年金分割制度は，婚姻期間中について，厚生年金の計算の基になる報酬額の記録を分割し，厚生年金をそれぞれに分割して自分の年金とする制度である。ようするに，婚姻期間中の年金について，多いほうから少ないほうへ分与する制度である。

　たとえば，サラリーマンの夫と専業主婦の妻が離婚した場合を例にすると，厚生年金については，夫には報酬額の記録があり，報酬額に応じた年金が支給されるが，妻には報酬額の記録がなく，年金が支給されないことになる。しかし，年金分割制度を利用すれば，報酬額の記録自体が分割されるため，妻にも分割に応じた年金額が支給される。専業主婦の場合に限らず，共働き夫婦で夫も妻も厚生年金に加入している場合でも，年金分割を利用して一方から他方へ年金を分割することができる。

　年金分割には「合意分割」と「三号分割」の 2 種類がある。合意分割は 2007 年 4 月から施行されている制度で，按分割合は双方の合意で定めるが，合意が成立しない場合には，当事者一方の求めにより，家庭裁判所が定めることができる。その際，家庭裁判所は「保険料納付に対する当事者の寄与の程度，その他一切の事情」を考慮して按分割合を定めることになっている。按分割合の上限は 1/2 である。手続きは離婚後 2 年以内と決められている。

　一方，三号分割は 2008 年 4 月から施行されている制度で，サラリーマンの夫に扶養されている妻など，国民年金の第三号被保険者であったほうからの請求により，年金を分割する制度である。合意分割とは異なり，双方が合意する必要はなく，一方が請求すれば，第三号被保険者の期間について，自動的に 1/2 の割合で分割される。つまり，「夫が扶養者，妻が被扶養者」の場合，その期間に支払われた保険料については，夫婦が共同で負担したとみなす考え方である。ただし，三号分割の対象となるのは，2008 年 4 月以降の第三号被保険者期間についてのみである。

手続きは合意分割と同様，離婚後 2 年以内となっている。

　では，実際に年金分割制度はどれぐらい利用されているのだろうか。図 7－3 のとおり，年金分割の利用は増加傾向にあり，2018 年の保険料納付記録分割件数は 2 万 8,793 件となっている。分割の種類でみると，「合意分割および裁判所の決定による分割」が多く，2018 年では全体の 3/4 を占めている。それに比べると「三号分割のみ」は件数が少ないが，年々着実に増加している。

　調停離婚・裁判離婚の場合についてみると，2018 年に「離婚」の調停，審判が成立した事件（2 万 6,135 件）のうち，按分割合の取決めがあったのは 8,489 件で，1/3 程度にとどまっている。その按分割合は，取決めがあったケースの 99 ％で 1/2 となっている。また，同年に離婚後の按分割合について申立てられた事件は 2,344 件で，その 97 ％が 1/2 の按分割合で終局している（最高裁判所 2019a）。

　実際に年金分割を行った場合，離婚した妻の年金額はどれぐらい増えているのだろうか。合意分割および裁判所の決定により相手から分割を受ける人のうち，2018 年度にすでに年金を受給している場合，相手から分割を受けている人の年金額は，分割の前後で平均して月額約 3 万 1,000 円増加している。この 3 万円という金額の価値は決して小さくない。分割を受けたのはほとんどが離婚した妻と考えられるが，分割を受けた人の年金額は低く，その平均額は分割を受けても月額 8 万 2,701 円である。分割がなければ月額 5 万 1,436 円にすぎない。この年金額は国民年金を含めた金額である（厚生労働省 2019b）。女性の年金額の低さを考えれば，年金分割により加算される月 3 万円は，離婚した妻の老後の生活費として重要である。

　これに対し，三号分割のみの場合は，分割により受ける年金額が少ない。2018 年度の実績をみると，女性の場合，三号分割を受けたことによる年金額の変化は，平均して月額 3 万 4,434 円から 3 万 9,499 円へ，約 5,000 円の増加にとどまっている。三号分割は 2008 年 4 月以降の婚姻期間のみが分割対象となることから，現時点では分割による効果は小さいといえる。

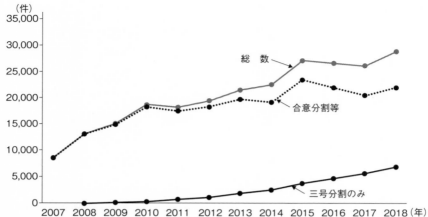

注：件数は「離婚等に伴う保険料納付記録分割件数」.「合意分割等」には，当事者の合意，
　　裁判所の決定による分割，そのいずれかと三号分割をあわせて行ったものを含む.
出典：厚生労働省（2019b）および同統計の平成24年版，26年版をもとに筆者作成.

図7－3　離婚時の年金分割の状況：2007-2018年

　合意分割，三号分割のいずれにおいても，分割される年金は厚生年金
のみであり，企業年金等は含まれない。そのため，分割により妻が得ら
れる年金額は限られているが，年金分割の手続きをしておけば，不履行
の心配がなく，公的年金は死亡するまで支給されることから，離婚女性
の老後の生活を支えるものとなる。

　図7－3でみたとおり，年金分割制度の利用は増加しており，2018
年はそれまでで最も多くなっているが，同年の離婚件数と比較すると，
年金分割を取決めたのは離婚件数の14％程度にすぎない（厚生労働省
2019a）。双方の同意を必要としない三号分割が増えていることとあわせ
てみると，協議離婚において，年金分割について夫婦間で十分な協議が
行われているとは考えにくい。離婚したことにより，妻が本来得られる
べき老後の年金が確保されない状況は問題といえる。

　年金分割制度については，制度のあり方自体に対する問題も指摘され
ている。そもそも「合意分割」と「三号分割」の2種類の制度は整合的
ではない。このように2つの異なる分割制度が並立しているのは，それ
ぞれの成立経緯が異なることによるとみられている。合意分割は，中高

年期に離婚した女性の老後の生活の安定を趣旨として成立したものであり，一方，三号分割は国民年金の第三号被保険者問題（すなわち，サラリーマンの妻の第三号被保険者は，保険料を負担せずに，年金受給権が得られるという問題）に対処するための制度改正の過程で，政治的な妥協の結果，成立したものである（小島 2007：72-75）。

　しかも，三号分割は第三号被保険者問題を解決するものではなく，また，分割を受けられるのが第三号被保険者に限定されており，不公平かつ不合理な制度であると批判されている。くわえて，合意分割についても，夫婦双方の年金受給額に大きな格差があり，財産のある夫と資力のない妻の離婚ケースなど，1/2 を超える分割を行ったほうがよい場合もあるという。このような現行制度の問題を踏まえて，離婚時の年金分割については，年金に最低保障を設けたうえで，按分割合の 1/2 の上限を撤廃し，財産分与に親和的な制度にすべき，との意見もある（小島 2007：82）。

4.　個人化時代の協議離婚制度

　以上みてきたとおり，日本の離婚制度の特徴は，離婚届の提出だけで離婚が成立する協議離婚を認めていることである。これほど簡単に離婚できる制度は，諸外国の制度と比較すると特異ともいえる。

　日本でも家族の個人化が進み，夫婦関係の解消も個人の選択とみなされるようになっている（本書第 1 章）。協議離婚は当事者による離婚という選択を承認するものであり，一見すると，家族の個人化に即した，先進的な離婚制度のようにみえる。

　しかし，当事者による離婚協議には，夫婦間の権力関係が影響し，強者の主導権のもとに進められる可能性が高い。また，夫と妻が対等な関係であったとしても，離婚紛争の葛藤のなかで，当事者双方が離婚やその条件について冷静に協議し，合理的な結論を導くことは容易なことではない。結局，協議離婚では，夫婦のうちの弱者が不利を被るリスクが高く，離婚による経済的ダメージは女性に偏っているのが現実である。離婚後の生活の不安から，離婚できずにいる女性も少なくないのではな

いだろうか。

　協議離婚は離婚までのプロセスのすべてを当事者に委ね，公権力が一切介入しない制度である。そのため，弱者が泣き寝入りを強いられる不公正な状況が放置され，結果的に，女性の離婚の自由が事実上制約されているとすれば，協議離婚制度は離婚を抑制する家族政策とみなされる。

　婚姻は夫婦双方に婚姻費用の負担義務を負わせるなど，重い権利義務を課す公的な制度である。そうである以上，その解消についても，離婚に伴う問題を公正に処理する公的な制度が必要である。「離婚に関しては特に，日本の制度はおよそ必要な介入を欠いている。届出制度の結果も手伝って，比較法的にみればほとんど無法地帯であり，不法行為の温床とすらいえる」（森山 2018：23）との指摘もある。

　歴史を振り返れば，戦後の民法改正時に，裁判所による協議離婚の確認制度が実現しなかったことは惜しまれる。現状の裁判所のリソースからみて，年間約20万件の協議離婚のすべてを裁判所がチェックすることは現実的には困難と言わざるを得ないが，代替案として，公証人による離婚意思や離婚条件の確認という提案もなされている（大村 2014：138）。

　協議離婚は，明治民法以来，日本社会に根を下ろしている制度であるが，公正な協議を経た合意を確保するためには，公的機関あるいは中立的な機関の関与が不可欠である。家族の個人化が進む現代において，離婚という選択を当事者双方に保障するための家族政策として，協議離婚制度は当事者任せのあり方を抜本的に変革しなくてはならない。

注》》

1）家庭裁判所による離婚手続きについては，最高裁判所ウェブサイトによる（2020年3月1日取得，https://www.courts.go.jp/saiban/syurui/syurui_kazi/kazi_7_01/index.html）。

2）最高裁判所のウェブサイトによる（2020年3月1日取得，https://www.courts.go.jp/saiban/zinbutu/tyoteiin/index.html）。

3）ある一定の条件のもとで，当該事項の尋問を公開しないで行うことができる。裁判所は公開停止の決定をするにあたっては，当事者および証人の意見を聴かな

ければならないことになっている。

4）日本と西欧諸国の離婚制度の相違については，青山ほか編（1974），星野（1994），利谷・江守・稲本編（1988）をもとにまとめている。

5）ただし，カトリックの強い国では，離婚が法的に容認されるのは遅く，1970年代以降である。

6）「民法の一部を改正する法律案要綱」（平成8年2月26日法制審議会総会決定）による（2020年3月1日取得，http://www.moj.go.jp/shingi1/shingi_960226-1.html）。

7）離婚時の年金分割制度については，日本年金機構ウェブサイトによる（2020年3月1日取得，https://www.nenkin.go.jp/service/jukyu/kyotsu/jukyu-yoken/20140421-04.html）。

8）共済組合等の組合員である期間を含む。

参考文献

阿部彩，2015，「女性のライフコースの多様性と貧困」『季刊社会保障研究』51（2）：174-180.

青山道夫・竹田旦・有地亨・江守五夫・松原治郎編，1974，『講座家族4　婚姻の解消』弘文堂.

星野英一，1994，『家族法』放送大学教育振興会.

法務省，2019，「戸籍統計（2018年度）」，（2020年3月1日取得，https://www.e-stat.go.jp/stat-search/files?page=1&layout=datalist&toukei=00250008&tstat=000001012466&cycle=8&year=20181&month=0）.

小島妙子，2007，「離婚時年金分割制度の位置づけ」『家族＜社会と法＞』23：71-85.

国立社会保障・人口問題研究所，2019，「人口統計資料集（2019年版）」，（2019年12月9日取得）http://www.ipss.go.jp/syoushika/tohkei/Popular/Popular2019.asp?chap=0）.

厚生労働省，2019a，「平成30年　人口動態統計（確定数）」，（2020年2月5日取得，https://www.e-stat.go.jp/stat-search/files?page=1&toukei=00450011&tstat=000001028897）.

厚生労働省，2019b，「平成30年度　厚生年金保険・国民年金事業の概況」，（2020年3月1日取得，https://www.mhlw.go.jp/content/000578278.pdf）.

森山浩江，2018，「婚姻への公的介入」『法律時報』90（11）：18-23.

大村敦志，2014，『新基本民法7　家族編　女性と子どもの法』有斐閣.

大村敦志，2015，『民法読解　親族編』有斐閣.

最高裁判所，2019a，「平成 30 年度 司法統計年報・家事事件編」，（2020 年 2 月 10 日取得，http://www.courts.go.jp/app/sihotokei_jp/search）．

最高裁判所，2019b，「裁判所データブック 2019」，（2020 年 2 月 10 日取得，https://www.courts.go.jp/toukei_siryou/databook2019/index.html）．

利谷信義・江守五夫・稲本洋之助編，1988，『離婚の法社会学——欧米と日本』東京大学出版会．

我妻栄編，1956，『戦後における民法改正の経過』日本評論社．

湯沢雍彦，2012，『昭和後期の家族問題—— 1945~88 年，混乱・新生・動揺のなかで』ミネルヴァ書房．

8 | 生殖補助医療と親子関係

本章では，生殖補助医療について，親子関係や家族のあり方に関わる問題に焦点をあてて考える。まず，不妊治療としての生殖補助医療の概要を確認し，つぎに，生殖補助医療の利用状況とその背景を捉える。そして，日本社会における生殖補助医療の法整備や政策の状況について検討し，最後に，家族政策の観点から生殖補助医療に対する社会的課題について考察する。

1. 生殖補助医療の進展

（1）不妊治療としての生殖補助医療

生殖補助医療とは，男女の性行為による生殖ではなく，人工授精や体外受精などの生殖技術を用いて子をもうけようとする医療を指す。不妊治療として行われており，従来は人工生殖と呼ばれていたが，1990年代後半以降は，生殖補助医療という言葉が広く使われている[1]。不妊とは，生殖可能な年齢にある男女が避妊することなく，性交渉を行っているにもかかわらず，一定期間，妊娠しない状態のことをいう。現在では，1年間妊娠しない場合を不妊と考えるのが一般的とされており，不妊夫婦の比率は10-15％とみなされている。不妊に対して診療を開始した場合，不妊症と呼ばれる（日本産科婦人科学会 2018：63）。

このように，不妊が診療の対象となることで不妊症という病名がつき，不妊治療が行われるが，これは一般的な病気の治療のように，心身の機能の回復や救命のために行われるものではなく，遺伝的につながりのある子を持ちたいという望みに応えて行われる点に特徴がある。

（2）生殖補助医療の概要

　生殖補助医療は，主に「人工授精」「体外受精」「代理懐胎」に分けられる[2]。人工授精とは，精子を人工的に女性の子宮内に注入する方法である。誰の精子を用いるかにより，女性の夫の精子を用いる場合はAIH（配偶者間人工授精），夫以外の第三者（ドナー）の精子を用いる場合はAID（非配偶者間人工授精）と呼ばれる。AIDは，日本では1948年に慶應義塾大学病院で実施され，翌年出産に至ったケースが国内初の成功例とされている（三輪・林 2018：39）。

　体外受精とは，卵子を採取し，体外で精子と受精させた胚を培養し，女性の子宮内に戻すことである。1978年に世界で初めてイギリスで体外受精児が誕生し，日本では1983年に東北大学病院で国内初の体外受精による出生が報告されている。体外受精では，夫の精子，妻の卵子のほか，第三者から提供された精子，卵子，胚を用いることも可能となる。さらに技術が進展し，1990年代には「顕微授精」が行われるようになっている。顕微授精とは，顕微鏡下で，精子一個を卵子一個に直接注入する方法である（三輪・林 2018：39）。また，体外受精で受精した胚を冷凍保存し，胚の発育段階と子宮の内膜の状態をあわせて，適する時期に胚を融解して子宮に戻す方法もとられている。これは「凍結融解胚移植」と呼ばれている（日本産科婦人科学会 2018：70-71）。

　人工授精が自然生殖に近い方法であるのに対し，体外受精はそれとは異なる革新的な方法であり，生殖革命とも称される。しかし，精子を採取するのと異なり，卵子の採取はリスクもあり，体外受精は女性の身体的負担が大きい。

　代理懐胎は主に2種類に分けられる。ひとつは伝統的な代理母（サロゲートマザー）と呼ばれるもので，夫の精子を第三者の女性の子宮内に注入し，人工授精させ，妊娠，出産する方法である。もうひとつは，借り腹型代理母（ホストマザー）と呼ばれるもので，夫の精子と妻の卵子を体外受精させてできた胚を第三者の女性の子宮に移植し，妊娠，出産する方法である。この場合，夫の精子と妻の卵子以外にも，第三者の精子と妻の卵子，あるいは夫の精子と第三者の卵子を用いて体外受精して

表8－1　AID（非配偶者間人工授精）による出生数

（人）

年	出生数	年	出生数
1998	188	2008	76
1999	221	2009	97
2000	121	2010	53
2001	142	2011	92
2002	133	2012	120
2003	142	2013	109
2004	129	2014	100
2005	94	2015	86
2006	117	2016	99
2007	98	2017	115

出典：三輪・林（2018：40），石原ほか（2019：2518）を
もとに筆者作成.

できた胚や，第三者から提供された胚を用いることも可能である（林
2010：3-4）。後述のとおり，日本では法規制がないが，日本産科婦人科
学会では代理懐胎を禁止している。

2. 利用状況とその背景

（1）統　計

　実際，生殖補助医療はどれほど行われているのだろうか。政府統計は
とられていないが，日本産科婦人科学会は1986年から体外受精等の登
録報告制度を設けており，生殖補助医療を行う施設数や臨床実施成績を
公表している。それにより，AIDと体外受精による出生数をみること
ができる。

　AIDによる出生児数は，表8－1のとおり，2005年ごろからそれ以
前より少ない人数で変動しており，2013年以降は平均すると，年間
100人程度となっている。AIDについては，前述のとおり，日本でも
70年以上の歴史があり，すでに約1万5,000人の子どもが誕生している
という[3]。ただし，国内でAIDを最も多く実施している慶應義塾大学
病院では，ドナーの確保が困難となっており，現在，AIDを希望する
夫婦の新規予約を中止している[4]。

　体外受精については，1978年のイギリスでの体外受精児誕生以降，

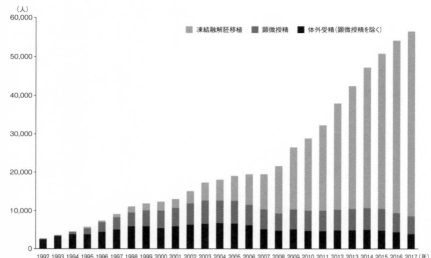

(人)

凡例: 凍結融解胚移植　顕微授精　体外受精（顕微授精を除く）

注：「体外受精」は新鮮胚（卵）を用いた治療のうち体外受精を用いた治療（顕微授精を除く）
　　による出生数，「顕微授精」は新鮮胚（卵）を用いた治療のうち顕微授精を用いた治療
　　による出生数，「凍結融解胚移植」は凍結融解胚を用いた治療による出生数と凍結融解
　　未受精卵を用いた治療による出生数の合計.
出典：日本産婦人科学会の登録・調査小委員会ウェブサイトの ART データブック・2017
　　年 PPTX 版（https://plaza.umin.ac.jp/˜jsog-art/）．凡例表記について筆者修正.

図8－1　生殖補助医療による出生児数：1992-2017 年

　その技術は世界にひろまり，800 万人以上の体外受精児が誕生している
という。そのなかでも日本は体外受精児の数や割合が高い国とみなされ
ている[5]。日本産科婦人科学会では，生殖補助医療による出生数につい
て，「体外受精」（新鮮胚を用いた移植で顕微授精を行っていない場合）
と「顕微授精」（新鮮胚を用いた移植で顕微授精を行っている場合），お
よび「凍結融解胚移植」の3つに分けて統計がとられている。

　図8－1はその推移を示したものである。まず，この3つの方法によ
る出生数の合計をみると，年々増加しており，とくに 2008 年ごろから
急増しているのがわかる。2017 年の出生児数は5万 6,617 人で，同年に
生まれた子どものおよそ 16 人に1人に相当する。この出生数は日本産
科婦人科学会に報告された出生に限られており，実際にはそのほかにも
出生しているケースがあると考えられる。治療法による出生数を比較す
ると，「凍結融解胚移植」が圧倒的に多く，傾向としても近年著しく増

表8−2　出生の場所別にみた出生数割合：1947-2010 年

(%)

年	施設内				自宅・その他
	総　数	病　院	診療所	助産所	
1947	2.4	…	…	…	97.6
1950	4.6	2.9	1.1	0.5	95.4
1960	50.1	24.1	17.5	8.5	49.9
1970	96.1	43.3	42.1	10.6	3.9
1980	99.5	51.7	44.0	3.8	0.5
1990	99.9	55.8	43.0	1.0	0.1
2000	99.8	53.7	45.2	1.0	0.2
2010	99.8	51.8	47.1	0.9	0.2

出典：厚生労働省（2019）をもとに筆者作成.

加している。2017 年の出生数をみると，「体外受精（顕微授精を除く）」が 3,731 人，「顕微授精」が 4,826 人に対し，「凍結融解胚移植」は 4 万 8,060人にのぼり，3 つの治療法による出生児総数の約 85 ％を占めている。このように日本では凍結胚を用いる方法を中心に，生殖補助医療が広く普及しているといえる。

（2）背　景

　生殖補助技術の利用が拡大した社会的背景として，子ども観の大きな変化があげられる。現在すでに，子どもは「授かる」ものから「作る」ものとして認識されるようになっている（柏木 2001）。このような子ども観の変化のもと，生殖補助技術は子どもを「作る」方法のひとつとして受容されたのではないだろうか。

　また，「出産の医療化」も社会的背景としてあげることができる。たとえば，**表8−2**をみると，子どもの出生場所が自宅から医療機関に推移しているのがわかる。1947 年はほとんどの子どもが自宅で生まれており，病院などの施設で生まれる子どもの割合は 2.4 ％にすぎなかったが，その後，この割合は急上昇し，1970 年には 95 ％を超えている。1980 年代には助産所での出産も減り，1990 年代以降は 98.9 ％の子どもが病院か診療所で生まれている。このような「出産の医療化」により，

生殖補助技術は「医療」の進歩とみなされたことで，広く普及していったと考えられる。

　子ども観の変化や「出産の医療化」は，生殖補助技術に対する社会認識から捉えた背景であるが，より具体的な社会背景として，晩婚化の進行がある。初婚年齢が上昇しており，それとともに不妊の心配や悩みを持つ人は増加している。国立社会保障・人口問題研究所の調査によると，妊娠についての心配や治療を経験する夫婦の割合は上昇傾向にあり，2015 年の調査によると，不妊を心配したことがある（または現在心配している）夫婦の割合は 35.0 ％と夫婦の 3 組に 1 組を超え，実際に不妊の検査や治療を受けたことがある（または現在受けている）夫婦の割合も 18.2 ％となっている（国立社会保障・人口問題研究所 2017：25）。

　そのほか，後述のとおり，少子化対策の一環として，政府が不妊治療にかかる費用の助成を行っていることも背景要因としてあげられる。

3．日本社会の対応

（1）日本産科婦人科学会の自主規制

　生殖補助医療の利用がひろがっているが，日本には生殖補助医療に関する法律が制定されていない。日本において生殖補助医療を規制しているのは，事実上，日本産科婦人科学会の自主規制である会告のみという状況が続いている。会告は，体外受精・胚移植，顕微授精，ヒト胚および卵子の冷凍保存と移植，提供精子を用いた人工授精，多胎妊娠の防止など，テーマごとにガイドラインが示されたものである[6]。

　これによると，提供精子を用いた人工授精（AID）は，実施が認められている[7]。治療の対象は，「法的に婚姻している夫婦」とされている。会告では，実施する医師は，不妊夫婦に対して事前に方法の内容，問題点，予想される成績について文書で説明し，了解を得たうえで同意を取得し，同意文書を保管することとしている。また，精子提供者は匿名とするが，実施医師は精子提供者の記録を保存するものとしている。しかし，不妊夫婦の同意文書の保管も精子提供者の記録の保存も，医師個人に委ねられており，いつまで完全に保管，保存されるか保証はない。

　体外受精・胚移植に関しては，夫婦を対象に治療が認められている[8]。この場合の「夫婦」には，事実婚のカップルも含まれている。従来の会告では，「被実施者は，婚姻しており，挙児を希望する夫婦」となっていたが，2014年の改定で「婚姻しており」の文言が削除され，事実婚の夫婦にも対象が広げられている。実施医師は，AIDの場合と同様，不妊夫婦に必要事項を文書で事前に説明し，了解を得て，同意文書を保管することとしている。第三者から提供された胚の移植については，これを禁止する会告が出されているが[9]，体外受精において第三者の精子や卵子を用いることの可否については，会告では明記されていない。なお，提供胚の使用を禁止する論拠としては，「生まれてくる子の福祉を最優先するべき」「親子関係が不明確化する」の2点が示されている。

　代理懐胎は認められていない[10]。禁止の理由は，「生まれてくる子の福祉を最優先にすべき」ということのほか，「代理懐胎は身体的危険性・精神的負担を伴う」「家族関係を複雑にする」「代理懐胎契約は倫理的に社会全体が許容していると認められない」と説明されている。

（2）立法化の検討と停滞

　日本産科婦人科学会の会告は，学会員である医師が自主的に遵守するものであり，なかには会告に従わない医師もいる。また，会告で認められていない技術であっても，海外に渡航してこれを利用するケースもある。こうした状況を踏まえて，1998年10月，厚生省（当時）の厚生科学審議会は，生殖補助医療技術に関する専門委員会を設置し，検討を始めている。その結果は，2000年12月に「精子・卵子・胚の提供等による生殖補助医療のあり方についての報告書」として公表されている。

　報告書では，治療の対象は法律婚の夫婦に限定し，提供された精子による人工授精，提供された精子，卵子，胚を用いた体外受精を認めている。代理懐胎は認めていない。

　精子，卵子，胚の提供については，匿名で行うこととされている。ただし，提供者が兄弟姉妹等以外にいない場合には，一定の条件のもとに兄弟姉妹等からの提供も認めており，その際は匿名性の保持原則の例外

142

となる。提供された精子，卵子，胚により生まれた子の「出自を知る権利」については，子が成人後，提供者個人を特定できない情報の開示を認めている。開示される情報は提供者が承認した範囲に限られ，提供者は開示前であれば，開示する個人情報の範囲を変更することができるとされている。また，同報告書は，精子・卵子・胚の提供等による生殖補助医療を実施するために必要な制度の整備を求めている（厚生科学審議会先端医療技術評価部会生殖補助医療技術に関する専門委員会 2000）。

　そこで，この報告書を受けて，法務省は 2001 年 2 月に法制審議会に生殖補助医療関連親子法制部会（以下，法制審議会の部会）を設置し，一方，厚生労働省は 2001 年 6 月に，厚生科学審議会に生殖補助医療部会（以下，厚生科学審議会の部会）を設置し，それぞれ審議を開始している。生殖補助医療については，どのような医療行為を認めるか，という規制と，その医療行為によって生まれる子の親子関係をどうするか，という規制が必要である。前者は行為規制ルール，後者は親子法制ルールと呼ばれる（窪田 2019：214）。そこで，行為規制ルールを厚生科学審議会の部会で，親子法制ルールを法制審議会の部会で検討するというわけである。

　厚生科学審議会の部会は，2003 年 4 月に「精子・卵子・胚の提供等による生殖補助医療制度の整備に関する報告書」を公表している。同報告書では，前述の 2000 年の専門委員会の報告書と同様，対象を法律婚夫婦に限定し，AID，第三者から提供された精子，卵子，胚による体外受精は認めている。ただし，2000 年の報告書より抑制的になっており，提供を受けられる胚は，他の夫婦の余剰胚に限られ，精子と卵子の両方の提供によって得られる胚の移植は認めない，としている。また，兄弟姉妹等からの精子，卵子，胚の提供についても，当分の間は認めない，としている。また，精子，卵子，胚の提供は匿名で行うことは，2000 年の報告書と同様であるが，子の「出自を知る権利」については異なり，今回の報告書では，15 歳以上の子に対し，提供者の氏名，住所等の個人を特定できる情報も含めて開示を認めている（厚生科学審議会生殖補助医療部会 2003）。

　法制審議会の部会も，2003年7月に「精子・卵子・胚の提供等によ
る生殖補助医療により出生した子の親子関係に関する民法の特例に関す
る要綱中間試案」を公表している。この要綱中間試案では，（a）女性が
自己以外の女性の卵子（その卵子に由来する胚を含む。）を用いた生殖
補助医療により子を懐胎し，出産したときは，その出産した女性を子の
母とする，（b）妻が，夫の同意を得て，夫以外の男性の精子（その精
子に由来する胚を含む。）を用いた生殖補助医療により子を懐胎したと
きは，その夫を子の父とする，（c）提供精子を用いた生殖補助医療で女
性が懐妊した場合，精子提供者による認知，精子提供者に対する認知の
訴えはできない，としている（法制審議会生殖補助医療関連親子法制部
会2003）。

　こうして，行為規制ルールと親子法制ルールに関して立法化に向けた
検討がなされたが，いずれの立法化も進んでいない。厚生労働省は厚生
科学審議会の部会の報告書に沿って，法律案の準備を進めていたが，与
党内から反発する意見が出され，法案提出を断念したという（稲熊
2007：131）。厚生労働省の立法化が進まないことから，法制審議会の部
会は，2003年9月以降，要綱案の検討を中断している。親子法制は，
行為規制を前提に検討する必要があるためである。

　結局，生殖補助医療に関する法律が制定されないまま，利用の実態が
先行する状況が続き，日本産科婦人科学会の会告で禁止されている代理
懐胎についても，海外でこれを行う事例が増えていく[11]。そして，米
国での代理懐胎で生まれた子の出生届をめぐる報道を機に，代理懐胎へ
の社会的関心が高まり，2006年11月，法務大臣と厚生労働大臣は連名
で日本学術会議に対し，代理懐胎を中心に生殖補助医療をめぐる問題に
ついて審議を行うよう依頼している。これを受けて，日本学術会議は「生
殖補助医療の在り方検討委員会」を設置し，1年余りをかけて審議を行
い，2008年4月に報告書「代理懐胎を中心とする生殖補助医療の課題
——社会的合意に向けて」を公表している。この報告書では，「代理懐
胎については，法律（例えば，生殖補助医療法（仮称））による規制が
必要であり，それに基づき原則禁止とすることが望ましい。」「代理懐胎

により生まれた子の親子関係については，代理懐胎者を母とする。」「代理懐胎を依頼した夫婦と生まれた子については，養子縁組または特別養子縁組によって親子関係を定立する。」「出自を知る権利については，(中略) 今後の重要な検討課題である。」「卵子提供の場合や夫の死後凍結精子による懐胎など議論が尽くされていない課題があり，(中略) 引き続き生殖補助医療をめぐる検討が必要である。」などが示されている（日本学術会議生殖補助医療の在り方検討委員会 2008)。

　しかし，その後も政府の立法化に向けた動きは止まったままで，法制化には至っていない。

（3）最高裁判決

　法律が制定されない状態が続くなか，生殖補助医療と親子関係に関わる問題について裁判も起きており，最高裁判所で争われた事件もある。そのうち，死後生殖により父子関係が問題となった事件と，代理懐胎により母子関係が問題となった事件についてみてみたい。

①死後生殖と父子関係

　体外受精のケースのなかでも，夫の精子と妻の卵子を体外受精させ，妻が妊娠，出産する場合は，精子，卵子，分娩がいずれも夫婦によるものであり，親子関係について問題が生じにくいといえる。しかし，凍結精子を用いて夫の死後に体外受精が行われた場合には，父子関係が問題となる。2006年9月4日の最高裁判例は，凍結精子による死後生殖で生まれた子から父への認知請求は認められるか，が問題となった事件である [12)]。出産に至る経緯は次のとおりである。

　夫婦は不妊治療を受けていた。夫は婚姻前から，慢性骨髄性白血病の治療を受けており，婚姻から約半年後，骨髄移植手術を行うことが決まった。骨髄移植手術に伴い，大量の放射線照射を受けることにより無精子症になることを危ぶした夫は，精子を冷凍保存した。夫は，骨髄移植手術を受ける前に，妻に対し，自分が死亡するようなことがあっても再婚しないのであれば，自分の子を生んでほしいという話をした。また，夫は，骨髄移植手術を受けた直後に，自分の両親に対し，自分に何かあっ

た場合には，妻に凍結精子を用いて子を授かり，家を継いでもらいたいとの意向を伝え，さらに，その後，自分の弟及び叔母に対しても，同様の意向を伝えた。

　夫の骨髄移植手術が成功し，夫婦は不妊治療を再開することとし，病院から体外受精を行うことについて承諾が得られた。しかし，夫はその実施に至る前に死亡した。妻は，夫の死亡後，夫の両親と相談のうえ，夫の凍結精子を用いて体外受精を行い，子を出産した。

　こうして生まれた子が死亡した父に対して死後認知を求めたのが，この事件である。地裁は認知を認めず，高裁は認めたが，最高裁はこれを認めない判決を下している。

　死後生殖により生まれた子（死後懐胎子）と，死亡した父親の間に法的父子関係が認められるか，が争点であるが，最高裁判決では，死後懐胎子と死亡した父との関係は，現行法制が定める法律上の親子関係における基本的な法律関係が生ずる余地のないものである，としている。そのうえで，死後懐胎子と死亡した父との間の法律上の親子関係の形成に関する問題は，「本来的には，死亡した者の保存精子を用いる人工生殖に関する生命倫理，生まれてくる子の福祉，親子関係や親族関係を形成されることになる関係者の意識，更にはこれらに関する社会一般の考え方等多角的な観点からの検討を行った上，親子関係を認めるか否か，認めるとした場合の要件や効果を定める立法によって解決されるべき問題であるといわなければならず，そのような立法がない以上，死後懐胎子と死亡した父との間の法律上の親子関係の形成は認められないというべきである。」として，立法による対応の必要性を指摘している。

　なお，その後，日本産科婦人科学会は会告を出し，「凍結保存精子を使用する場合には，その時点で本人の生存および意思を確認する」と示して，死後生殖を禁じている[13]。

②代理懐胎と母子関係

　代理懐胎の場合は母子関係が争いとなるが，とくに借り腹型の場合には，遺伝的につながりのある女性が母か，分娩した女性が母か，という問題が生じる。2007年3月23日の最高裁判決（第二小法廷）は，米国

で借り腹型の代理懐胎により生まれた子について，母子関係が問題となった事件である[14]。事件に至る経緯は次のとおりである。

代理懐胎により子を設けたのは，婚姻している日本人夫婦である。妻は子宮頸部がんの治療のため，子宮摘出および骨盤内リンパ節剥離手術を受けた。その際，妻は，将来自己の卵子を用いた生殖補助医療により他の女性に子を懐胎し出産してもらう，いわゆる代理出産の方法により，夫婦の遺伝子を受け継ぐ子を得ることも考え，手術後の放射線療法による損傷を避けるため，自己の卵巣を骨盤の外に移して温存した。

その後夫婦は，米国で代理懐胎を試みることとし，ネバダ州在住の女性（以下，「ホストマザー」）に，夫の精子と妻の卵子を用いた体外受精による受精卵を移植した。その際，この夫婦は，ホストマザーとその夫との間で，生まれた子については自分たち夫婦が法律上の父母であり，ホストマザーとその夫は，子に関する保護権や訪問権等いかなる法的権利または責任も有しない，などを内容とする有償の代理出産契約を締結した。そして，ホストマザーは双子の子を出産した。

子どもが誕生後，夫婦はネバダ州の裁判所に親子関係確定の申立てをし，裁判所はこの夫婦が子の血縁上および法律上の実父母であることを確認する等の判断をした。そして，ネバダ州はこの夫婦を生まれた子の父，母と記載した出生証明書を発行した。

夫婦は子を連れて日本に帰国し，夫を父，妻を母と記載した嫡出子としての出生届を提出したが，妻による出産の事実が認められず，夫婦と子との間に嫡出親子関係が認められないとして，出生届は受理されなかった。

そのため，夫婦が戸籍事務を管掌する区長に対し，出生届の受理を命ずることを申し立てたのがこの事件である。地裁は夫婦の申立を却下し，高裁はこれを認めた。これに対し，最高裁は「現行民法の解釈としては，出生した子を懐胎し出産した女性をその子の母と解さざるを得ず，その子を懐胎，出産していない女性との間には，その女性が卵子を提供した場合であっても，母子関係の成立を認めることはできない。」として，高裁の決定を覆した[15]。

　最高裁判決では，「本件のように自己以外の女性に自己の卵子を用い
た生殖補助医療により子を懐胎し出産することを依頼し，これにより子
が出生する，いわゆる代理出産が行われていることは公知の事実になっ
ているといえる。このように，現実に代理出産という民法の想定してい
ない事態が生じており，今後もそのような事態が引き続き生じ得ること
が予想される以上，代理出産については法制度としてどう取り扱うかが
改めて検討されるべき状況にある。この問題に関しては，医学的な観点
からの問題，関係者間に生ずることが予想される問題，生まれてくる子
の福祉などの諸問題につき，遺伝的なつながりのある子を持ちたいとす
る真しな希望及び他の女性に出産を依頼することについての社会一般の
倫理的感情を踏まえて，医療法制，親子法制の両面にわたる検討が必要
になると考えられ，立法による速やかな対応が強く望まれるところであ
る。」と早期の立法の必要性が説かれている。

（4）少子化対策としての不妊治療支援

　最高裁からも生殖補助医療に関する法整備が求められたが，現在に至
るまで，行為規制ルールについても，親子法制ルールについても，法制
化されていない（2020年3月時点）。このような状況にもかかわらず，
政府は少子化対策の一環として，不妊治療への支援をすすめている。ま
ず，2002年9月に政府が打ち出した少子化対策（「少子化対策プラスワ
ン」）で，「不妊治療」の項目が入り，そこには「子どもを持ちたいのに
子どもができない場合に不妊治療を受けるケースが多くなっていること
を踏まえ，子どもを産みたい方々に対する不妊治療対策の充実と支援の
在り方について検討する。」と示されている[16]。

　そして，2003年に制定された少子化社会対策基本法では，基本的施
策のひとつに不妊治療が入り，「国及び地方公共団体は，不妊治療を望
む者に対し良質かつ適切な保健医療サービスが提供されるよう，不妊治
療に係る情報の提供，不妊相談，不妊治療に係る研究に対する助成等必
要な施策を講ずるものとする。」と規定されている。この法律に基づい
て2004年に策定された「少子化社会対策大綱」では，重点課題「子育

ての新たな支え合いと連帯」のなかで,「不妊治療への支援等に取り組む」と掲げられている。その後も支援が続けられ,2016年6月2日に閣議決定された「ニッポン一億総活躍プラン」においても,「希望出生率1.8」に向けた取り組みとして不妊治療の支援が明記され,支援の強化が図られている[17]。

　具体的な支援策としては,2004年度から配偶者間の体外受精,顕微授精に要する費用の一部を助成する事業が行われている。この支援策は,その後,少子化対策の強化とともに,出産に至る可能性が高いとされる早期受診を促す方向で拡充されている。現行制度では(2020年3月時点),治療期間の初日に妻が43歳未満の法律婚夫婦を対象に,1回15万円まで,初回治療については15万円を上乗せして30万円まで助成される。助成が受けられるのは,通算6回まで(ただし,助成開始年齢が40歳以上の場合は3回まで)となっている。また,男性不妊の治療(精子回収を目的とした手術)を行った場合には,1回の治療につき15万円,初回治療については15万円を上乗せして30万円まで助成される。ただし,所得制限付きの助成制度である[18]。なお,体外受精は高額な治療であり,1回あたりの体外受精,顕微授精の費用は30万円から60万円とされている(日本産科婦人科学会 2018:71)。

　また,政府は,不妊治療に関する情報提供や相談に応じる「不妊専門相談センター」の設置を進めているほか,企業に対して,仕事と不妊治療の両立支援に取り組むよう促している。

　こうして,少子化対策の一環として,不妊治療としての生殖補助医療が政策的に推進されている。少子化対策のなかに不妊治療が位置づけられていることの是非が問われるが,少子化対策と切り離してみても,不妊治療としての生殖補助医療の推進には,考えるべき社会的な問題がある。ひとつは,家族間の経済格差に関わる問題である。不妊治療への助成が行われているとはいえ,家族の経済状態により治療を受けられる層は限られている。一定の所得があり,通院にも時間をさける経済的余裕がなければ,現実的に生殖補助医療を利用することは困難である。生殖補助医療の推進は,家族形成における階層格差の問題をはらんでいる。

　また，不妊治療にともなうジェンダー問題も見逃せない。生殖補助医療による治療にかかる時間と労力，治療にともなう身体的リスクは女性が多くを負っている。しかも，子どもが得られる確率が高いわけではなく，精神的にも女性にかかる負担は大きい。政府による生殖補助医療の推進が女性を不妊治療へと駆り立て，結果的に多くの女性にダメージを与えることになりかねない。不妊治療としての生殖補助医療を政策的にどう扱うか，政府の態度が問われる問題である。

4.　家族政策としての生殖補助医療規制

　日本は「不妊治療大国」といわれるが [19]，実際に生殖補助医療で生まれる子どもは増えており，生殖補助医療は子どもをもうける手段のひとつとして社会に定着しつつある。しかし，繰り返し述べたとおり，生殖補助医療に関しては，日本産科婦人科学会の自主規制があるだけで [20]，法律の必要性が指摘されながら，厚生労働省および法務省における立法作業は頓挫したままである。議員立法の動きも報じられているが，生殖補助医療をめぐっては，行為規制ルールにしても，親子法制ルールにしても，人々の意見が分かれる問題を多く含んでいることから，立法に向けては開かれた形で議論を重ね，結論を導く過程を経ることが重要である。厚生科学審議会の部会の報告書と法制審議会の部会の要綱中間試案が出されてから，すでに 15 年以上が経過しているが，その後の状況も踏まえて議論を再開し，立法に向けた作業を進めていく必要がある。

　諸外国の法規制をみても，実施が認められる生殖補助技術の種類とその実施条件，子どもの出自を知る権利に対する保障のありようは，国によってさまざまである（林 2010）。行為規制のあり方によっては，親子関係や親族関係が錯綜する事態も考えられる [21]。第三者の精子，卵子，胚，代理懐胎が技術的に可能となるなかで，「父とは」「母とは」「親子とは」という概念自体も問われることになる。行為規制ルールとともに，親子法制ルールについても慎重に検討し，親子法としての整合性のある法制を作り上げることが重要である。

　さらに，法制化にあたっては，その規制がもたらす影響も含めて検討

する必要がある。生殖補助技術は，自然生殖では不可能な生殖を可能とするものであり，その普及は人々の家族に関する意識や行動に大きな影響を与える。しかも，その影響は一方向ではない。

　ひとつには，家族の個人化を進める方向での影響が考えられる。ここでの家族の個人化とは，子どもをもつことにおいて，個人がより主体的に選択，行為するようになる，ということである。生殖補助医療を利用することで，同性カップルや単身者が自己と遺伝的つながりのある子をもつことになれば，家族はさらに多様化する。こうしてみると，生殖補助技術の普及は，近代家族を超えた「ポスト近代家族」の時代へと変化をもたらすといえる。

　一方で，それとは逆に，生殖補助医療の普及が人々に画一的な家族を強いることになるとも考えられる。これまで以上に，夫婦には子どもがいて当たり前という認識が強まり，子どもをもたない生き方や生涯結婚しない生き方が選択しづらくなる，ということである。これは「近代家族」を強化する方向での影響といえる。

　さらに，「家」への回帰を促す方向に影響することも考えられる。現在でも「家」意識が根強く残る日本では，生殖補助医療の普及により，「家」の継承者としての子どもの要請が強まる可能性がある。これは，旧来の家族観の維持，強化にほかならない。

　このように，生殖補助医療がもたらす家族への影響はいかようにも考えられる。生殖補助医療に対しては，倫理的な問題も含めて論じるべき問題は多いが，家族政策の観点からも十分に検討する必要がある。

》》注

1）生殖補助医療という言葉について，産婦人科医の吉村泰典は「国の審議会委員
　　だった私が提案しました」と述べている（『日本経済新聞』2014年2月9日朝刊）。
2）体外受精・胚移植や顕微授精など，体外における操作を伴う高度な不妊治療の
　　ことを生殖補助医療と呼ぶ場合もある。
3）『日本経済新聞』2014年3月9日朝刊による。ただし，データの出所は記載さ
　　れていない。
4）慶應義塾大学医学部産婦人科学教室ウェブサイトによる（2020年3月1日取得，
　　http://www.obgy.med.keio.ac.jp/clinical/obstet/aih_aid.php）。

5）吉村泰典によると，1 年間に生まれる体外受精児の数や割合は日本が一番多いという（『日本経済新聞』2019 年 7 月 24 日夕刊）。

6）会告は日本産科婦人科学会のウェブサイトで公開されている（2020 年 3 月 1 日取得，http://www.jsog.or.jp/modules/statement/index.php?content_id=3）。

7）「提供精子を用いた人工授精に関する見解（旧「非配偶者間人工授精」に関する見解）」（2015 年 6 月改定）。前掲注 6）。

8）「体外受精・胚移植に関する見解」（2014 年 6 月改定）。前掲注 6）。

9）「胚提供による生殖補助医療に関する見解」（2004 年 4 月発表）。前掲注 6）。

10）「代理懐胎に関する見解」（2003 年 4 月発表）。前掲注 6）。

11）国内の代理懐胎については，2001 年に，民間クリニックの院長が実施したことを公表している。子宮切除の手術を受け，妊娠できなくなった 30 代女性のために，女性の実妹が代理出産したという（『日本経済新聞』2001 年 5 月 19 日夕刊）。

12）最高裁判所（第二小法廷）平成 18 年 9 月 4 日判決（2020 年 3 月 1 日取得，https://www.courts.go.jp/app/files/hanrei_jp/488/033488_hanrei.pdf）。

13）「精子の凍結保存に関する見解」（2007 年 4 月発表）。前掲注 6）。

14）最高裁判決（第二小法廷）平成 19 年 3 月 23 日判決（2020 年 3 月 1 日取得，https://www.courts.go.jp/app/files/hanrei_jp/390/034390_hanrei.pdf）。

15）判決では，民法が実親子関係を認めていない者の間にその成立を認める内容の外国裁判所の裁判の効力についても判断している。

16）厚生労働省ウェブサイトによる（2020 年 3 月 13 日取得，https://www.mhlw.go.jp/houdou/2002/09/h0920-1.html）。

17）首相官邸ウェブサイトによる（2020 年 3 月 13 日取得，https://www.kantei.go.jp/jp/headline/ichiokusoukatsuyaku/index.html）。

18）厚生労働省ウェブサイトによる（2020 年 3 月 13 日取得，https://www.mhlw.go.jp/stf/seisakunitsuite/bunya/0000047270.html）。

19）『日本経済新聞』2014 年 6 月 27 日朝刊による。

20）日本産科婦人科学会の自主規制（会告）が事実上の行為規範ルールとなっている。会告では，前述のとおり，AID，体外受精は一定の条件のもとで認められているが，代理懐胎は認められていない。

21）現実の生殖補助医療の利用状況によっては，法的な父あるいは母が本来的に存在しない子が生まれることも考えられる。たとえば，前述の死後生殖により誕生した子には，現行法下では，認知を求めうる父がいない，つまり，法的には実父が元来いない（死亡や行方不明によりいないのではなく，もともと存在しない）ということになる。

参考文献

林かおり，2010，「海外における生殖補助医療法の現状――死後生殖，代理懐胎，子どもの出自を知る権利をめぐって」『外国の立法』243：99-136，（2017 年 2 月

6 日取得，https://dl.ndl.go.jp/info:ndljp/pid/1166428）.

法制審議会生殖補助医療関連親子法制部会，2003,「精子・卵子・胚の提供等による生殖補助医療により出生した子の親子関係に関する民法の特例に関する要綱中間試案」，(2020 年 3 月 1 日取得，http://www.moj.go.jp/content/000071864.pdf）.

稲熊利和，2007,「生殖補助医療への法規制をめぐる諸問題——代理懐胎の是非と親子関係法制の整備等について」『立法と調査』263：128-136, (2020 年 3 月 1 日取得，https://dl.ndl.go.jp/info:ndljp/pid/1003911）.

石原理・片桐由起子・桑原章・桑原慶充・左勝則・浜谷敏生・原田美由紀，2019,「平成 30 年度倫理委員会 登録・調査小委員会報告—— 2017 年分の体外受精・胚移植等の臨床実施成績および 2019 年 7 月における登録施設名」『日本産科婦人科学会雑誌』71 (11)：2509-2573, (2020 年 3 月 13 日取得，http://fa.kyorin.co.jp/jsog/readPDF.php?file=71/11/071112509.pdf）.

柏木恵子，2001,『子どもという価値——少子化時代の女性の心理』中央公論新社.

国立社会保障・人口問題研究所，2017,『現代日本の結婚と出産——第 15 回出生動向基本調査（独身者調査ならびに夫婦調査）報告書』，(2020 年 3 月 1 日取得，http://www.ipss.go.jp/ps-doukou/j/doukou15/NFS15_reportALL.pdf）.

厚生科学審議会先端医療技術評価部会生殖補助医療技術に関する専門委員会，2000,「精子・卵子・胚の提供等による生殖補助医療のあり方についての報告書」，(2020 年 3 月 1 日取得，https://www.mhlw.go.jp/www1/shingi/s0012/s1228-1_18.html）.

厚生科学審議会生殖補助医療部会，2003,「精子・卵子・胚の提供等による生殖補助医療制度の整備に関する報告書」，(2020 年 3 月 1 日取得，https://www.mhlw.go.jp/shingi/2003/04/s0428-5.html）.

厚生労働省，2019,「平成 30 年 人口動態統計（確定数）」，(2020 年 3 月 13 日取得，https://www.e-stat.go.jp/stat-search/files?page=1&toukei=00450011&tstat=000001028897）.

窪田充見，2019,『家族法——民法を学ぶ（第 4 版）』有斐閣.

三輪和宏・林かおり，2018,「日本における生殖補助医療の規制の現状と法整備の動向」『レファレンス』815：37-64, (2020 年 3 月 1 日取得，https://dl.ndl.go.jp/info:ndljp/pid/11203855）.

日本学術会議生殖補助医療の在り方検討委員会，2008,「代理懐胎を中心とする生殖補助医療の課題——社会的合意に向けて（対外報告）」，(2020 年 3 月 1 日取得，http://www.scj.go.jp/ja/info/kohyo/pdf/kohyo-20-t56-1.pdf）.

日本産科婦人科学会，2018,『ＨＵＭＡＮ＋男と女のディクショナリー（改訂版）』，(2020 年 3 月 13 日取得，http://www.jsog.or.jp/modules/humanplus/index.php?content_id=1）.

9 │ 児童手当制度

　本章では，子育てに必要な経済的費用に焦点をあて，児童手当制度について考える。まず，社会手当としての児童手当の特徴を確認し，つぎに，これまでの児童手当の政策展開を捉える。そして，フランス，イギリス，ドイツの児童手当制度の歴史から，各国における児童手当の社会的な位置を探り，最後に，家族政策の視点から日本の児童手当の課題について考察する。

1. 子育てに対する経済的支援

（1）社会手当としての児童手当

　1990 年代以降，出生率の低下が社会問題化し，子育て支援が重要な政策課題となっている。子育て支援とは，「児童が生まれ，育ち，生活する基盤である親および家庭における児童養育の機能に対し，家庭以外の私的，公的，社会的機能が支援的に関わること」（柏女 1999：311）を指す。よって，子育ての支援の主体には，政府，企業，地域社会，家族以外の個人や団体などが含まれるが，ここでは国の制度による支援策について考えていく。

　子育ては資源を要する営みであり，子育て支援の政策は，家族が子育てに要する資源の給付，あるいは保障ということになる。主な資源としては，子育てに必要な「費用」「ケア労働」「時間」があげられる。この3つの資源に着目すると，子育て支援の主な政策として，子育て家族への現金給付，保育，育児のための休暇の制度があげられる。本章では，子育て家族への現金給付について取り上げる。

　子どものいる家族に対する現金給付は，国際的には「家族給付」（family

allowance）と呼ばれている。これは，社会保障制度のなかでは社会手当に分類される。社会手当とは，社会保険とも公的扶助とも異なるものである。社会手当は，社会保険のように事前の保険料拠出を条件とせず，また，公的扶助のような厳密な資力調査もなく，一定の要件を満たす人々に支給される手当である。

　このように，社会手当は無拠出で受けられる現金給付であることから，どのような人々が受給資格を与えられるべきかについては，社会的な価値判断によって決定されるといえる（Gal 1998）。社会手当としては，子どものいる家族や障害者への手当が代表的だが，これらは，子どもの養育や心身のハンディキャップにより生じる追加的費用は公的に補填されるべき，という社会的合意が前提になっている。

　政策的にみると，社会手当には，あらかじめ経済的困窮に陥りやすい人々を想定し，無拠出で給付を行うことによって，これらの人々が貧困に陥ることを事前に予防するという防貧的機能もある。

　子育て家族に対する社会手当の中核をなすのが，児童手当である。これは，子どもがいることを要件に支給される現金給付で，国によっては家族手当と呼ばれている。アメリカを除くほとんどの国で制度化されているが，各国の制度には多様性がある。

　児童手当は，支給要件や給付額などの制度設計により，政策の機能が異なってくる。逆にいえば，政策目的により自由に制度設計ができるともいえる。たとえば，所得にかかわらず，子どものいるすべての世帯を対象に支給すれば，子育てに対する「社会的意義の評価」として機能する。そのような普遍主義的な制度を採用せず，支給要件に所得制限をつけて，一定所得以下の世帯を対象に支給すれば，高所得世帯から低所得世帯への「所得の垂直的再分配」となる。

　また，対象児童を第2子以降，あるいや第3子以降として支給すれば，子どもがいない，あるいは子どもが少ない世帯から，子どもが多い世帯への「所得の水平的再分配」となる。さらにこの場合には，出産促進の意味も持つ。出産促進という目的からは，手当額についても制度設計が可能であり，すべての子どもを同額とするのではなく，子どもの出生順

位によって差をつけ，第2子，第3子と順次増額して支給すれば，より出産促進的な政策となる。このように，児童手当は現金を給付するだけの比較的簡単な仕組みであるが，政策主体のさまざまな意図を反映させやすい制度といえる（下夷 2000）。

（2）児童扶養控除／児童税額控除

　児童手当とは制度の目的が異なるが，税制上，子どもがいることを事由に税金を減免する措置は，児童手当と同じく，子育て家族への経済的支援となる。

　その代表的なものが児童扶養控除である[1]。これは担税力に応じた税負担という考え方から，子どもを扶養している場合に，所得から一定額を控除する制度である。これにより，同じ所得でも，子どもがいる場合は子どもがいない場合に比べて課税所得が少なくなり，課される税金が軽減される。こうして児童扶養控除によって税金が軽減された分は，子育てに対して現金給付を受けたのと同じ意味を持つことになる。

　ただし，児童扶養控除に関しては，課税最低限以下の低所得者，すなわち，もともと税金を課されていない人には恩恵がない。また，通常の累進課税制度の下では，高い税率が適用される高所得者ほど，児童扶養控除による税金の軽減額が大きくなる。極端な例になるが，仮に，所得が500万円，1,000万円，2,000万円，それぞれの税率が10％，20％，30％で，児童扶養控除額が一律100万円であったとすると，子どもがいることによる税金の軽減額は，所得が500万円では10万円，所得が1,000万円では20万円，所得が2,000万円では30万円と，所得が高いほど大きくなる。つまり，高い税率が課される高所得者ほど，児童扶養控除によって得られるメリットが大きいということである。いわゆる逆進性の問題である。

　このような逆進性の問題を避けるために，児童扶養控除のように所得から一定額を控除する方法ではなく，課される税額から一定額を控除する方法をとる国もある。これは児童税額控除と呼ばれるが，給付付きの税額控除の制度では，控除額のほうが課される税額より大きい場合，そ

の差額を給付する措置がとられる。仮に，税額控除の金額が 10 万円で，課された税額が 5 万円の場合には差額の 5 万円が給付され，非課税の場合には控除額と同額の 10 万円が給付される。これであれば，低所得の子育て世帯も給付が得られることになる。

　このように，税制上の措置も子育て費用への支援となることから，児童扶養控除を廃止して児童手当に一本化した国もあれば，児童手当と税制上の措置を調整している国もある[2]。

2. 児童手当の歴史的展開

（1）児童手当制度の創設：1971 年

　日本の児童手当は，高度経済成長期の 1971 年に法律が成立し，1972年から施行されている。諸外国の児童手当（家族手当）の制定年をみると，多くの国が1950 年代半ばまでに児童手当を制度化している（Gauthire 1996：70）。それに対し，日本の児童手当は制度化が非常に遅く，この点は日本の児童手当制度の特徴といえる。創設時の児童手当は，「家庭における生活の安定」と「時代の社会を担う児童の健全な育成及び資質の向上」を目的に，第 3 子以降を対象に義務教育修了まで，子ども 1 人につき月額 3,000 円を支給するものであった。ただし，所得制限が課されている。また，財源は被用者について事業主負担と公費，被用者以外は公費である。

　第 3 子からを対象としているが，出生促進的な目的によるものではない。当時，出生率は問題になっておらず，第 3 子に対象を限定したのは財政上の制約によるといえる。政府にとって，児童手当の創設は日本の社会保障制度における懸案事項となっており，まずは制度を導入することが優先された結果である。前述のとおり，すでに多くの国が児童手当を制度化しており，また，ILO（国際労働機関）の 1952 年の社会保障の最低基準に関する条約（12 号条約）でも，家族給付（所定の子に対する給付）が規定されていた。

　当時の厚生省児童手当準備室長（近藤功）は 2014 年に実施されたインタビューのなかで，インタビュアーの「日本の社会保障制度の体系を

考えると，やっぱり児童手当が必要だという考え方だったのでしょうか。」との問いに，「まあ，そういうことになりますけど。我々は条約とか何とかの関係で法律みたいなのが頭にきちゃうものだから，ILO 条約できちんとしているのに，この先進国の日本はなんだというのがあって，何とかしたいという気持ちはありました。それと，外国の実際の実情です。なんで外国はこんなになっているのに，日本はいつまでも遅いんだろうと。」（菅沼ほか編 2018：127）と答えている。

　このような状況から政府は「小さく生んで大きく育てる」という方針のもと，財政規模を抑えた限定的な制度として，まずは児童手当の制度化を実現させたといえる[3]。

（2）財政枠内での改正：1990 年代まで

　児童手当は導入後，手当額が引き上げられ，1974 年には月額 4,000 円，1975 年には 5,000 円になったが，施行の翌年（1973 年）のオイルショックの影響で，1970 年代後半には財政の逼迫を背景に児童手当廃止論も聞かれるなど，制度の拡充は見込めない状況になっていく。

　1980 年代に入ると，行政改革の動きのなかで児童手当が問題視されるようになり，制度の見直しが行われる。まず，1982 年から所得制限が強化されている。ただし，所得制限の強化によって，多くの被用者や公務員が児童手当の対象から外れることから，所得制限以上の一定の所得の被用者・公務員も児童手当を受けられるよう，特例給付の制度が創設されている。

　1986 年からは支給対象が第 2 子以降に拡大されるが，支給期間が義務教育入学前までに短くなっている。手当額については，新たに対象となった第 2 子は 2,500 円にとどまり，第 3 子以降は 5,000 円のままである。

　さらに，1992 年からは支給対象が第 1 子からに拡大されているが，支給期間は一段と短くなり，第 3 歳未満になっている。一方，支給額は増額され，第 1 子と第 2 子は 5,000 円，第 3 子は 1 万円とそれぞれ 2 倍になっている。

158

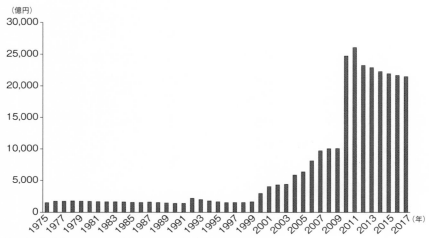

注：児童手当の 2010-2012 年度は子ども手当を含む.
出典：国立社会保障・人口問題研究所（2019）をもとに筆者作成.

図９－１　児童手当給付費の推移

　こうして，日本の児童手当は，乳幼児期集中型の所得制限つきの手当
として，他国に例をみない独特の制度となっていった．それは，1980
年代以降の制度の見直しで，支給対象の子どもの拡大（出生順の引き下
げ）と，支給期間の短縮が同時に行われた結果である．その狙いは，財
政負担を増やさずに，児童手当の受給対象となる世帯を増やし，制度へ
の支持を広げることにあったとみられる．たしかに，図９－１をみると，
児童手当の支給総額は，制度変更があったにもかかわらず，1999 年ま
でほとんど変化していない．

（3）政治情勢による拡充：2000 年以降

　1990 年代には，児童手当は乳幼児期集中型の現金給付として定着し
ていくかにみえたが，その後の政治情勢により，2000 年以降は一転，
支給期間を拡大する改正が続いている．

　自公連立政権のもと，2000 年からは支給期間が「満３歳まで」が「義
務教育就学前まで」に延長され，2004 年にはさらに「小学３年生まで」
となり，2006 年には「小学校修了まで」となっている．この間，所得

制限を緩和する措置もとられ，支給対象が広がっている。また，手当額についても，2007年からは第1子と第2子の月額5,000円が3歳未満に限って，1万円に引き上げられている。

　こうして，2000年以降の改正で支給期間が「第3子未満」から「小学校修了まで」に延長されたが，延長された期間の児童手当の財源は被用者についても全額公費となり，財源構造が複雑化している。

　そして，2009年の政権交代（自公政権から民主党政権）により，2010年からは児童手当に代わり，子ども手当が導入されている。これは，「次代の社会を担う子どもの育ちを支援するため」という目的のもと，中学校修了まで子ども1人につき月額1万3,000円を支給する手当である。子ども手当は，それまでの児童手当に比べて期間がさらに延長され，手当額も増額されたが，最も大きな特徴は所得制限が撤廃されたことである。つまり，子ども手当は児童手当と異なり，ユニバーサルな手当というわけである。その後の与野党の協議により，2010年10月以降は，3歳未満は月額1万5,000円，3歳から中学校修了までは1万円，ただし，第3子のみは3歳から小学校修了まで1万5,000円と手当額が変わっている。

　さらに政権交代（民主党政権から自公政権）という政治情勢により，2012年には児童手当が復活するが，支給期間および支給額は維持されている。しかし，児童手当に戻ったことで，所得制限が復活しており，この点が子ども手当との制度上の大きな相違点である。なお，所得制限を超える場合でも当分の間の特例給付として，月額5,000円が支給されている。

　このように2000年以降は政治情勢により，児童手当はつぎつぎと改正が行われ，結果的には1990年代よりも充実した制度となっている。前掲の図9−1をみても，2000年以降は支給総額が大幅に増大しているのがわかる。これらの制度の拡充においては，財源確保のために，税制上の扶養控除が廃止されている。具体的には，児童手当の支給期間を3歳未満から義務教育就学前までに延長する際には，16歳未満の子どもを控除対象とする「年少扶養控除」の加算額が廃止され[4]，義務教育就

学前までから小学校 3 年生までに延長する際には,「配偶者特別控除」(配偶者控除の上乗せ部分)が廃止され,さらに子ども手当の導入時には,「年少扶養控除」が廃止されている (鈴木 2009：10)。つまり,現金給付と税制上の扶養控除との調整が行われているのである。このことは,税制上の扶養控除が高所得者にメリットが大きい点を考慮すると,低所得層の子育て家族に向けた政策展開といえる。

しかし,2000 年代以降,児童手当が拡充されるなかで,制度の理念やあり方について,国民的な議論が十分に行われたとは言い難い。自公連立政権による児童手当の拡大は大きな政策転換であるが,政党間の協議を超えて議論が広がるには至っていない。また,子ども手当の導入に対しては,高所得者層への給付に対する賛否の意見がマスコミ等で報じられたが,すべての子どもの育ちを支えるという理念とユニバーサル手当の関係について議論が深められたとはいえない。子ども手当の創設に伴う年少扶養控除の廃止についても,所得階層別にみた経済的便益の増減が話題の中心となり,子育て家族への経済的支援のあり方として,現金給付と扶養控除の関係はいかにあるべきか,といった問題が十分に議論されたとはいえない。

3. 諸外国の児童手当

ここまで日本の児童手当の変遷を辿ってきたが,導入から現在まで,財政状況や政治情勢により制度改正がなされており,その政策理念は判然としない。そこで,児童手当が社会に定着しているといわれる欧州諸国について,その歴史的過程を捉えてみたい。以下,制度展開に特徴を有する国として,フランス,イギリス,ドイツを取り上げる。

(1) フランス

フランスはヨーロッパ諸国の中でも家族給付の種類が多く,子育て家族への現金給付が充実している国である。家族給付のなかで,児童手当に相当するのが家族手当である。家族手当は,20 歳未満の子どもが 2 人以上いる世帯を対象に支給される。つまり,第 1 子は対象外である。また,所得制限はないが,2017 年 7 月から高所得世帯には減額支給と

なる制度が導入されている（泉ほか 2017：3）。

　基本的な家族手当の月額は（2019 年 1 月時点），子ども 2 人の世帯は 131.16 ユーロ，3 人の世帯は 299.20 ユーロ，4 人の世帯は 467.25 ユーロで，14 歳以上には 65.58 ユーロが加算される[5]。よって，子どもの人数が多く，年齢が高いほど，世帯の受給額は多くなる仕組みである。

　家族手当は第 1 子を対象としていない点が特徴といえるが，フランスの家族給付には，家族手当以外で，第 1 子から支給される各種手当がある。たとえば，所得制限があるものの，3 歳未満の子どもを対象とした乳幼児受入手当，6 歳から 18 歳の子どもを対象に新学期に年 1 回支給される新学期手当がある。また，3 歳以上の子どもが 3 人以上いる世帯には，所得制限付きで，家族補足手当が支給される。

　このように家族給付には数種の手当があるが，基本は家族手当である。その歴史は古く，19 世紀末，事業主が賃金の補助として，自主的に家族手当を支給していたことに始まる[6]。しかし，事業主が個々に家族手当を支給していては，従業員の子ども数により，事業主の家族手当の負担に格差が生じてくる。そこで，1919 年，このような事業主間の負担の不均衡を是正する目的で，事業主による「家族手当金庫」が創設され，事業主は支払賃金に応じた拠出金を家族手当金庫に支払い，そこから家族手当が配分されることになった。ただし，これは事業主の任意によるもので，家族手当金庫に入会していない企業もあり，1920 年代末，家族手当金庫による手当の支給対象となっていたのは賃金労働者の 30 ％で，手当も低額であった。

　そこで 1932 年に家族手当が法制化され[7]，事業主は家族手当金庫への加入が義務づけられた。これにより，家族手当が公的な制度として確立していったが，このような国家介入が受け入れられた背景には，当時の経済危機における厳しい労働状況がある。以後，家族手当の受給者も増大し，1932 年の約 180 万人から 1938 年には約 540 万人になっている。その後，農業従事者にも適用対象となるなど，制度は拡充されていった。

　一方，1930 年代に人口減少が進んでいたことから，1939 年に人口高等委員会が設置され，その意見に沿って，同年，家族法典が制定されて

いる[8]。この家族法典は家族への物質的援助によって，出生率を上昇させることを目的としたものである。そのため，家族給付制度も家族法典に組み込まれている。これにより，家族手当は被用者だけでなく，使用者や自営業者にも適用が拡大されたが，第1子からの支給が第2子からとなり，子ども数が多いほど増率での支給となっている。なお，第1子については，結婚後早期の出産に対して，出産奨励金が創設されている（柳沢 2007：87）。その他の手当も含めて，家族給付は多子家族を優遇する制度となっており，出産促進の意図が明確にあらわれている。

第二次世界大戦後，社会保障制度として家族給付の諸手当の整備がなされ，家族手当を基礎部分として，そのほかに多種類の手当が支給される仕組みとなっている。その後も手当の創設や統廃合がなされているが，全体として，フランスの家族給付は多子家族に手厚い点が特徴である。

このように，フランスの家族手当は賃金政策として形成され，出生促進政策として発展してきた歴史がある。フランスでは，子育てによる経済的負担を連帯して担う，という考え方が社会に根づいており，家族手当を含めて，子育て家族への現金給付が定着している。

（2）イギリス

イギリスの児童手当は，16歳未満の子どもを対象に第1子から所得制限なく支給される。16歳以上でも，認定されている高等教育や就労訓練を受けている場合は20歳未満が対象となる。手当額（2020年2月時点）は週当たりの金額で，第1子は20.70ポンド，第2子以降は1人につき13.70ポンドである[9]。第1子のほうが第2子以降より高い額となっている点は，イギリスの児童手当の特徴といえる。

現在の児童手当は，1945年に導入された家族手当が改正されたものである[10]。家族手当は，第二次世界大戦後のイギリスの社会保障制度を基礎づけた「ベバリッジ報告」で提唱されている。その主な理由は，あらゆる人数の家族にナショナルミニマムを保障する，ということである[11]。というのも，賃金に家族数が十分に反映されないため，家族人数による生活費負担に格差が生じるからである。

　1945 年に家族手当法が制定され，翌 1946 年から家族手当が第 2 子以降を対象に，所得に関係なく支給されている。ここでは，財政上の理由から，第 1 子はおおむね親の勤労収入で足りるとして，手当の対象から除外されている。その後，1951 年に手当額の引き上げや，1956 年に第 3 子以降に対する加算がなされている。1960 年代には子どものいる家族の貧困が再認識され，すべての子どもを対象とした家族手当が求められたが，財政上の理由で制度は拡充されなかった。

　その後，1975 年に労働党政権において，児童手当法が制定され，1977 年から家族手当に代わり，すべての子どもを対象とする児童手当が導入されている。児童手当は第 1 子から支給され，家族手当に比べて手当額も増額されている。これにより，所得にかかわらず，すべての子育て家族を対象としたユニバーサルな児童手当が実現したといえる。

　その際，税制上の措置との調整がはかられ，児童手当の実施と同時に，児童扶養控除が段階的に廃止され，1979 年に完全に廃止されている。それは，児童扶養控除は低所得層の子育て家族には便益が小さいか，まったく便益がないからである。こうして，イギリスの子育て家族への経済的支援は児童手当に一本化された。

　1980 年代の保守党政権下では，廃止・縮小論も聞かれたが，保守党内（とくに，Conservative Women's Committee）からもユニバーサルな児童手当の存続を支持する意見が出され，維持されている（Oppenheim & Lister, 1996）。

　1997 年に労働党政権が誕生すると，子どもの貧困対策が重要課題となり（DWP 2003：10），その一環として，2001 年に子どものいる世帯を対象として税額控除が導入され，それが 2003 年に現行制度である児童税額控除に変更されている。これは，子どものいる中・低所得世帯を対象にした給付付きの税額控除で，とくに低所得層に手厚い仕組みとなっている（野辺 2011：5-6）。よって，子育て世帯への給付は，構造としてみると，基礎部分が児童手当，低所得世帯への上乗せ部分が児童税額控除という形である。

　このように，イギリスの児童手当は，歴史的にも国民の最低生活保障

の考え方による制度であり，ユニバーサルな手当として，すべての子育て家族に対する経済的支援の基礎部分をなしている。

（3）ドイツ

　ドイツの児童手当は，後述のとおり，税額の還付金として支給されるが，対象となる子どもは原則として18歳未満，第1子からである。18歳以上については，教育期間中の子は25歳未満，失業中の子は21歳未満が対象となり，また，25歳到達前に障害を負ったことにより就労困難になった場合は，無期限に対象となる。支給額（2018年1月時点）は月額で，第1子および第2子については194ユーロ，第3子については200ユーロ，第4子以降は1人につき225ユーロである[12]。ドイツの児童手当は対象となる子どもの年齢の上限が高く，支給額が大きい点が特徴といえる。

　ドイツ（旧西ドイツ）で児童手当が導入されたのは1955年で，対象は第3子以降，財源は事業主の拠出によるものであった[13]。その後，第2子については所得制限がつくものの，公費による児童手当が導入され，1964年にはそれまでの制度を整理し，すべて公費による第2子からの児童手当に整備されている。

　そして，1975年に支給対象が第1子からに拡大され，所得制限も撤廃されている。こうして，ユニバーサルな児童手当が実現しているが，その際,税制上の児童控除（所得控除）は廃止されている。ようするに，児童手当に一本化されたということである。

　しかしその後，この状況は変わっていく。ドイツでは，児童手当と児童控除の調整の問題に政治情勢が大きく影響し，それにより実際の制度が大きく動いている[14]。ドイツの二大政党であるキリスト教民主・社会同盟と社会民主党では，児童手当と児童控除に対する見方が大きく異なるのである。キリスト教民主・社会同盟は，税制の体系の中で児童控除のみを廃止することは，所得から各種の必要経費を控除し，累進的に課税するという税制の基本理念に反するという立場をとっており，児童控除を重視する。一方，社会民主党は，すべての児童は親の所得に関係

なく，同様の経済的保障がなされるべきであるという理念のもと，高所
得層に便益の大きい児童控除を廃止し，児童手当のみとし，その手当額
の増額を主張する。

　前述の 1975 年の児童控除の廃止による児童手当への一本化は，社会
民主党政権が，キリスト教民主・社会同盟が政権与党として実施してい
た児童手当と児童控除の二元方式を抜本的に改革したものであった。

　その後，1982 年に政権与党に復帰したキリスト教民主・社会同盟は，
翌年から児童控除を復活させている。当時のドイツでは財政再建が最優
先課題であり，厳しい財政状況の下，復活した児童控除は小規模なもの
であったが，児童手当と児童控除の二元方式に戻したのである。

　控除額は復活当初は廃止前の 1/3 から 1/4 程度であったが，1986 年
には大幅に引き上げられ，廃止前を大きく超えるものとなり，さらにそ
の後も控除額の引き上げが行われている。一方，児童手当は，第 2 子以
降の手当について，所得限度額を超えると手当が減額される仕組みが導
入されている。ただし，低所得世帯向けに児童手当の加算制度が設けら
れている。

　しかし，1996 年に児童手当を税制に組み入れる法改正がなされ，児
童手当は，子どもの最低生活費への課税免除を実現するための還付金（戻
し税）と位置づけられている。これにより，児童手当と児童控除は一元
化され，還付金としての児童手当か，児童控除のいずれか有利なほうが
適用される制度となっている。その背景には，1990 年以降，児童手当
と児童控除について，つぎつぎと違憲判決が出されたことが影響してい
る。

　1996 年の児童手当と児童控除の一元化は，連邦裁判所の違憲判決を
受けて行われたものだが，判決で裁判所は，国が所得に課税する際には
最低生活費は非課税にしておかなければならない，という最低生活費へ
の非課税原則を示したうえで，当時の児童手当と児童控除は，憲法が要
請する税負担の軽減機能を果たしていない，とみなしている。これは，
子育て費用に対する負担軽減が不十分，という司法判断といえる。よっ
て，1996 年の一元化の際には，児童控除額と児童手当が大幅に引き上

げられている。さらに，児童手当については，第2子以降の手当額が増額され，所得額による減額支給は廃止されている。あわせて，低所得者向けの加算制度も廃止されている。

このように，ドイツでは政党間による児童手当と児童税額に対する基本的な考え方の対立が制度を左右していたが，憲法裁判所の判決が出されたことで，児童手当と税制が一元化され，子育て家族に対する経済的支援の内実も強化されている。

児童手当と税額控除をめぐる政党間の議論や憲法訴訟など，これまでの経緯からわかるとおり，ドイツでは子育て費用に対する国家の支援が社会における重要な論点となっている。そうした社会状況の土台をなしているのが，ドイツ基本法（憲法）第6条「婚姻と家族は国家秩序の保護を受ける」の規定，いわゆる家族保護条項である。ドイツの児童手当は，国家が家族を保護するという憲法を基盤とする，子育て家族への手厚い保護政策とみなすことができる。

4. 子育ての私事性と公共性

以上みてきたとおり，国により児童手当には歴史があり，社会における位置づけもさまざまである。日本の児童手当の歴史を振り返ると，諸外国に比べて導入が遅く，財政事情により制度も限定的で，1990年代までは抑制の歴史であった。それが2000年代以降は政治情勢により一転，拡充の歴史となっている。

現行制度は，諸外国の児童手当と比べ，義務教育修了後の学生に対する延長措置がないことは重大な欠点であるが，第1子から義務教育修了まで，1人月額1万円から1.5万円という基本部分の手当については，諸外国の中でとくに低いレベルとまではいえない。こうしてみると，「小さく産んで大きく育てる」の方針のもとに導入された児童手当は，結果的にみれば，成長を阻まれた長い期間を経て，その後急成長し，一定の大きさに育ってきたといえる。

しかし，子育て家族への無拠出給付としての児童手当の理念は明らかではない。児童手当の導入自体が社会保障の体制整備という外形的な理

由によるものであったが，導入後の制度改正の過程においても，制度の
本質について国民的議論が十分になされたとはいえない。もちろん，児
童手当に関する議論がなかったわけではない。児童手当の廃止・縮小論
においては，手当が子どものためでなく，親の嗜好品のために利用され
ているのではないかという疑念が示され，ユニバーサルな子ども手当に
移行した際は，有権者へのバラマキ政治という批判がなされた。これら
は現金給付という政策手段の特性から生じる疑念や批判だが，それを契
機に，「家族の自治」の尊重という現金給付の意義を含めて，児童手当
のあり方について議論が深まることはなかった。

　では，子育て家族に無拠出で現金を給付するという制度を，どのよう
なものとして考えることができるだろうか。子どもを産み育てることは，
個人やカップルの選択的行為であり，いうまでもなく，国が不当に介入
すべきではない。しかし，生まれた子どもを育てることは，親の自由な
私事にとどまるものではなく，親に課された責任である。そしてそれは，
子の最善の利益のために行わなければならない行為とされている[15]。
そのため，子の福祉に反する場合には，公権力が家族に介入し，親の養
育権は制限される。こうしてみると，親は子の福祉のための養育を社会
から委ねられているといえる。

　子育てという営みが，私事に属するだけではないとすれば，それに要
する費用についても親がすべてを負う責任があるとは言い難い。子ども
のいる家族への現金給付として，児童手当は給付対象を限定すべきか，
また，給付水準をどの程度に設定すべきか，基本的な論点は明快である。
子育ての私事性と公共性を踏まえた，家族政策としての児童手当のあり
方について議論を深め，制度の基盤を確立する必要がある。

》》注

1）本章で取り上げる児童扶養控除や児童税額控除のほか，家族を課税単位とする税制において，子どもの数が多くなるほど税負担を軽減する，N分N乗方式という制度をとる国もある。

2）諸外国の児童手当と税制上の措置の調整については，野辺（2011）がイギリス，ドイツ，フランス，スウェーデンの4か国について詳しく解説している。

3）児童手当の導入過程について，浅井（2018）は導入目的としての「出生率への言及」と制度形成の「アクター」から4パターンに区分し，日本は出生率への言及がなく，政治家・官僚がアクターであったと指摘している。

4）1999年から，通常の年少扶養控除額（38万円）に10万円を割増した控除が，所得税にのみ認められていた（鈴木 2009：10）。

5）手当額は厚生労働省（2019）による。2020年3月6日の日経為替レート（1ユーロ 119.28円）で日本円に換算すると，子2人の世帯は約1万5,600円，子3人の世帯は約3万5,600円，子4人の世帯は約5万5,700円である。14歳以上であれば約7,800円の加算がつく。

6）フランスの家族手当の歴史的経緯については，とくに記載のない限り，Questiaux and Fournier（1979）による。

7）1932年に家族手当法が制定され，この法律は労働法典の「賃金」の項に編成された（柳沢 2007：87）。

8）浅井（2018：116）によると，家族法典の正式名は「フランスの家族と出生率に関するデクレ」であり，その目的は出生率の上昇およびフランスの人口増加であったという。

9）支給額は英国政府のウェブサイトによる（2020年2月10日取得，https://www.gov.uk/topic/benefits-credits/child-benefit）。4週間分を月額とし，2020年3月6日の日経為替レート（1英ポンド137.42円）で日本円に換算すると，第1子は約1万1,300円，第2子以降は1人につき約7,500円となる。

10）イギリスの児童手当の歴史的経緯については，とくに記載のない限り，Land and Parker（1979），下夷（1999）による。

11）ナショナルミニマムとは，国家が国民に保障する最低限の生活水準のことである。

12）手当額は厚生労働省（2019）による。前掲注5）と同じ為替レートで日本円に換算すると，第1子と第2子は約2万3,100円，第3子は約2万3,800円，第4子以降は1人につき約2万6,800円となる。

13）ドイツの児童手当の歴史的経緯については，とくに記載のない限り，Neidhardt（1979），齋藤（2010），田中（1999）による。

14）政権による児童手当と児童扶養手当の変遷については，田中（1999）が詳しく論じている。

15）野崎（2003：121-125）は，政治哲学者のキムリッカの議論に依拠しながら，親子関係を信託関係とみなしている。筆者も親子関係を基礎づけるものとして，信託理論は妥当性が高いと考えている。

参考文献

浅井亜希，2018，「児童手当／家族手当の導入をめぐる国際比較」『社会保障研究』3（1）：111-125.

Department of Work and Pensions（DWP），2003, Measuring Child Poverty, DWP.

Gal, J., 1998, "Categorical Benefits in Welfare States: Findings from Great Britain and Israel," *International Social Security Review*, 51（1）：73-101.

Gauthier, A. H., 1996, *The State and The Family : A Comparative Analysis of Family Policies in Industrialized Countries*, Oxford University Press.

泉眞樹子・近藤倫子・濱野恵，2017，「フランスの家族政策——人口減少と家族の尊重・両立支援・選択の自由」『調査と情報』941：1-14,（2020 年 2 月 10 日取得，https://dl.ndl.go.jp/info:ndljp/pid/10304840）.

柏女霊峰，1999，「子育て支援」庄司洋子・木下康仁・武川正吾・藤村正之編『福祉社会事典』弘文堂：311-312.

国立社会保障・人口問題研究所，2019，「平成 29 年度 社会保障費用統計」，（2020 年 2 月 10 日取得，http://www.ipss.go.jp/ss-cost/j/fsss-h29/fsss_h29.asp）.

厚生労働省，2019，「2018 年 海外情勢報告」，（2020 年 2 月 10 日取得，https://www.mhlw.go.jp/wp/hakusyo/kaigai/19/）.

Land, H., and Parker, R., 1978, "United Kingdom," Kamerman, S. B. and Kahn, A. J. eds., *Family Policy: Government and Families in Fourteen Countries*, Columbia University Press, 331-349.

Neidhardt, F., 1978, "The Federal Republic of Germany," Kamerman, S. B. and Kahn, A. J. eds., *Family Policy: Government and Families in Fourteen Countries*, Columbia University Press, 217-238.

野辺英俊，2011，「子育て世帯に対する手当と税制上の措置——諸外国との比較」『調査と情報』704：1-12,（2020 年 2 月 10 日取得，https://dl.ndl.go.jp/info:ndljp/pid/3050433）.

野崎綾子，2003，『正義・家族・法の構造転換——リベラル・フェミニズムの再定位』

勁草書房.

Oppenheim, W. C., and Lister, R., 1996, "The Politics of Child Poverty 1979–1995," Pilcher, J., and Wagg, S. eds., *Thatcher's Children? : Politics, Childhood and Society in the 1980s and 1990s*, Falmer Press, 114-133.

Questiaux, N. and Fournier, J., 1978, "France," Kamerman, S. B. and Kahn, A. J. eds., *Family Policy: Government and Families in Fourteen Countries*, Columbia University Press, 117-182.

齋藤純子, 2010,「ドイツの児童手当と新しい家族政策」『レファレンス』716: 47-72,（2020 年 2 月 1 日取得, https://dl.ndl.go.jp/info:ndljp/pid/3050289）.

下夷美幸, 1999,「家族クレジット・児童給付・障害者手当」武川正吾・塩野谷祐一編『先進諸国の社会保障 1 イギリス』東京大学出版会: 163-182.

下夷美幸, 2000,「『子育て支援』の現状と論理」藤崎宏子編『親と子——交錯するライフコース』ミネルヴァ書房: 271-295.

菅沼隆・土田武史・岩永理恵・田中聡一郎編, 2018,『戦後社会保障の証言——厚生官僚 120 時間オーラルヒストリー』有斐閣.

鈴木克洋, 2009,「現金給付型の子育て支援の現状と課題——児童手当制度を中心に」『経済のプリズム』73: 1-16,（2020 年 2 月 10 日取得, https://www.sangiin.go.jp/japanese/annai/chousa/keizai_prism/backnumber/h21pdf/20097301.pdf）.

田中耕太郎, 1999,「家族手当」古瀬徹・塩野谷祐一編『先進諸国の社会保障 4 ドイツ』東京大学出版会: 131-149.

柳沢房子, 2007,「フランスにおける少子化と政策対応」『レファレンス』682: 85-105,（2020 年 2 月 10 日取得, https://dl.ndl.go.jp/info:ndljp/pid/999704）.

10 | 保育制度

　本章では，子育てに必要な資源のひとつであるケア労働に焦点をあて，保育制度について考える。まず，保育所の利用状況を確認し，つぎに，これまで保育政策はどのように展開してきたのか，その歴史的経緯を跡づける。そして，2000年代以降，主要課題となっている待機児童問題の特質を探り，最後に，家族政策としての保育制度の課題について考察する。

1. 保育所の利用状況

（1）保育利用率の推移

　1990年代以降，家族形態は大きく変化しており，「国勢調査」で6歳未満の子のいる世帯の家族類型をみると，1990年は核家族が70.3％，三世代同居等の世帯が29.7％であるが，2015年には核家族が86.6％を占め，三世代同居等の世帯は13.4％になっている。夫婦共働きも増えており，2015年の「国勢調査」で，6歳未満の子のいる核家族世帯で夫婦のいる世帯についてみると，夫婦共働き世帯のほうが専業主婦のいる世帯より多くなっている（国立社会保障・人口問題研究所 2019）。

　このように，就学前の子どものいる家族の約9割は核家族で，夫婦共働きが多いというのが現状である。こうした現代家族のライフスタイルにおいて，保育サービスは子育て資源として重要であり，そのニーズは高い。実際，保育所や認定こども園などの公的な保育サービス（以下，保育所等）を利用する子どもは増加している。しかし，後述するとおり，子育て家族のニーズを満たすには至っていない。なかでも，3歳未満児の保育サービスの不足が問題となっている。

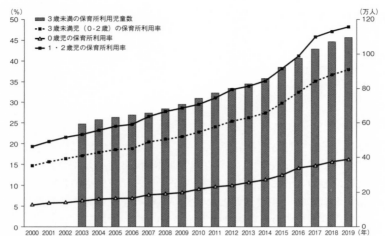

注：3歳未満の保育所利用児童数については，2000年，2001年，2002年のデータが出典資料に掲載されていない．保育所利用率とは，当該年齢の児童数に対する当該年齢の保育所等利用児童数の割合である．
出典：厚生労働省（2000）および同省の「保育所等関連状況取りまとめ」（各年4月1日）をもとに筆者作成．

図10－1　3歳未満児の保育所利用状況の推移

　そこで，3歳未満児の子どもに着目して，利用状況についてみてみたい。図10－1は2000年から2019年までの保育所等の利用状況の推移を示したものである。2015年度からのデータは，新制度による施設が追加されているため，正確な年次比較はできないが，保育所等を利用している3歳未満児の子ども数は年々増加している。

　この間，出生児数が減少傾向であるのに対し，保育所等を利用する子どもは年々増大しており，当該年齢の子ども全体のなかで保育所等を利用している子どもの割合（以下，保育所利用率）も上昇している。3歳未満児の保育所利用率をみると，2000年の14.7％から2019年には37.8％になっている。年齢別にみると，0歳児では5.5％から16.2％に急上昇しており，1〜2歳児も19.3％から48.1％へと大幅に上昇し，すでに1〜2歳の子どもの約半数が保育サービスを利用している状況となっている。

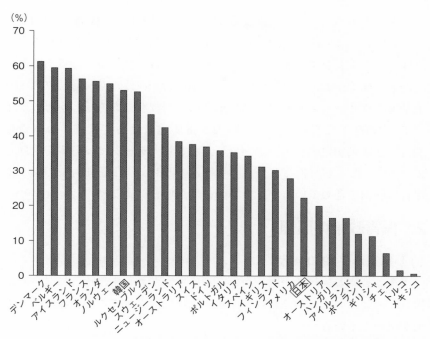

注：出典のデータのうち，1990 年代までに OECD に加盟した 28 か国を記載．アメリカは 2011 年，スイスは 2014 年，日本は 2015 年．
出典：OECD（2019）の"Chart PF3.2.A. Enrolment rates in early childhood education and care services, 0- to 2-year-olds"をもとに筆者作成．

図 10−2　3 歳未満児の保育・就学前教育サービス利用率の国際比較：2016 年

（2）保育・就学前教育の利用状況の国際比較

　では，このような日本の保育の利用状況は，国際的にどのような水準にあるのだろうか．図 10−2 は 3 歳未満児について，各国の保育・就学前教育サービスの利用率を示したものである．これは OECD のデータによるが，OECD 諸国では経済戦略の観点から就学前教育を重視する動きがあり，利用率のデータも保育と就学前教育をあわせて捉えられている[1]．国により保育・就学前教育の制度が異なるため，利用率の厳密な比較は難しいが，各国の利用率は大きく異なっている．

　図 10−2 をみると，日本の利用率は OECD28 か国のなかでも低いランクに位置している．日本の社会保障の統計で比較対象国となることが多い 5 か国についてみると，利用率の高い順にフランス，スウェーデン，

ドイツ，イギリス，アメリカとなっており，日本はこのいずれの国と比
べても低い。この5か国のうち，保守主義福祉レジームと称されるドイ
ツは従来，子どもは3歳になるまで家庭で母親が育てるべきであるとい
う観念が強く，2005年前後のデータを確認すると，3歳未満児の保育・
就学前教育サービスの利用率は日本とほぼ同程度である。しかし，ドイ
ツでは2000年代初めに保育の整備が重要施策として推進され（齋藤
2011），3歳未満児の利用率が上昇し，2015年のデータでは日本を上回っ
ている[2]。こうしてみると，日本も後述のとおり，少子化対策のなかで
保育の整備を進めているが，その動きは鈍いといえる。

2. 保育政策の展開

（1）戦後から1950年代

　現在，家族のニーズが明らかであるにもかかわらず，それに見合った
保育サービスの拡充がなされないが，それにはこれまでの保育政策の展
開が関わっている[3]。

　日本の保育政策は，保育所（認可保育所）を中心に展開されてきた。
保育所は児童福祉法に規定された児童福祉施設である。児童福祉法は福
祉法制のなかでも比較的早く1947年に制定されているが，その背景に
は，戦後の貧困と生活困窮のなかで，戦争孤児，浮浪児，非行児童への
対策が必要とされていたという状況がある。当初，厚生省（当時）は要
保護児童を対象とした「児童保護法」を構想していたが，最終的にはす
べての児童の福祉の増進を図るという高い理念を掲げた「児童福祉法」
が制定されている（中川 1976：278-279）。こうして制定された児童福祉
法において，それまでの託児所が保育所として，児童福祉施設のひとつ
に規定されている。戦前の託児所が生活困窮家庭を対象としていたのに
対し，保育所は所得に関係なく，「日々保護者の委託を受けて，その乳
児または幼児を保育することを目的とする施設」となっている。

　保育所はその後，「保育に欠ける」児童，すなわち母親が就労等で育
児ができない児童のための施設として位置づけられるが，当初の保育所
は対象を「保育に欠ける」児童に限定していない。しかも，注目される

ことに，保育所の機能として，女性の就労支援だけでなく，家庭の育児支援が想定されており，それには就労していない母親も対象に含まれている。このことは，児童福祉法の国会審議に対する『予想質問答弁資料』にみることができる。そこには保育所に関して，「勤労大衆の母が時間的に養育の任務より解放され，国家の経済，文化並びに政治的活動に参加し，又は，教養をうけ，休養することによって家庭生活の向上改善を図りその結果は乳幼児の福祉を増進させる基盤となります」，「その児童を保護する母親等の生活的余裕を与えることに重点があるのであります」，「家庭の主婦の勤労を助け，負担の軽減を図ろうとする趣旨に出ずるものであります」と記されている（児童福祉法研究会 1978：871,886,891）。

　このように，児童福祉法制定当時の保育所は，積極的な意義を持って位置づけられている。この点について，憲法の制定直後という時代背景から，「憲法の民主主義の理念，とりわけ，生存権，教育を受ける権利，勤労権，あるいは生命・自由・幸福追求の権利，両性平等などの人権尊重の精神が強く意識されていたのであろう」（田村 1992：31）との指摘がある。

　しかし一方で，保育所に関しては，当初より幼稚園との関係が議論となっていた。そして，1951 年 6 月の児童福祉法第 10 次改正において，幼稚園との性格の相違を明確にするために，保育所の対象は「保育に欠ける」児童に限定されている。ただし，このように対象を限定した背景には，保育所の増設がニーズに追いつかず，利用者を絞り込む必要があったという現実的な事情もある。

　その後，「保育に欠ける」の解釈は，徐々に対象範囲を狭める方向になっていく。厚生省児童局長によって執筆された 1951 年の『児童福祉法の解説と運用』では，「保育に欠ける」は「一般の家庭であるならとうぜん期待しうる保護養育をうけることのできない」という意味に解され，「親がしばしば外出し，児童の世話をみるものがほとんどいない」なども含めて解釈されている（高田 1951：145）。しかし，1957 年の児童局長による『児童福祉法の解説』になると，「保育に欠ける」は「その児童にとって最小限必要なめんどうをみてもらうことができないこと」に

限定され，親の労働の形態や疾病の程度が問われるようになる。たとえ
ば，保護者が内職に従事する場合などは，「通常そのかたわら児童の監
護にあたりうると思われる場合が多い」という理由から，「保育に欠ける」
とは解されていない。さらに，「家庭の経済的事情から，子守を雇うな
ど他に容易に保育の手段を講ずることの可能な家庭には，そのような方
法を講じさせ，真にやむをえない場合に限り入所の措置をとるべきであ
る」という入所の優先順位が示され，実質的に家庭の経済状態も問われ
るようになっている（高田 1957：157-158）。

　このように，1950年代になると，保育所は児童福祉法制定当初とは
異なり，家庭での養育を前提にそれが不可能な低所得家庭の子どもに対
して，家庭保育を補完する施設へとその性格が変わっていく[4]。ただし，
この段階では，子どもの保育ニーズが家族の自助努力で解決されるので
あれば，子どもの養育担当者が「子守」であってもよく，母親に特定さ
れてはいない。

（2）1960年代から1970年代半ば
　1950年代後半からの経済成長は，1960年代に入り，本格的な高度経
済成長期を迎える。高度経済成長政策では，核家族を前提に母親の就労
に関しては，子どもが乳幼児期は専業主婦となり，その後子どもから手
が離れたら再就職というパターンがモデルとされている。それは，経済
成長の達成には女性労働力が必要とされる一方で，子どもは将来の労働
力とみなされ，母親による子どもの養育が重視されていたからである。
たとえば，1963年に出された経済審議会の答申「経済発展における人
的能力開発の課題と対応」では，「婦人の能力を産業活動，経済活動に
有効活用することは，人的能力開発政策に重要な課題の一つ」とみなさ
れているが，同時に，「3歳以下の子供にとっては肉親の愛情のこもっ
た個別的な養育が望ましい」との考え方も支持されており，結論として，
中年の女性の能力開発活用が重視されている（経済審議会 1963）。

　この時期は保育政策においても，核家族をモデルに母親の育児が強調
されている。それは，1963年の中央児童福祉審議会保育制度特別部会

の「保育問題をこう考える（中間報告）」で示された，いわゆる保育の
7 原則に明確にあらわれている。7 原則とは，「第 1 原則：両親による愛
情に満ちた家庭保育」「第 2 原則：母親の保育責任と父親の協力義務」「第
3 原則：保育方法の選択の自由と，こどもの，母親に保育される権利」「第
4 原則：家庭保育を守るための公的援助」「第 5 原則：家庭以外の保育
の家庭化」「第 6 原則：年齢に応じた処遇」「第 7 原則：集団保育」であ
る。ここでは，家庭保育の重要性や母親の保育責任が具体的に強調され，
「原則として母親は，みずからの幼児を保育する義務と権利をもち，こ
れを果たすことが期待されている」「行政的にできることは，（中略）母
親の責任を強調すること，あるいは，少なくとも乳幼児期においては，
ほかの労働よりも，こどもの保育のほうを選びやすいように，施策面に
おいて配慮すること」と述べられている（厚生省児童家庭局 1978：
430-433）。

　しかし，現実の保育政策は，高度経済成長とともに増大する保育ニー
ズへの対応が緊急の課題となり，1960 年代半ば以降の中央児童福祉審
議会の意見書では，共働きの増加を背景に，児童の福祉を守るためには
保育対策の強化が必要，との認識も示されている。そして実際，1971
年からは社会福祉施設緊急整備 5 か年計画の一環として，保育所の整備
計画が実施され，1970 年代に保育所が大幅に増設されている。

　このように，高度経済成長期の保育政策では，理念的には母親による
家庭保育が強調されているが，実際には保育所が急増している。ただし，
この時期の保育所の整備は主に 3 歳以上の子どもを対象としたものであ
る。

（3）1970 年代半ばから 1980 年代

　1973 年秋のオイルショックにより，日本の高度経済成長は終焉を迎
え，1970 年代終わりごろから，いわゆる「日本型福祉社会論」が提唱
されるようになる。日本型福祉社会論においては，家族が福祉基盤とし
て社会保障を支えることが期待され，三世代同居家族が推奨される。し
かし，それは家族の変化に逆行するものであった。

　日本型福祉社会論やその基盤となっている自由民主党の「家庭基盤の充実に関する対策要綱」(1979 年) では，家族には子どもの養育に加えて，老親扶養も期待されているが，現実の家族は核家族化や共働き化により，保育ニーズを拡大させていた。

　中央児童福祉審議会でも，1970 年代半ばごろから，家庭の養育機能の低下が認識され，保育所についても，社会変動に応じた拡充の必要性が指摘されている。さらに，母親の主体的な就労や核家族化に伴う両親の育児不安など，保育ニーズの変化も認識され，新しい保育所の理念と役割を求める意見書も出されている。しかし，保育時間の大幅な延長や夜間におよぶ長時間保育については，乳幼児の福祉を基本に消極的な姿勢がとられている。

　このように，新たな保育所への転換の必要性が認識されてはいたが，基本的に保育所の性格が修正されることはなく，家族のニーズと保育所の提供するサービスにはミスマッチが生じていた。

　そのような状況を背景に，1980 年代になると，劣悪な無認可保育施設での乳幼児の死亡事故が相次ぐという，いわゆるベビーホテル問題が発生する。こうした深刻な事態を受けて，保育所の延長保育や夜間保育が「特別保育」として制度化されたが，十分な展開はみられない。結局，1980 年代は多様な保育ニーズへの対応が求められたにもかかわらず，事実上，母親による家庭保育原則が維持され，保育政策は実質的に進展しなかったといえる。

（4）1990 年代以降

　1990 年代に入ると，保育政策は少子化対策の中心的施策として急展開していく（内閣府 2019）。少子化が社会問題化する契機となったのは，1990 年 6 月，前年 1989 年の合計特殊出生率（1 人の女性が生涯に何人の子どもを産むかの予測指数）が 1.57 と発表されたことである。1.57 という合計特殊出生率は，丙午（ひのえうま）の年であった 1966 年の 1.58 を下回り，当時，日本の史上最低を記録したため，「1.57 ショック」として社会に衝撃を与えた。

　この低出生率に危機感を抱いた政府は，同年 8 月に関係 14 省庁による「健やかに子どもを生み育てる環境づくりに関する関係省庁連絡会議」を設置し，翌年 1 月に報告書を発表している。報告書では，まず出生率の低下による経済全般や社会保障への影響が確認され，つぎに結婚・子育ては個人の選択の問題であり，政府が介入すべき問題ではないと留保したうえで，結婚・子育てに意欲のある人々に対して環境を整備することは社会的課題であり，そのために家庭生活と職業生活の両立を中心とした子育て支援を推進する必要がある，と述べられている。このように，1.57 ショックという衝撃のもと，政府は出生率低下への対応を重要な政策課題として位置づけ，その対策として，仕事と子育ての両立支援を柱とする子育て支援を進めるという方針を示したのである。

　その後，「少子化」が「高齢化」に拍車をかける要因として認識されるようになり，子育て支援が高齢者施策とともに重視されていく。1994 年 3 月には，総合的な福祉計画である『21 世紀福祉ビジョン——少子・高齢社会に向けて』（高齢社会福祉ビジョン懇談会）が発表され，そのなかで，「安心して子どもを生み育てられる環境づくり，社会的支援体制の整備」のための総合的な計画の必要性が指摘された。

　それを受けて 1994 年 12 月，子育て支援の総合的計画として，いわゆる「エンゼルプラン」が策定されている。エンゼルプランでは基本的視点として，「安心して出産育児ができる環境整備」「家庭における子育てを支援する社会システムの構築」「子育て支援における子どもの利益の最大限の尊重」が掲げられ，さらに「子育てと仕事の両立支援」「家庭における子育て支援」「子育てのための住宅及び環境の整備」「ゆとりある教育の実現と健全育成の推進」「子育てコストの軽減」という 5 つの基本的方向に則して，子育てにかかわる福祉，雇用，教育，住宅などの重点施策が示された。

　エンゼルプランは，各政策の優先順位や政策目標値などの具体性に欠けていたため，同時期に，保育に関する具体的計画として，「緊急保育対策等 5 か年事業」が発表されている。そこでは，ニーズの高い 3 歳未満児の保育や延長保育などの大幅拡充を目的に，1995 年度から 1999

年度までの具体的な整備目標値が示されている。これにより，3歳未満児を対象にした保育の拡充が図られたが，ニーズを満たすには至っていない。そのため，緊急保育5か年事業の最終年度には，「少子化対策推進基本方針」が閣議決定され，その方針に基づき，新エンゼルプランが策定されている。そこでは，さらに5か年計画で子育て支援策の目標値が設定されており，3歳未満児の保育の拡大も盛り込まれている。

　このように，1990年の1.57ショックを契機として，出生率低下に政府が危機感を抱いたことで，少子化対策として保育の整備が政策課題となり，3歳未満児の保育の拡充が図られている。

（5）2000年代以降

　1990年代に保育所の定員は確実に増加しているが，利用ニーズはそれを上回る状況が続き，2000年代以降は「待機児童対策」が推進されていく（内閣府 2019）。政府は2001年に「待機児童ゼロ作戦」を打ち出し，以後，2004年に「子ども・子育て応援プラン」，2008年に「新待機児童ゼロ作戦」，2010年に「子ども・子育てビジョン」「待機児童解消『先取り』プロジェクト」，2013年に「待機児童解消加速化プラン」，2017年に「子育て安心プラン」と，具体的な数値目標を掲げた計画を次々と掲げ，実際に保育の拡充を進めている。それでもなお，次節でみるとおり，待機児童は解消していない。

　また，2015年からは保育制度が大きく変わり，子ども・子育て支援新制度が施行されている。これは，2012年に成立した子ども・子育て関連三法に基づき，幼児期の学校教育・保育，地域の子ども・子育て支援を総合的に推進する，という新たな制度である。保育に関してみると，新制度では，保育所や認定こども園による保育だけでなく，小規模保育，家庭的保育，居宅訪問型保育，事業所内保育も「地域型保育」として制度化されている。その狙いは，小規模保育や家庭的保育等により，通常の保育所（原則20人以上）の用地確保が困難な都市部において，保育の供給を増やすことにある。よって，これも待機児童対策といえる。

　この新制度の施行に伴い，保育所の対象も「保育に欠ける」児童から

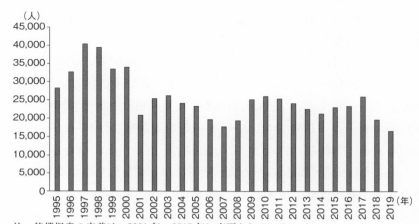

注：待機児童の定義は，2001 年，2015 年に変更されている．
出典：厚生労働省（2000）および同省の「保育所関連状況取りまとめ」「保育所等関連
　　　状況取りまとめ」（各年 4 月 1 日）をもとに筆者作成．

図 10－3　待機児童数の推移

「保育を必要とする」児童に改められているが，就労等で親が日中育児
ができない家庭の子どもを対象としている点は変わっていない。新制度
の下で保育を利用するには，「保育の必要性」の認定を受ける必要がある。

3．待機児童問題

（1）待機児童数の推移

　では，待機児童はどれぐらいいるのだろうか。厚生省（当時）は
1994 年から，保育所に入れない児童を待機児童とみなし，その人数を
調査している[5]。図 10－3 は 1995 年から 2019 年までの待機児童数の
推移を示したものである。ただし，この間，待機児童の定義は二度，大
きな変更がなされているため，推移をみる際には注意が必要である。

　当初から 2000 年までの待機児童は，保育所への入所申込を行ったに
もかかわらず入所できなかった児童を指すが，2001 年からは待機児童
の範囲が狭くなり，保育所に入所できなかった場合でも，地方自治体の
単独保育事業（自治体が独自に認証している小規模保育所や保育ママ等）
を利用している場合や，他に入所可能な保育所があるが，特定の保育所
を希望して待機している児童は，待機児童から除かれている。この定義

により，2001 年の待機児童数は 2.1 万人となっているが，同年の待機児童を旧定義で算出すると，3.5 万人になると公表されている。旧定義より 1.4 万人の減少となっており，定義の変更による影響は大きい。

さらに，2015 年からは子ども・子育て支援新制度の施行に伴い，待機児童は保育所，認定こども園のほか，前述の地域型保育も含めて，新制度の対象となる保育について利用の申し込みをしたが，利用できなかった児童に改められている（福士 2017）。

このように定義が異なるために，断続的にしか変化を捉えることができないが，新制度施行後の 2015 年以降についてみると，年次によって増減があるものの，待機児童数は 2018 年には 2 万人を割り，2019 年は調査開始以来，最も少ない 1.6 万人となっている。こうしてみると，全体としては減少傾向がうかがえる。しかし，各家庭にとって，保育が利用できるか否かは決定的に重要であり，2019 年の待機児童 1.6 万人が過去最少であったとしても，この 1.6 万人の子どもとその親にとって，保育が利用できない状況は深刻な事態である。

しかも，待機児童数として顕在化しているのは，入所の申し込みに至った場合のみであり，保育所に入所できるのであれば，子どもを預けて働きたいと考えている場合は含まれていない。潜在的な待機児童数を含めれば，待機児童数は公表されている人数を大きく上回るのは確実である。待機児童は市町村でみると都市部に多く，年齢でみると 3 歳未満児が多いことから，待機児童問題は，都市に暮らす乳幼児のいる家族に重大な影響を与えているといえる。

（2）待機児童対策の問題

政府は待機児童対策を進めているものの，家族のニーズを充足するに至っていない。現在の待機児童の多くは 3 歳未満の子どもであるが，保育の実施主体である地方自治体（以下，自治体）にとって，0 歳児保育や 1・2 歳児保育は財政負担が大きい事業である。保育の運用にかかる公費については，自治体のみが負担するわけではなく，国が保育に要する費用として設定した基準に基づき，国と自治体で分担している。しか

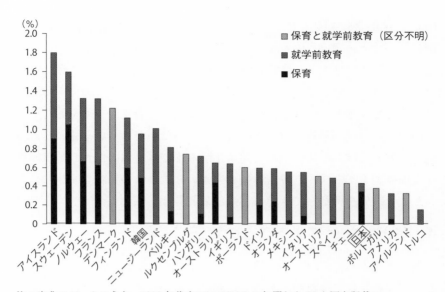

注：出典のデータのうち，1990 年代までに OECD に加盟した 26 か国を記載.
出典：OECD（2019）の "Chart PF3.1.A. Public spending on early childhood education and care" をもとに筆者作成.

図 10－4　保育・就学前教育に対する公費支出の国際比較：対 GDP 比（2015 年）

し，国の基準は必ずしも現実を反映したものとはいえず，都市部では国の基準では十分でないため，独自の財源で追加負担している自治体が少なくない。また，保護者の保育料についても，国が設定している徴収基準では高すぎるとして，独自の負担で国の設定より減額している自治体もある。つまり，国の基準より手厚く保育に費用をかけている自治体ほど，保育の拡充による財政負担が重くなるのである。

　政府の待機児童対策は，主に，保育所の民営化や規制緩和によって受け入れ児童数の拡大を図ろうとするもので，いわば「保育の市場化」を進める政策となっている。しかし，それには保育の質の低下を招くという懸念があり，政策は保育の量と質をトレードオフの関係に陥らせるものとなっている。

　結局，保育の公費負担がネックになっているといえるが，保育・就学前教育に対する公費の投入という点で，日本は必ずしも多くを投入している国ではない。図 10－4 で保育・就学前教育に対する公費支出の対

GDP の国際比較をみると，国により格差があるが，日本は OECD26 か国のなかでも公費支出の水準が低い国といえる。前述の 5 か国と比べると，アメリカは日本よりは低いが，ドイツ，イギリスは日本の約 1.5 倍，フランスは日本の 3 倍強，さらにスウェーデンは日本の 4 倍である。

　こうしてみると，日本も待機児童対策により公費支出を増やしているものの，先進国の平均的な水準には追いついていないといえる。これは見方を変えれば，少子化が社会問題化するまで，日本の保育政策は家庭保育の原則をベースに，費用負担の大きい 3 歳未満の保育を家族に依存し，公費投入を抑制してきたことの結果とも考えられる。

4. 子どもをケアすることの責任

　以上のとおり，1990 年代以降の少子化対策のもと，保育は重点政策として推進されてきたが，子育て家族の保育ニーズは満たされないまま残されている。このような事態は，母親による育児を原則とする保育政策の限界を示している。長年，保育政策は「保育に欠ける」児童を対象としてきた。子ども・子育て支援新制度の施行により，保育制度から「保育に欠ける」という文言は消えているが，新制度でも保育所を利用できるのは「保育を必要とする」児童とされており，実質的に「保育に欠ける」児童と変わりはない。「保育に欠ける」とは，母親による育児を常態とみなし，母親が就労等のために日中子どもの世話ができないことを欠損状態と捉え，その欠損を児童福祉の観点から保育によって満たすという考え方である。子ども・子育て支援新制度で保育を利用するためには，自治体から「保育の必要性」の認定を受けなければならないが，必要性の事由としては，親の就労や病気が基本である。さらに，待機児童の多い都市部などでは，ふたり親世帯かひとり親世帯か，共働き世帯のなかでもフルタイムかパートタイムか，近所に親族がいるかいないか等によって，必要性の度合いが細かく点数化され，保育を利用できるかどうかが選別される。それはまさに，保育政策によって，子育て家族の間にいくつもの分断線が引かれている状況である。

　はたして，「保育に欠ける」あるいは「保育を必要とする」児童を対

象とする保育政策に問題はないのだろうか。子育てに必要な資源である
ケア労働という点からみると，これは親が子どもに対するケア労働を全
面的に担うことを前提とした政策である。実際，子ども・子育て支援新
制度を導入するために制定された「子ども・子育て支援法」(2012 年 8
月成立) では，基本理念のなかで「子ども・子育て支援は，父母その他
の保護者が子育てについての第一義的責任を有するという基本的認識の
下に」と規定されており，父母の第一義的責任が明文化されている。も
ちろん，親が子どもの養育に責任を負っていることはいうまでもない。
国連の子どもの権利条約においても，「父母又は場合により法定保護者
は，児童の養育及び発達についての第一義的な責任を有する」(第 18 条)
と規定されている。しかし，親が子に対するケア労働に専念することが，
親の責任と一律にみなすことはできない。親のライフスタイルを尊重し
たうえで，その養育責任の遂行を社会的に支えていくことが重要であり，
そのためには，子に対するケア労働の社会化が必要である。

　従来，子どもが親だけによってケアされてきたわけではない。地域や
親族の多様な大人たちによってケアされてきた。しかし，産業化や都市
化の進行とともに，現代家族は外部社会との境界を明確にし，同時に，
家族による子どものケアを支えてきた親族や地域社会の役割は縮小して
きた。その結果，現代の家族の育児構造は極めて単純なものとなり，子
どものケアの担い手が親 (主として母親) のみに集中している (渡辺
1994：73)。このことは，子どもにとって，育まれる社会が縮小してい
ること意味する。ケア労働の社会化により，子どもが親以外の大人から
ケアを受ける環境を作り出すことは，現代社会における必然的課題であ
る。

　ケア労働は労働集約的な対人サービスであり，ケア労働の社会化には
十分な財源投入が必要となる。そこで問題となるのが，その社会的合意
を得るための論理である。保育に関しては，少子化対策として進められ
るなかで公費投入も増えているが，その際，保育を未来への「投資」と
みなす議論もなされている。財政抑制の圧力に抗して，保育を拡充する
ためには，経済的な論理による説明が戦略的には必要なのかもしれない。

しかし,「投資」としてでなければ,すなわち,リターンが期待できなければ,保育への公費投入は認められないものだろうか。そうなると,投資の対象となる子どもは限定されかねない。

　子どもはどのような存在なのか,子どもをケアすることはどのような営みなのか,という根源的な議論が必要であろう。いうまでもなく,人間は生理的に未成熟な状態で誕生する。そのため,未成熟な期間は,人は子どもとして大人から保護を受ける対象とみなされ,特別の配慮を受ける。このような子ども観は近代社会が獲得した貴重な概念である。近代社会において,子どもは家族のなかで,親によって愛情と世話を受けて養育されることを基本としている[6]。よって,子どもの養育の第一義的な責任と権利は親にある。その意味において,子どもは私的な存在といえる。

　しかし他方,子どもは社会のメンバーであり,子どもとしての権利を有する存在でもある。社会のメンバーとしての子どもは,大人と同時代を共に生きるという点からみれば共時性を有する存在であるが,明らかに,次代を生きる人々であり,現在の社会,文化の継承者である。つまり,子どもは次世代という公共性を帯びた存在でもある。

　現在の世代は前の世代から引き継いだ社会,文化を次世代につないでいく責任がある。時間的空間的広がりのなかでみた社会の永続性,世代間の責務という観点から,次世代の育成,すなわち子どもをケアし,健全に育てることは公的な責任ともいえる。

　子育てに必要な資源であるケア労働は,子ども・子育ての私事性と公共性をもとに,家族と社会で担うという考え方を基本に保育政策は進められるべきである。

》》 注

1 ）OECD 諸国では経済戦略の観点から，良質な保育・早期教育への関心が高まっており，低年齢児の保育・就学前教育を国にとっての投資と捉える動きがある。
2 ）OECD （2019）の "PF3.2 Enrolment in childcare and pre-school, Enrolment rates in early childhood education and care services, 0- to 2-year-olds" の時系列データによる。
3 ）保育政策の歴史に関する記述の多くは，下夷（1992）によるものである。
4 ）その後，1962 年に児童局長通知によって，「児童福祉法による保育所への入所の措置基準」として 7 項目が示され，その範囲がさらに明確に限定される。
5 ）福士（2017：5）によると，厚生省は 1994 年の調査について，実態を反映した数値とはいえない，としているという。
6 ）たとえば，国連の「子どもの権利条約」には，子どもには親を知り，親に育ててもらう権利があること（第 7 条），子どもには親と引き離されない権利があること（第 9 条），子の養育責任は第一義的に父母にあること（第 18 条）が規定されている。

参考文献

福士輝美，2017，「待機児童対策の 20 年と現在の課題」『レファレンス』794：1-28，（2020 年 2 月 1 日取得，https://dl.ndl.go.jp/info:ndljp/pid/10315717）.
児童福祉法研究会，1978，『児童福祉法成立資料集成 上巻』ドメス出版.
経済審議会，1963，『経済発展における人的能力開発の課題と対策』大蔵省印刷局.
国立社会保障・人口問題研究所，2019，「人口統計資料集（2019 年版）」，（2019 年 12 月 9 日得，http://www.ipss.go.jp/syoushika/tohkei/Popular/Popular2019.asp?chap=0）.
厚生労働省，2000，「保育所等関連状況取りまとめ（平成 31 年 4 月 1 日）」，（2020 年 2 月 13 日取得，https://www.mhlw.go.jp/content/11907000/000544879.pdf）.
厚生省家庭局，1978，『児童福祉 30 年の歩み』日本児童問題調査会.
内閣府，2019，『令和元年版 少子化社会対策白書』，（2020 年 2 月 13 日取得，https://www8.cao.go.jp/shoushi/shoushika/whitepaper/measures/w-2019/r01webhonpen/index.html）
中川良延，1976，「児童福祉法の制定とその意義——わが国における児童福祉政策の出発点」福島正夫編『家族 政策と法 2 現代日本の家族政策』東京大学出版会：267-288.
OECD, 2019, OECD Family Database, （2020 年 1 月 31 日取得，http://www.oecd.

org/social/family/database.htm）.

齋藤純子，2011，「ドイツの保育制度——拡充の歩みと展望」『レファレンス』721：
　　29-62,（2020 年 2 月 1 日取得，https://dl.ndl.go.jp/info:ndljp/pid/3050326）.

下夷美幸，1992,「家族政策の歴史的展開——育児に対する政策対応の変遷」社会
　　保障研究所『現代家族と社会保障——結婚・出生・育児』東京大学出版会：
　　251-272.

高田浩運，1951,『児童福祉法の解説』時事通信社.

高田正巳，1957,『児童福祉法の解説と運用』時事通信社.

田村和之，1992,『保育所行政の法律問題 新版』勁草書房.

渡辺秀樹，1994,「現代の親子関係の社会学的分析——育児社会論序説」社会保障
　　研究所『現代家族と社会保障——結婚・出生・育児』東京大学出版会：71-88.

11 | 育児休業制度

本章では，子育てに必要な資源のひとつである「時間」に焦点をあて，育児休業制度について考える。まず，出産・育児に関する休暇の概念を確認し，つぎに，育児休業制度のこれまでの展開と現行制度について把握する。そして，近年の政策課題となっている男性の育児休業の問題を検討し，最後に，家族政策の観点から，育児休業制度の両義性と課題について考察する。

1. 出産・育児に関する休暇概念

（1）女性の就業をめぐる意識と実態

子育てには経済的費用やケア労働だけでなく，「時間」という資源も必要である。とくに，働く親にとって，子どもが誕生後の一定期間，子育てのための時間を確保することは重要な問題である。そこで求められる支援が育児休業制度による時間保障である。

育児休業制度の必要性が高まっているが，その背景には，子育て家族の核家族化のほか，女性の就業に関する意識と実態の変化がある。内閣府の調査から，女性が職業を持つことに対する意識の変化をみると，1992年の調査では「子供が大きくなったら再び職業をもつ方がよい」が男女とも最も多いが，その後，減少している。一方，「子供ができても，ずっと職業を続ける方がよい」は増加の一途で，男性では2002年，女性では2004年の調査で「子供が大きくなったら再び職業をもつ方がよい」を上回り，2016年の調査では男女とも5割を超えている（内閣府2019a）。このように，女性のライフコースに対する人々の考え方は変化しており，女性が出産後も就業を継続することへの支持が広がっている。

　では，実際に女性が出産後も就業を継続しているのだろうか。国立社会保障・人口問題研究所の調査をみると，2015年の調査で出産後の女性の継続就業率が上昇しているのがわかる。調査結果によると，第1子の出産前に就業していた既婚女性のうち，出産後に就業を継続した女性の割合は，第1子を1985年から2009年に出産した女性では4割前後であったが，2010年から2014年に出産した女性では53.1％に上昇している（国立社会保障・人口問題研究所 2017）。このように2010年代に入り，女性の継続就業率が上昇しているが，いまだ半数近くの女性が出産を機に離職しており，今後も育児休業のニーズは高いといえる。

（2）出産・育児のための休暇

　育児休業の検討に入る前に，出産・育児のための休暇について確認しておこう。OECDの資料では，出産・育児のための休暇が母親休暇，父親休暇，親休暇という区分で整理されている[1]。

①母親休暇（産前・産後休暇）

　母親休暇とは，女性労働者が雇用を保障されたうえで，出産の前後に取得できる休暇のことである。OECD諸国ではアメリカを除くすべての国で法制化されており，休暇期間はILOの基準に即して14週以上となっている国がほとんどである。休暇中の所得保障は国によって異なるが，概して手厚くなっており，賃金の80％から100％の国が多い。

　日本では産前・産後休暇として，労働基準法に産前6週間（多胎妊娠の場合は14週間），産後8週間が規定されている。産前休暇は，女性従業員が請求した場合に取得できる。一方，産後休暇のほうは，女性従業員が請求しなくても，就業させてはならないとされている[2]。これは母体保護のため，基本的に8週間は働いてはならない，ということである。

　産前・産後休暇期間中の所得保障としては，賃金の2/3が健康保険から給付される。この給付水準は，OECD諸国の給付率に比べると低いといえる。出産のために働けない期間であることを考えると，働く女性にとって，産前・産後に賃金の1/3を喪失することは，出産することへのペナルティとも受け止められる。

②父親休暇（配偶者出産休暇）

父親休暇とは，男性労働者が雇用を保障されたうえで，子の誕生に関して取得できる休暇のことである。ILO の基準はないが，北欧諸国やフランス，イギリス，オランダ，ベルギー等で法制化されている。父親休暇は，概して，母親休暇より期間がかなり短く，数日から 2 週間程度が多い。そのため，父親休暇を取得した場合の所得保障は，賃金がフルカバーされる国も少なくない。

日本では，母親の産前・産後休暇のように労働者一般の権利としては法制化されていない。ただし，企業によっては，妻が出産する男性労働者に対して，病院の入退院，出産の付添い等のために，配偶者出産休暇を設けている場合もある。公務員については，特別休暇（有給）として，配偶者出産休暇が 2 日以内で取得できる。また，公務員では，「男性職員の育児参加のための休暇」が設けられており，妻の産前 6 週間，産後 8 週間の間に 5 日以内で休暇を取得できる[3]。

③親休暇（育児休業）

親休暇とは，労働者が雇用を保障されたうえで，子の育児のために取得できる休暇のことである。母親休暇や父親休暇よりも，一般に休暇取得の期間が長く，日本の育児休業がこれにあたる。この制度は多くの国で実施されているが，取得の要件，期間，所得保障は国によってさまざまで，その制度設計によって，支援の実効性も異なるといえる。たとえば，休暇の取得要件として長期の就業期間が課されたり，パート労働者が排除されたりすれば，実質的に取得できる労働者は限られる。また，所得保障が十分でなければ，事実上，取得が困難なケースがでてくる。そのほか，休暇の取得方法の柔軟性も，支援の効果に大きく影響する。たとえば，親と子の状況に応じて，両親による休暇取得の期間や時間の分割や組み合わせなど，さまざまな休暇の取り方が認められれば，支援効果は大きくなる。

2. 育児休業制度の変遷

（1）育児休業法成立までの経緯

　女性労働者に対する産前・産後の休暇は，1947 年制定の労働基準法で規定されていたが[4]，育児休業が一般の労働者に法的権利として保障されるようになるのはかなり遅く，1990 年代に入ってからである[5]。

　最初に育児休業に関して法律に規定されたのは，1972 年に成立した勤労婦人福祉法においてである。しかしそれは，乳幼児を養育する女性労働者について，育児休業等を実施する努力義務を事業主に課すにとどまっていた。

　その後，1975 年に特定職種の女性公務員に育児休業が法制化され，公務員の女性教員，看護婦（当時），保母（当時）に対して，子が1歳になるまで，無給の育児休業が認められている（文部省 1992）。しかし，そのほかの公務員や民間の労働者には，育児休業が保障されていなかったため，出産後の保育の見通しが立たない場合，女性は出産退職を余儀なくされていた。

　一方，国際的には，1975 年の国際婦人年，1979 年の女子差別撤廃条約の採択など，国連を中心に男女平等の達成に向けた動きが活発化していた。日本も 1975 年に女子差別撤廃条約に署名しており，その批准に向けた国内法の整備の一環として，1985 年に男女雇用機会均等法が成立する。しかし，男女雇用機会均等法は勤労婦人福祉法を改正したものであり，育児休業については，女性労働者を対象とした事業主の努力義務という従来の規定が引き継がれ，国がその普及のために助言，指導，その他の援助に努めること等が定められたにすぎない。

　労働界からは育児休業の制度化が要求され続けていたが，経済界の反対が強く，実現に至らなかったのである。それが 1990 年代に入り，育児休業をめぐる動きは急転する。

（2）育児休業法の成立とその後

　1990 年のいわゆる「1.57 ショック」（本書第 10 章）を契機に，企業

も少子化や労働力不足への対応を迫られるようになり，また，経済のソフト化やサービス化による女性労働力の必要性も高まっていたことから，1991 年に育児休業法が成立する[6]。

　育児休業法は 1992 年 4 月に施行され，これにより，男女の労働者は子が 1 歳になるまで，原則 1 回，育児休業を取得できるようになった。ただし，休業中は無給であり，休業中の給付金も制度化されていない。法律の制定当初から，男性労働者も対象に含まれている点は注目されるが，休業中の所得保障もなく，男性の取得は現実的ではなかったといえる。

　なお，日々雇用される労働者や，期間を定めて雇用される労働者（有期契約労働者）は，育児休業の対象外となっている。

　その後は少子化の進行とともに，育児休業制度の内容が徐々に整備され，休業中の所得保障については，1995 年 4 月以降，雇用保険から育児休業給付金が支給されている。導入された育児休業給付金は休業前の賃金の 25 ％とされ，25 ％のうち 20 ％は休業中に支給され，残りの 5 ％分は職場復帰後に支給される仕組みであった。

　2000 年代に入ると，給付率が少しずつ改善され，2001 年 1 月からは休業前賃金の 40 ％となり，休業中に 30 ％分，職場復帰後に 10 ％分が支給されている。さらに，2007 年 10 月からは休業前賃金の 50 ％に引き上げられ，職場復帰後の支給が 10 ％分から 20 ％分になっている。このように従来，休業中と職場復帰後に分割して支給されていたが，2010 年 4 月からは給付方法が改められ，全額が休業期間中に支給されている。そして，2014 年 4 月以降は，休業開始から 6 か月間の所得保障が手厚くなり，この間は休業前賃金の 67 ％が支給されている。

　また，休業期間については，待機児童問題への対応が図られている。育児休業は原則として子が 1 歳になるまでであるが，2005 年 4 月からは保育所に入れない等の一定の条件を満たす場合には，子が 1 歳 6 か月まで延長が可能となっている。さらに，2017 年 10 月からは，1 歳 6 か月に達した時点で保育所等に入れない等の場合，最長 2 歳まで再延長が認められる。なお，延長した期間については，育児休業給付金が継続し

て支給される。

　また，2009年の法改正では，男性の育児休業取得を促進するための仕組みが導入されている。具体的には，2010年6月から，父母ともに育児休業を取得する場合には，原則として子が1歳までのところを1歳2か月まで休業できるようになっている（「パパ・ママ育休プラス」）。また，父親が子の出生後8週間以内に育児休業を取得した場合には，特別な事情がなくても再度，育児休業を取得できるようになっている（「パパ休暇」）。

　そのほか，育児休業取得の対象者に関して，有期契約労働者も一定の条件を満たせば対象に含まれる改正がなされ，2005年4月から，同一事業主に引き続き雇用された期間が1年以上で，子が1歳に達する日を超えて引き続き雇用されることが見込まれる場合には対象となっている。さらに，2017年1月および10月に，その適用の条件が緩和されている[7]。

　このように1991年の育児休業法成立後，徐々に手直しがなされ，育児休業は男女の労働者に対して，原則として子が1歳になるまで（保育所等に入れなければ最長2歳になるまで），半年間は休業前賃金の67%，その後は50%が雇用保険から休業期間中に支給される制度となっている[8]。加えて，父親が育児休業を取得すれば，さらにメリットが受けられる仕組みが導入されており，制度の内容としては一定の水準まで整備が進んできたといえる。

3. 男性の育児休業

（1）育児休業取得におけるジェンダー・バイアス

　では，育児休業はどれぐらい利用されているのだろうか。図11-1は民間企業の男女の労働者について，育児休業取得率を示したものである。これをみると，制度導入後，女性の育児休業取得率は着実に上昇し，8割を超える水準で定着しているのがわかる[9]。一方，男性の育児休業取得率は1996年の0.12%から2005年頃までは高くても0.5%をわずかに超える程度である。その後，2010年代前半までは2%を超える年も

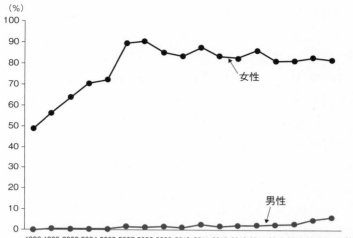

注：育児休業取得率は，調査前年度1年間に出産した者（男性の場合は配偶者が出産
　　した者）のうち，調査時点までに育児休業を開始した者（開始予定の申出をして
　　いる者を含む）の割合．1997年，1998年，2001年，2003年，2006年はデータが
　　得られない．2011年の数値は，岩手県，宮城県，福島県を除いたもの．
出典：厚生労働省（2019b）をもとに筆者作成．

図11−1　育児休業取得率の推移

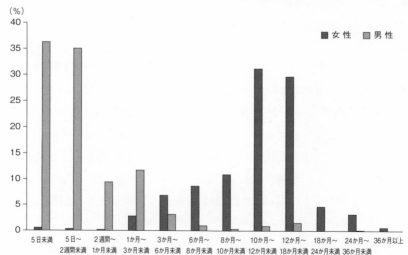

注：2017年4月1日から2018年3月31日までの1年間に育児休業を終了し，復職し
　　た者に対して，育児休業の取得期間を聞いたもの．
出典：厚生労働省（2019b）をもとに筆者作成．

図11−2　育児休業取得期間別の割合：2018年度調査

みられるものの低迷した状態が続き，ようやく 2010 年代後半から上昇傾向が認められ，2018 年は 6.16 ％となっている。しかし，男性の育児休業取得率は依然として低く，女性の取得率との格差はきわめて大きい。

　さらに，取得期間においても男女間で大きな差がある。図 11 － 2 は，育児休業を取得した男女の取得者について，取得期間別の割合を示したものである。これをみると，女性は「10 か月から 12 か月未満」が最も多く，次いで「12 か月から 18 か月」となっており，10 か月以上の取得が 7 割を占めている。それに対して，男性で最も多いのは「5 日未満」，次いで「5 日から 2 週間未満」となっており，2 週間未満の取得が 7 割を占めている。男性では長期の取得が非常に少なく，男性の 9 割以上が 3 か月未満の取得である。

　このように，男性の育児休業取得率は上昇してきているとはいえ，女性に比べて，きわめて低い水準にあり，取得期間も圧倒的に短く，育児休業の取得におけるジェンダー・バイアスは歴然としている。

（2）男性の育児休業取得促進策

　育児休業は制度上，男女の労働者を対象としているが，実際には女性の取得に偏っている。こうした状況が是正されなければ，育児は女性の役割という性別役割分業を固定化することになる。男性の育児休業取得率は低調にとどまっているが，取得の意欲が低いわけではない。内閣府の 2018 年の調査によると，子どもを持つ意向のある男性のうち，「子どもができても取得したくない」または「どちらかと言えば取得したくない」と答えたのは 1 割程度で，未婚，既婚，子どもの有無にかかわらず，「ぜひ取得したい」が約 3 割，これに「どちらかと言えば取得したい」を含めると 6 割を超える男性が取得を希望している。（内閣府 2019b：44）。

　育児休業は親に対して，就労と子育ての権利を保障するのみならず，子どもに対して，親に養育される権利を保障するものでもあり，それには母親だけでなく父親に養育される権利も含まれる。この点からも，育児休業のジェンダー・バイアスは是正が求められる。

　政府も少子化対策や経済政策の一環として，男性の育児休業の取得を推進しており，2015 年 3 月に閣議決定された「少子化社会対策大綱」や 2018 年 6 月に閣議決定された「未来投資戦略 2018」で，男性の育児休業取得率を「2020 年までに 13 ％」という数値目標を掲げている（厚生労働省 2019a：52）。

　男性の育児休業取得を推奨するために，啓発活動や広報事業も行われており，厚生労働省では 2010 年から「イクメンプロジェクト」を展開している [10]。

　制度上，男性の取得を促す仕組みも導入されており，取得にインセンティブを高める政策として注目されるのが，「パパ・ママ育休プラス」である。これは，父母ともに育児休業を取得すれば，原則として子が 1 歳までの休業期間を 1 歳 2 か月まで延長できる，というものである。つまり，母親だけでなく父親も取得すれば，育児休業が 2 か月分プラスになる制度で，休業中の育児休業給付金の支給も 1 歳 2 か月まで延長される。

　ただし，父母それぞれが育児休業を取得できるのは 1 年までとなっており，父親の場合は育児休業期間として上限 1 年間，母親の場合は産後休業期間と育児休業期間を合わせて上限 1 年間である。よって，パパ・ママ育休プラスを利用する場合，たとえば妻が産後休暇からそのまま子が 1 歳になるまで育児休業を取得するケースであれば，プラスの 2 か月分は夫が取得することになる。この場合，夫が取得しなければ，2 か月分の権利は失効する仕組みである。

　たとえば，パパ・ママ育休プラスの利用例として，イクメンプロジェクトでは前述のパパ休暇（父親が子の出生後 8 週間以内に育児休業を取得した場合には，再度，育児休業を取得できる制度）とあわせて活用する方法を紹介している。妻が産後休暇からそのまま子が 1 歳になるまで育児休業を取得する場合であれば，**図 11−3** に示されているとおり，夫が子の出生から 8 週間の育児休業を取得して，妻の産後直後の時期の育児を担い，さらに 1 歳から 1 歳 2 か月まで 2 回目の育児休業を取得して，妻の復職直後の時期の育児を担う，といった取得方法である。

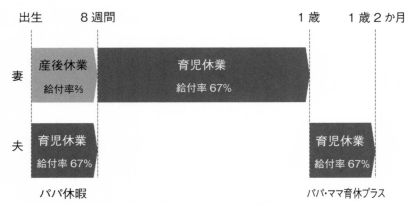

出典：イクメンプロジェクト事務局（2017）をもとに筆者作成.

図11－3　パパ・ママ育休プラスの利用例

　パパ・ママ育休プラスは，ノルウェーやスウェーデンの制度に倣った ものといえる。これらの国では，男性の育児休業取得にインセンティブ を付与するために，休業のうち一定期間を父親と母親それぞれに割り当 てている[11]。たとえば，スウェーデンは1974年に世界で初めて男女を 対象とした育児休業中の給付制度を導入した国だが，取得者は女性に 偏っていた。そこで，1995年に給付が受けられる期間の一部を父親と 母親に割り当てるクォータ制を導入している。父母それぞれに割り当て る期間は，当初は1か月であったが，2002年に2か月に延長され， 2016年に3か月へと引き上げられている（高橋 2018）。スウェーデン の現行制度では（2020年2月時点），育児休業中は父母あわせて480日 間の両親手当の受給権があり，480日のうち390日は休業前賃金の約 80％，残り90日は定額（最低保証額）が支給される。約80％の所得 保障となる390日のうち，父母それぞれに90日分が割り当てられてお り，これは相手に譲渡することができない。この90日分は「パパの月」 「ママの月」と呼ばれ，それぞれが育児休業を取得すれば，80％の所得 保障の手当が受けられるが，育児休業を取得しなければ，手当の受給権 は消滅する（濱野 2017）。

　スウェーデンでは，クォータ制の成果によるものかどうかは明らかで

はないが，男性の育児休業の取得が進展している。それは，育児休業中に給付される両親手当の受給日数のうち，男性が受給した日数の割合（以下，男性の取得シェア率）をみるとわかる。1974 年の制度導入当時，両親手当受給日数の 99.5 ％は女性によるもので，男性の取得シェア率は 0.5 ％にすぎなかった。しかしその後，男性の受給日数は増加し，2017 年の取得シェア率は 27.9 ％になっている（高橋 2018）。つまり，スウェーデンの育児休業全体の 3 割は，男性が取得しているということである。依然として男女の格差は大きいものの，取得日数を基準にした比率が「女性 7 割，男性 3 割」という実態から，男性の育児休業が社会に定着している状況がうかがえる。

　日本のパパ・ママ育休プラスの利用状況については，年次統計がとられていないが，厚生労働省の 2015 年度の調査によると，育児休業から復職した労働者のうち，パパ・ママ育休プラスを利用した割合は，女性で 1.9 ％，男性で 3 ％となっている（厚生労働省 2016b）。この結果からは，パパ・ママ育休プラスの現行制度が，男性の育児休業取得のインセンティブになっているのか，疑問が残る。

　なぜ，これほどまでに男性の育児休業取得率が低いのだろうか。内閣府の 2018 年の調査によると，20 〜59 歳の男女が，日本の男性の育児休業取得率が低い理由として最も多くあげているのは，「周囲が忙しすぎて，休暇を言い出せる雰囲気ではない」，次いで「育児休業を取得することによって，人員が不足し，職場や取引先に迷惑をかける」である（内閣府 2019b：43）。こうしてみると，男性の低い取得率は，育児休業の制度上の問題というよりも，人手不足等の職場環境の問題といえる。とはいえ，そのような職場環境でも女性労働者は育児のために休業することを考えれば，男性労働者が仕事より育児を優先することに対する社会的な認識の問題が大きな要因といえる。

4. 育児休業制度の両義性

　育児休業は子育てのための時間保障の制度として，今後さらに必要なものとなる。ただし，これを家族政策としてみると，育児休業制度には相反する2つの側面があるといえる。

　育児休業制度が基底とする家族モデル（あるべき家族像）は，両親共働き家族である。その点からいえば，育児休業は子どものケアの社会化を前提にした政策であり，脱家族主義的な家族政策と位置づけられる。また，育児休業制度は出産後の女性の継続就業を促進するものであり，性別役割分業を是正する点において，ジェンダーに変革をもたらす政策といえる。

　一方，育児休業制度が長期間の休業を想定した制度となっていれば，育児の家族責任を補強する政策となり，家族主義的な家族政策とみなされる。また，育児休業の取得者が女性に偏ったままで，男性の取得を促す工夫がなされていない制度であれば，性別役割分業を強化するものとして作用し，ジェンダーを固定化する政策となる。

　このように，家族政策としての育児休業制度は両義的である。よって，育児休業制度については，それが脱家族主義か家族主義か，また，性別役割分業に関してジェンダー変革的か固定的か，いずれにウェイトが置かれているかを注意深くみていく必要がある。

　では，日本の育児休業制度はどちらにウェイトがあるといえるだろうか。育児休業は少子化への危機感を背景に1990年代から制度整備が進み，出産後の女性の継続就業を支えるものとなっている。男性の育児休業取得を促進するための仕組みも取り入れられ，制度的には脱家族主義，ジェンダー変革的な家族政策とみなすことができる。

　しかし，実際の育児休業の取得は女性が圧倒的で，母親育児を温存する制度として機能している。また，待機児童問題への対応の必要から，子どもが2歳になるまで取得できる特例が設けられており，事実上，家族に依存する政策となっている。このまま母親中心の育児休業取得が続けば，家族主義，ジェンダー固定化の家族政策となり，現在求められて

いる政策とは異なってくる。

　したがって，育児休業においては男性の休業取得を進めることが必須であり，そのためのさらなる対策が必要である。しかし，男性の育児休業を促す政策には，公私の関係をめぐる問題がある。たとえば，保育制度は育児に関わるサービスを家族の「外」で提供し，育児の社会化を図る政策である。それに対し，男性の育児休業取得の推進策は，家族「内」における育児の分担に働きかけるものであり，家族という私的領域に介入する政策ということになる。そこには公私の境界をどう考えるかという問題が横たわっている。

　公私の関係を家族に位置する個人からみると，2 つの位相があり，ひとつは「国家と家族」，もうひとつは「会社と家族」である。まず，国家と家族の関係でいえば，家族という私的領域で行われている男女の役割分担に対して，政府がどこまで介入することができるか，という問題がある。家族内の育児のあり方は私的領域において決定されるべき私事であり，国家が不当に介入すべきではない，という認識は広く共有されている。国家と家族の公私関係においては，「私」側からの公権力に対する警戒と，「公」側からの謙抑により，私的領域内での決定事項に関わる政策が間接的，消極的なものになるのは当然である。もちろん，私的領域である家族内の事柄には一切の公権力が及ばない，ということではない。単純な公私二分の考え方は否定されるべきであり，育児に関しても，児童虐待のような人権侵害の問題については，公権力が家族に介入し，被害者を保護しなくてはならない。

　しかし，男性の育児休業のような家族内での育児の担当者の決定に関わることは，児童虐待とは性質が異なり，根本的に家族の自由に属する事項である。これはあくまで私的領域の自治に委ねられる問題であり，強制的な政策は回避されるべきである。実際，政府も男性の育児について，奨励や支援は行っているが強制はしていない。男性の育児休業促進策として導入された「パパ・ママ育休プラス」も，男性の取得にインセンティブを与えているだけで，取得を強制する制度ではない。

　もうひとつの公私関係が，会社と家族の関係である。個人にとって，

会社は公的領域であり，仕事は公事とみなされ，家族は私的領域であり，育児は私事とみなされる。個人の生活や人生において，会社も家族も，仕事も育児もどちらも重要なものである。しかし，会社と家族の公私関係において，両者は対等なものではなく，会社が家族の上位に観念づけられている（下夷 2004：26-27）。たとえば，日本型雇用システムの下，従業員の会社に対する「滅私奉公」の風土は現在も残っており，サービス残業や過労死の実態はその根深さを示している。

　このような公私の非対称な関係において，会社の論理が家族の論理を凌駕し，育児より仕事を優先する状況が生み出されている。そうした環境で，個人が育児を理由に休業を申し出ることは容易ではない。ましてや，現在も多くの日本企業は男性中心で，男性は企業の基幹労働力と位置づけられており，男性労働者が会社の仕事のために私事を犠牲にすることは常態化している。

　以上のとおり，国家と家族の公私関係を踏まえると，男性に育児休業の取得を強制する政策はとれないが，会社と家族の公私関係の日本的実情からみれば，現行の政策で男性が希望どおりに育児休業を取得することは難しい。このように，男女の取得率の大幅な格差を生み出す構造が社会にある以上，格差を是正するには政策的に男性の取得を強力に促す必要がある。もちろん，強制的な政策は適切ではなく，考えうる方策としては，取得する場合のインセンティブをいっそう高めることである。

　たとえば，男性が取得する場合には女性よりも，所得保障の給付率を引き上げることも一例として考えられる。その給付率は，休業を取得しないことが経済的に不合理な選択とみなされるレベルに設定することが重要である。というのも，日本企業における男性の取得環境からみると，周囲の人々に対する説得的理由が必要であるからである。

　男性に対して高い給付率を設定することは，男性に対する積極的な優遇措置を講じる，ということである。積極的優遇措置は，一般に「積極的差別是正措置」，「アファーマティブ・アクション」，「ポジティブ・アクション」などと呼ばれている。これは一義的な定義は困難だが，社会的・構造的な差別によって不利益を被っている人々に対して，一定の範

囲で特別の機会を提供することなどにより，実質的な機会均等を実現することを目的として講じる暫定的な措置のことをいう[12]。人種差別是正策として有名だが，性差別の是正についても国際的に推進されている手段で，女性差別撤廃条約では，「男女の事実上の平等を促進することを目的とする暫定的な特別措置をとることは，この条約に定義する差別と解してはならない」と規定されている。

　日本でも，男女共同参画社会基本法（以下，基本法）に「積極的改善措置」という用語で規定されている[13]。基本法では，積極的改善措置とは，社会のあらゆる分野における活動に参画する機会に係る男女間の格差を改善するため必要な範囲内において，男女のいずれか一方に対し，機会を積極的に提供すること，と定義されている。そして，この措置は国の責務の規定にも明記されている。基本法の積極的改善措置は女性への機会提供を想定したものであるが，男性も対象としており，育児における男女間の格差を考えれば，男性の参画を促進するために積極的な措置を講じることは妥当である。

　性差別解消のための積極的優遇措置については，反対する意見もあり，逆差別やスティグマ付与の問題が指摘されている。逆差別とは，女性に対する優遇措置を例にすると，その措置の結果により影響を受ける男性は，男性という性別によって差別されることになる，という問題である。また，スティグマ付与とは，女性はこうした優遇措置がないと男性と対等な地位に立てない劣等者である，という汚名を女性に着せることになり，社会的偏見を助長する，という問題である。つまり，性差別を是正するための措置が新たな性差別を生み出したり，従来の性差別を再生産したりすることになるという主張である（下夷 2004：29）。

　しかし，男性の育児休業取得のための積極的優遇措置については，逆差別やスティグマ付与の問題を引き起こすとは考えられない。日本社会では，このような積極的な措置を講じなければ，育児休業制度は今後，家族主義的でジェンダー固定的なものになりかねない。家族政策としての育児休業制度の位置づけは，男性の育児休業に関する政策展開にかかっている。

》》注

1）OECD（2019）の"PF2.1. Parental leave systems"による。本章における OECD 諸国の出産・育児に関する休暇に関する説明は同資料による。なお，同資料では，Maternity leave（母親休暇），Paternity leave（父親休暇），Parental leave（親休暇）のほかに，Home care leave（在宅保育休暇）も示されているが，これは他のタイプの休暇よりも一般的ではなく，少数の国で提供されているものと記されている。

2）ただし，6 週間を経過した女性従業員が請求した場合，医師が支障がないと認めた業務に就かせることはできる（厚生労働省 2019c：18）。

3）人事院の「両立支援（育児休業・介護休業等）」ウェブサイトによる（2020 年 2 月 17 日取得，https://www.jinji.go.jp/ikuzi/toppage.html）。

4）制定時は産前・産後とも 6 週間である。1986 年の法改正により産後 8 週になっている。

5）育児休業法成立までの経緯については，とくに記載のない限り，厚生労働省（2016a）による。

6）その後，介護休業制度が創設されたことから，1995 年 6 月に育児休業法は育児・介護休業法に改められている。

7）2017 年 10 月からは，次の①と②が条件となっている。①過去 1 年以上継続して雇用されていること，②子が 1 歳 6 か月（2 歳に達する日まで取得する場合は 2 歳）に達する日までの間に雇用契約が更新されないこと。

8）現行制度（2020 年 2 月時点）の内容については，厚生労働省（2019d）で詳しく解説されている。

9）ただし，女性労働者の育児休業取得率は出産後も就労している女性を対象にしたデータである。事実上，育児休業取得の権利を行使できず，出産前に退職した女性労働者がいることも忘れてはならない。

10）イクメンプロジェクトのウェブサイトでは，男性の育児と仕事の両立を推進するために，労働者や企業に向けた様々な情報提供が行われている（2020 年 2 月 10 日取得，https://ikumen-project.mhlw.go.jp）。

11）ノルウェーが 1993 年（世界初），スウェーデンが 1995 年に導入している（濱野 2017：117,120）。

12）内閣府男女共同参画局のウェブサイトでは，ポジティブ・アクションの説明としてこのように記述されている（2020 年 2 月 10 日取得，http://www.gender. go.jp/policy/positive_act/index.html）。

13）基本法の「積極的改善措置」という用語について，「改善」は「よりよくする」という意味であり，「同じにする」ということまで含んでいない，との鋭い指摘もある（山下 2003：46）。

参考文献

濱野恵，2017，「男性の育児休業の取得促進に関する施策の国際比較――日・米・英・独・仏・スウェーデン・ノルウェー（資料）」『レファレンス』800：99-127，（2020年 2 月 10 日 取 得，https://dl.ndl.go.jp/view/download/digidepo_10954501_po_080007.pdf?contentNo=1&alternativeNo）．

イクメンプロジェクト事務局，2017，「管理職向け研修資料――男性の育児休業取得促進のために」，（2020 年 2 月 10 日取得，https://ikumen-project.mhlw.go.jp/company/training/download/training_manager.pdf）．

国立社会保障・人口問題研究所，2017，『2015 年社会保障・人口問題基本調査（結婚と出産に関する全国調査）現代日本の結婚と出産――第 15 回出生動向基本調査（独身者調査ならびに夫婦調査）報告書』，（2020 年 2 月 10 日取得，http://www.ipss.go.jp/ps-doukou/j/doukou15/NFS15_reportALL.pdf）．

厚生労働省，2016a，2019a，『働く女性の実情（平成 27 年版）（平成 30 年版）』，（2020年 2 月 10 日取得，https://www.mhlw.go.jp/bunya/koyoukintou/josei-jitsujo/15.html，https://www.mhlw.go.jp/bunya/koyoukintou/josei-jitsujo/18.html）．

厚生労働省，2016b，2019b，「『雇用機会均等基本調査』の結果概要（平成 27 年度）（平成 30 年度）」，（2020 年 2 月 10 日取得，https://www.mhlw.go.jp/toukei/list/dl/71-27-07.pdf，https://www.mhlw.go.jp/toukei/list/71-23c.htmllw.go.jp/toukei/list/dl/71-30r/07.pdf）．

厚生労働省，2019c，『働く女性の母性健康管理のために』，（2020 年 2 月 10 日取得，https://www.mhlw.go.jp/content/11900000/000563050.pdf）．

厚生労働省，2019d，『育児・介護休業法のあらまし』，（2020 年 2 月 10 日取得，https://www.mhlw.go.jp/stf/seisakunitsuite/bunya/000103504.html）．

文部省，1992，『学制百二十年史』，（2020 年 2 月 10 日取得，https://www.mext.go.jp/b_menu/hakusho/html/others/detail/1318221.htm）．

内閣府，2019a，『令和元年版 男女共同参画白書』，（2020 年 2 月 10 日取得，http://www.gender.go.jp/about_danjo/whitepaper/r01/zentai/index.html）．

内閣府，2019b，『令和元年版 少子化社会対策白書』，（2020 年 2 月 13 日取得，https://www8.cao.go.jp/shoushi/shoushika/whitepaper/measures/w-2019/r01webhonpen/index.html）．

OECD，2019，OECD Family Database，（2020 年 1 月 31 日取得，http://www.oecd.org/social/family/database.htm）．

下夷美幸，2004，「育児における男女共同参画――私的領域のジェンダー変革に向けた家族政策の検討」『大原社会問題研究所雑誌』547：17-31．

高橋美恵子，2018，「スウェーデンにおける仕事と育児の両立支援施策の現状――整備された労働環境と育児休業制度」，（2020 年 2 月 10 日取得，https://www.jil.go.jp/foreign/labor_system/2018/12/sweden.html）．

山下泰子，2003，「女性差別撤廃条約採択後の国際人権の展開」『ジュリスト』1237：31-47.

12 | 介護保険と家族

　本章では，家族の視点から介護保険による「介護の社会化」について考える。まず，高齢者の家族形態の変化を確認し，つぎに，高齢者介護政策の変遷をたどる。そして，介護保険導入後の「介護の社会化」の実相とその背景を検討し，最後に，介護保険における家族の位置づけを押さえたうえで，「介護の脱家族化」に向けた課題について考察する。

1. 高齢者世帯の動向

（1）高齢化の進展

　日本が高齢社会であることは，すでに周知の事実となっている。国勢調査によると，2018 年 10 月 1 日現在，日本の 65 歳以上人口は約 3,558 万人で，高齢化率（65 歳以上人口が総人口に占める割合）は 28.1 ％となっている。高齢化率は今後さらに上昇が予測されており，2036 年には 33.3 ％に達し，国民の 3 人に 1 人が高齢者という社会が到来するとみられている[1]。

　他の先進諸国と比較すると，日本の高齢化率は 1980 年代までは他国に比べて低い水準であったが，1990 年代にほぼ中位の水準となり，2005 年以降は最も高い水準となっている（内閣府 2019）。このように日本の高齢化の特徴は，その水準の高さにあるが，その水準に達するまでの期間が短いことも特徴のひとつといわれている。また，先行して高齢化が進んできた欧州諸国に比べて，日本は人口規模が大きいため，高齢者の人数の多さという点も特徴といえる。つまり，高齢化のスピードの速さ，その水準の高さ，高齢者数のボリュームの大きさにおいて，他国

に例のない高齢化への対応が求められる社会なのである。とくに，2025年に「団塊の世代」と呼ばれる人々が75歳以上になることから，今後は75歳以上の高齢者の増大が見込まれ，さらなる高齢化への対応が必要となる。なかでも介護対策は重要な課題である。

　当然のことながら，年齢が高くなれば，心身の不調から日常生活に支障をきたすことが多くなる。日常生活に制限のない期間を意味する「健康寿命」は，2016年で男性が72.14年，女性が74.79年となっており，同年の平均寿命（男性87.14年，女性80.98年）との差は，男性で8.84年，女性で12.35年である（内閣府2019）。よって，高齢化とともに介護を必要とする高齢者が増大することは自明のことといえる。

（2）高齢者世帯の構成

　人口の高齢化とともに，高齢者の世帯の状況も大きく変化している。65歳以上の高齢者のいる世帯は増加傾向にあり，2017年の世帯数は約2,492万7,000世帯で，全世帯（約5,099万1,000世帯）の約半数を占めている（厚生労働省2019b）。世帯構造も大きく変化しており，図12－1で65歳以上の高齢者のいる世帯の世帯構造の推移をみると「三世代世帯」の割合が急激に低下し，2018年では1割を下回っている。一方，「単独世帯」「夫婦のみの世帯」「親と未婚の子のみの世帯」は，いずれも割合が上昇している。2018年では，最も多いのは「夫婦のみの世帯」，次いで「単身世帯」となっており，これを合計すると約6割を占めている。つまり，高齢者がいる世帯では，子と同居していない世帯が過半数を超えているということである。なお，「親と未婚の子のみの世帯」も増加しているが，これは，子の晩婚化，あるいは生涯未婚化によるとみられる。近年，生涯未婚化が進行しており，生涯未婚率（50歳時の未婚者割合）は，2015年では男性が約23.4％，女性が14.1％と推計されている（国立社会保障・人口問題研究所2019）。成人後も親と同居するライフスタイルは，1990年代には「パラサイトシングル」と呼ばれ，親元で暮らすことによって，本人の経済力以上の生活水準を享受しているとみられていた（山田1999）。しかし，当時のパラサイトシングルも現在

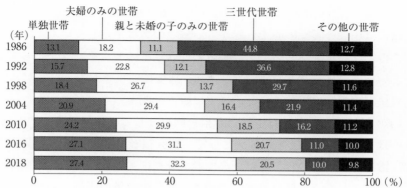

注：2016年の数値は熊本県を除いたもの．「親と未婚の子のみの世帯」とは，「夫婦と
　　未婚の子のみの世帯」および「ひとり親と未婚の子のみの世帯」をいう．
出典：厚生労働省（2019b）より一部抜粋．

図12−1　65歳以上の者がいる世帯の世帯構造の推移

は中高年期となり，老親の扶養問題を抱える状況になっている．

　このように，今後さらに介護を要する高齢者の増大が見込まれるが，一方で，高齢期の家族形態も変化しており，介護をめぐる新たな事態に政策がどう対応するかによって，高齢者とその家族の生活も社会の様相も大きく異なってくる．

2.　高齢者介護政策の変遷

（1）1960年代から1970年代

　介護政策としては，2000年から介護保険制度がスタートしているが，それまではどのような政策がとられてきたのだろうか．

　従来，介護問題は高齢者福祉のなかで取り組まれてきた．戦後日本の社会福祉は，1960年代初めまでに基本的な法制度を確立したといわれており，高齢者の福祉に関しては，1963年に老人福祉法が公布されている．介護については，同法により，特別養護老人ホームが，心身の状況により居宅での生活が困難な高齢者のための福祉施設として創設されている．また，ホームヘルプサービスが「家庭奉仕員派遣事業」として明文化されている．ただし，この家庭奉仕員のサービスを利用するには所得制限が課されており，低所得世帯対象の限定的なものにとどまって

いた。よって，法律上は施設介護と在宅介護のサービスが規定されたが，実際には施設介護が中心で，しかも，施設の数は不足していた。

　このような状況において，高齢者の介護はその多くを家族が担っていたといえる。戦後の民法改正で，「家」制度は廃止されたが，子による老親扶養の規範は根強く，介護は主に嫁の役割とみなされていた。

　1970年代に入ると，日本社会も福祉国家としての体制整備に向かい，政府は1973年を「福祉元年」として，社会福祉・社会保障の予算を大幅に増額する。その背景には，高度経済成長による社会問題への国民的関心の高まりや，革新自治体による先駆的福祉政策の実施という社会状況がある。「福祉元年」の象徴的政策のひとつが，老人医療費の無料化である。1973年から国の制度として，70歳以上の高齢者の医療費の無料化制度が実施されたのである。これにより，高齢者やその家族の医療費負担は軽減されたが，全体として老人医療費の急増を招くこととなった。

　老人医療費の無料化制度については，その弊害として，必ずしも医療の処置が必要とはいえない高齢者が医療機関を受診する，いわゆる「病院のサロン化」や，医学的には入院の必要はないが自宅での生活が困難な高齢者が病院に入院する，いわゆる「社会的入院」の問題が指摘されるようになった。「社会的入院」の背景には，特別養護老人ホームの量的不足という問題がある。そのほか，「福祉のお世話になりたくない」という高齢者の意識や，「親の扶養を放棄したとみられたくない」という家族の意識から福祉施設への抵抗感が強く，病院への入院が選好されたという面もある。こうして，高齢者の介護は事実上，主に家族と医療が担っていたといえる。

（2）1970年代終わりから1980年代

　「福祉元年」と称された1973年の後半には，オイルショックが起こり，高度経済成長から低成長時代への転換とともに，福祉見直し論が登場する。政府は，オイルショック後の厳しい国家財政を背景に，個人の自助努力と家族・地域・企業による相互扶助を中心とした，いわゆる「日本

型福祉社会論」を提唱するようになる。1978年の『厚生白書』は，日本の特徴として高齢者の子との同居率が高いことをあげ，三世代同居家族を積極的に評価し，これを「福祉の含み資産」と表現している。また，1979年には政府与党の自由民主党が「家庭基盤の充実に関する対策要綱」を公表し，子どもや高齢者の扶養を第一義的に家族責任とする考え方を示している。

　1980年代に入ると，社会福祉・社会保障の見直しの気運は実行段階に移り，実質的に給付が抑制される方向で，法制度の改正が行われる。とくに老人医療費の増大が問題視され，1982年には老人保健法の制定により，老人医療費の無料化制度は廃止される。介護については，ホームヘルプサービスのほか，1970年代終わりに短期入所生活介護事業（ショートステイ）や日帰り介護事業（デイサービス）が創設され，在宅介護サービスが進められる。ただし，それは家族による介護を前提としたものであり，在宅介護の拡充は家族介護への期待を示すものであったといえる。

（3）1990年代以降

　1990年代になると，高齢者介護問題の拡大，深刻化への対応が重要な政策課題となり，在宅介護を推進する政策が展開される。その背景には，高齢化の進展にともなう医療財政の逼迫という問題もある。つまり，高齢者の医療費の抑制という，社会保障財政上の要請である。

　1989年に「高齢者保健福祉10か年戦略（ゴールドプラン）」が策定され，特別養護老人ホームの整備のほか，デイサービス，ショートステイ，ホームヘルプといった在宅介護サービスの整備についての数値目標が示され，サービスの拡充が進められていく。しかし，「ゴールドプラン」の整備目標値ではサービス量の不足が明らかとなったことから，1994年には「新ゴールドプラン」が策定され，在宅介護サービスの整備目標値が「ゴールドプラン」より大幅に引き上げられている。

　また，1994年3月に，厚生大臣の私的懇談会である「高齢社会福祉ビジョン懇談会」が発表した「21世紀福祉ビジョン」では，給付構造

の変革の必要性が指摘され，年金・医療・福祉の割合を「5：4：1」から「5：3：2」へ，つまり医療から福祉への給付の移行が提言されている。同年12月には，厚生省高齢者介護対策本部事務局に設置された「高齢者介護・自立支援システム研究会」が社会保険方式による介護システムの創設を提言し，これを契機に政府内でも介護保険の議論が本格化する。

　介護保険が提唱された理由のひとつとして，従来の高齢者福祉による介護サービスは，福祉の措置として提供されていたため，サービスの供給が十分に広がらず，事実上，主たる対象者は低所得層の高齢者や，家族のいない高齢者に限定されていたという事情があげられる。ようするに，税金のみを財源とした介護サービスでは，サービスの供給量に限界があるということである。また，福祉の措置によるサービスには，恥辱やスティグマが染みついており，高齢者やその家族が必要な介護サービスを利用しづらい，ということも問題であった。

　そして，老人保健福祉審議会での検討を経て，1997年に介護保険法が制定され，2000年4月から「介護の社会化」を謳った介護保険のもと，施設介護サービスと在宅介護サービスが利用できるようになっている。

　前述のとおり，従来，介護は事実上，医療と家族が担ってきた。しかし，高齢化の進展により，医療財政の逼迫という財政上の問題が大きく，医療による対応が限界となってきた。一方，家族も大きく変化し，三世代世帯は減少し，老親扶養の家族規範も弱まり，実際に，家族メンバーのなかでこれまで介護を担っていた女性のライフスタイルも変化してきた。こうした事情を背景に，介護問題に対応する新たな仕組みとして導入されたのが，介護保険というわけである。介護保険は「介護の社会化」をスローガンに導入されたが，ここでの「介護の社会化」は「介護の脱家族化」と同義とみなされる。

　介護保険の導入後，サービスの利用は進み，介護保険の給付費は増大の一途となる（後述）。そのため，介護保険をめぐっては制度の持続可能性が叫ばれるようになり，2005年の法改正では介護サービスの利用を抑制する方向での法改正がなされている。こうした動きは，「介護の

再家族化」と捉えられている（藤崎 2008）。

3. 「介護の社会化」の状況

（1）介護保険の仕組み

　介護保険の基本的な仕組みやサービスの利用の流れについて確認しておこう。介護保険は国の制度だが，運営主体（保険者）は各市町村である。介護保険の加入者（被保険者）は 40 歳以上の者で，このうち 65 歳以上は第一号被保険者，40 歳から 64 歳は第二号被保険者と呼ばれ，それぞれ保険料を負担している。介護保険には税金も投入されており，財源割合は保険料が 50 ％，税金が 50 ％である。

　介護保険によるサービスの利用は，基本的には 65 歳以上の者となっており，40 歳から 64 歳については，特定の疾病により介護が必要になった場合に限定されている。介護サービスを利用するには，あらかじめ，要介護または要支援の認定のための審査を受ける必要がある。審査の結果，支援や介護の必要性が認められれば，その必要性の度合いにより，要支援1～2，要介護1～5までの合計7ランクのいずれかとなる。各ランクには，保険が適用される利用限度額が決められており，それに応じて，「どのような介護サービスを利用するか」「どの事業所のサービスを利用するか」について，「ケアプラン」を作成する。そして，高齢者本人が介護サービス事業所と契約を結び，サービスを利用する仕組みである。

　介護保険サービスを利用した際の利用者負担は，介護サービス費用の原則1割，一定以上の所得がある場合は2割または3割となる。ただし，低所得者には負担軽減措置がある。

　このように介護保険は，高齢者が自らも保険料を支払いつつ，日常生活に支援や介護が必要になった際には，自身がサービスを選択して利用する制度となっている。

（2）介護保険の利用状況

　介護保険制度には課題もあるが，これにより「介護の社会化」が前進

したのは明らかである。介護保険の導入後，要介護または要支援と認定された者（以下，要介護等認定者）は増加の一途で，2000年度の約247万人から2017年度には約628万人へと，制度実施から17年間で約2.5倍になっている。65歳以上の被保険者に占める要介護等認定者の割合も上昇しており，2000年度の11％から2017年度には18％になっている。さらに，65～74歳と75歳以上に分けて要介護等認定者の割合をみると，65～74歳では2000年度の3.4％から2017年度には4.2％，75歳以上では21.9％から31.8％に上昇している[2]。このように，介護保険はとくに75歳以上で必要とされており，75歳以上の約3割が要介護または要支援と認定されている。

　実際に，介護保険によるサービスの利用者も年々増加しており，図12－2で1か月平均のサービス受給者数をみると，2000年度の約184万人から2017年度には約553万人へと約3倍になっている。サービスの種類別では，居宅サービス（以下，在宅サービス）の受給者の増加が著しく，2006年から開始された地域密着型介護サービスを含めると，2000年度の約124万人から2017年度には約459万人へと約3.7倍になっている。他方，特別養護老人ホームなどの施設サービスについては，2000年度の約60万人から2017年度の約93万人へと約1.5倍の増加にとどまっており，在宅サービスに比べると受給者数自体も少なく，増加の伸びも小さい[3]。こうしてみると，在宅介護の推進という政府の方針どおり，介護保険導入後，在宅サービスの利用が拡大しているのがわかる。

4．特別養護老人ホームの待機者問題

（1）待機者の動向

　在宅サービスの利用者のほうが施設サービスの利用者より圧倒的に多いが，施設サービスのニーズが充足されているわけではない。介護保険の導入後も施設介護のニーズは大きく，特別養護老人ホームの待機者問題は深刻である。待機者は，厚生労働省が初めて調査を実施した2004年11月時点で33万人，その後も大幅に増加し，2009年12月集計では

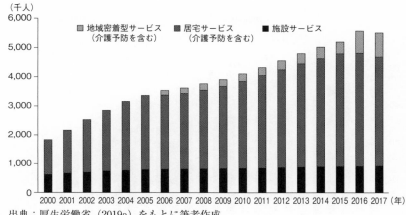

出典：厚生労働省（2019a）をもとに筆者作成.

図 12 − 2　介護サービス受給者数の推移

42.1 万人，さらに 2014 年 3 月集計では 52.4 万人にのぼっている。2016年 4 月集計では 29.5 万人に減少しているが，これは，2015 年 4 月から特別養護老人ホームの入所要件が原則として要介護 3 以上となり，申込者が限定されたこと，および複数の施設に申込んでいるケースを重複してカウントしないよう徹底したことの結果であるという。この 2016 年4 月集計の 29.5 万人のうち，12.3 万人（41.7 ％）は在宅で待機し，17.2万人（58.3 ％）は在宅以外（たとえば，有料老人ホーム等）で待機している。さらに，在宅の待機者 12.3 万人について要介護度別にみると，要介護 3 が 5.7 万に，要介護 4 が 4 万人，要介護 5 が 2.6 万人となっている[4]。

　特別養護老人ホームの定員数も増加傾向にはあるが，2017 年 10 月時点の定員は 54.2 万人である[5]。入所要件を満たす約 30 万人近くが待機している状況からみて，圧倒的に施設サービスが不足しているのがわかる。

　介護サービスについては，国際的にも「施設から在宅へ」の流れであり，介護保険によって在宅介護が推進されていることは先進的といえる。しかし，逆に施設サービスの利用が限られているのが日本の実態である。図 12 − 3 で OECD 諸国の高齢者 1,000 人あたりの介護用ベッド数をみ

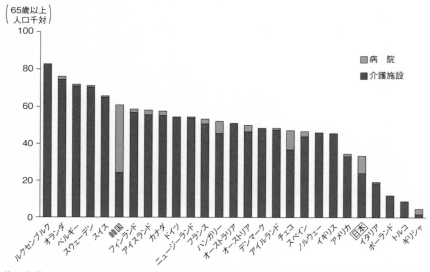

注：出典のデータのうち，1990年代までにOECDに加盟した27か国を記載．オーストラリア，トルコ，イギリスについては，病院の介護用ベッド数は不明．デンマークは2011年，ベルギーは2012年，アメリカは2015年．

出典：OECD（2019）の "Figure 11.26. Long-term care beds in facilities and hospitals, 2017 (or nearest year)" をもとに筆者作成．

図12－3　65歳以上人口1,000人あたりの介護用ベッド数：2017年

ると，日本はOECD27か国のなかでも下位のランクで，上位の国とはかなりの格差がある．さらに，介護用ベッドの内訳を介護施設と病院の比率でみると，ほとんどの国は介護施設であるのに対し，日本は病院への依存度が高い．

　つまり，他の先進国では施設介護を整備したのち，「施設から在宅へ」の政策を進めているのに対し，日本は施設を十分に整備しないまま在宅介護を推進しているということである．高齢者介護においては，施設介護より在宅介護が望ましく，在宅推進という日本の政策の方向は間違っていないが，在宅での介護が続けられなくなったときや，在宅介護であっても重度化した一定期間などは施設介護が必要になる．いま，在宅介護を支えている家族は，そうした際の受け皿がない状態で介護を担っているのである．介護施設の整備が十分でない日本の現状は，在宅介護を崩壊に至らしめる危険もはらんでいる．

（2）問題の背景

　なぜ, 在宅介護サービスの利用がこれほど急速に拡大したのだろうか。他方, なぜ, 特別養護老人ホームの待機者問題はこれほど深刻化しているのだろうか。これについても保育サービスと同様（本書第 10 章）, 制度の発展過程が関わっている。もともと介護サービスの制度化は保育よりも遅く, 前述のとおり, 特別養護老人ホームやホームヘルプ（家庭奉仕員派遣事業）は 1963 年の老人福祉法で規定されたものである。

　老人福祉法に基づく介護サービスは, 税金を財源としたもので供給量も十分でなかったため, 給付対象は事実上, 低所得層に限定されていた。現在もこれらの介護サービスは老人福祉法に規定されているが, 介護保険の導入後は, 介護保険の給付対象のサービスとしても位置づけられている。これにより, 基本的に要介護等認定者が保険適用の範囲でサービスを利用すれば, 利用者の自己負担分を除く費用が保険から給付されることとなる。さらに, 在宅サービスについては, 介護保険導入にあわせて営利企業や NPO 法人の事業参入が政策的にも促進されたことから, 民間主体のサービス供給が一気に増加した。つまり, 介護保険のもとで在宅サービスの介護市場（後述の「準市場」）が形成されたことで, 在宅サービスの供給が飛躍的に拡大したということである。

　このように介護保険という新たな財源調達と給付の仕組みができたことにより, 在宅介護サービスが進展したが, 実際のところ, 介護保険によって在宅介護を全うするには限界がある。というのも, 保険からの支給限度額が, 財政上の制約から, 家族介護を代替するレベルに設定されていないのである（堤 2010 : 123）。そのため, 介護保険を最大限活用しても, 家族介護がなければ自宅での生活が成り立たないケースは少なくない。よって, 単身世帯の高齢者はもとより, 同居の家族がいる場合でも家族が介護を担いきれない状況では, 施設介護という選択になる。高齢者の家族構造が大きく変化しているなか, 家族介護を前提にした在宅介護の推進により, 特別養護老人ホームへの申込みが殺到しているのである。

　このような現実的なニーズに対して, 自治体の施設整備は追いついて

いないが，その理由として，施設介護の高コストがあげられている。た
しかに，現在の介護保険の実績では，在宅サービスに比べ，施設サービ
スの給付費の負担は大きい。つまり，施設介護は高コストで，在宅介護
は低コストということだが，それは，在宅介護が家族介護を前提にして
いるからである。在宅介護が低コストにみえるのは，家族が負担してい
る介護労働のコストが計上されていないからにすぎない。

　このような事情から，特別養護老人ホームの待機者は増加しているが，
必ずしも待機している高齢者本人あるいはその家族のすべてが施設入所
を希望しているわけではない。「介護の社会化」を謳う介護保険が，実
際には家族介護にフリーライドした在宅介護の制度設計となっているた
め，自宅での介護を望んでいる高齢者や家族でさえ，結果的に施設介護
の選択に向かわざるをえなくなっている面もある。

5. 介護保険における家族の位置

（1）介護保険と家族責任

　ここまで，介護サービスの利用状況から，「介護の社会化」の実態に
ついてみてきたが，介護保険制度において家族はどう位置づけられてい
るのか，改めて考えてみたい。

　介護保険法では自治体が保険者，高齢者本人が被保険者であり，介護
保険のサービス利用の仕組みは，保険者である自治体，被保険者である
高齢者本人，サービス提供者である事業者から構成されている。そこに
家族は組み込まれていない。たとえば，要介護または要支援の認定は，
高齢者本人の心身の状態や日常生活の自立度によって判定され，家族介
護者の有無は判定に一切影響しない。よって，法律上，家族は介護責任
から解放されているといえる。

　しかし，前述のとおり，介護保険の利用限度額はそれをフル活用して
も，介護サービスだけでは在宅介護が完結しない水準となっており，事
実上，一定の家族介護を前提にした制度になっている。また，介護保険
の施設サービスについても，同じようなことがいえる。特別養護老人ホー
ムの入所においては，待機者問題が深刻化するなか，自治体では必要度

による優先入所の方式を採用しており，申込者は事前に設定された要件によって点数化される。そして，その要件には，本人の要介護度や徘徊等の状況だけでなく，介護者の有無やその生活状況が含まれている。たとえば，同居の家族が介護できる場合には，必要度が低いとみなされる。つまり，施設入所においては家族介護が考慮されており，実質的に介護における家族責任を前提とした制度になっている。

　こうして，介護保険では法律上，家族責任は解かれているが，家族責任を前提にした制度が運用されている。そして，実際に膨大な量の介護が家族に託されており，介護保険導入後も，限界を超える過重な介護負担を抱えた家族のなかで，介護殺人や介護心中という痛ましい事件が起こっている（湯原 2017）。

（2）家族を超えた連帯

　それでは，家族が担っている介護をどこに配分するのが望ましいのだろうか。介護の担い手には，家族・親族，国家，市場，NPOや市民団体などの非営利組織（以下，NPO セクター）が考えられる。まず，国家については，現在の日本の財政事情からみて，旧来型の福祉国家に介護サービスの提供を全面的に期待することは難しい。仮に，介護サービスのすべてを公的供給に組み替えたとすると，財源不足を理由にサービスの対象者が限定されることは容易に想像できる。それはまさしく，「介護の社会化」の後退に他ならない。

　つぎに，市場が考えられるが，介護サービスを純粋な自由市場だけに委ねることはできない。というのも，サービスの質の格差はもちろんのこと，事業者の市場からの自由な撤退という問題も見逃せないからである。介護サービスについては継続性が重要であり，サービス事業者の撤退は介護の受け手である高齢者にダメージを与える危険がある。このことは，介護に限らず，ケアサービスに共通する問題である。

　また，市場による解決策としては，事業者からケアサービスを購入する以外に，家族がプライベートな使用人として，介護労働者を直接雇用する方法もある。これは欧米諸国やアジア諸国の一部で活用されている

が、その場合、雇われる介護労働者の多くは、自国より経済的に劣位にある外国からの女性移民である。つまり、これは国家間の経済格差を利用し、介護労働を低賃金の女性労働者に割り当てる方策であり、市場の論理からすれば合理的かもしれないが、介護労働の価値をどう考えるか、という根本的な問題（後述）をはらんでいる。

では、NPO セクターはどうだろうか。これには柔軟で多様なケアサービスが期待できる。しかし反面、普遍的で安定的なサービスの提供には懸念がある。よって、NPO セクターによるケアは有用だが、それが持続的に展開されるには、制度的なバックアップが必要である。

このように、家族に依存しない介護体制としては、旧来型の福祉国家、純粋な自由市場、制度基盤を欠いた状況での NPO セクターのいずれにも問題がある。そこで考えられるのが、準市場という選択肢である。ここでの準市場とは、従来は福祉国家が担っていたサービス部門に、市場原理を導入してサービスを提供するあり方のことである。準市場は、サービスの質、効率性、応答性、公平性の点で公共サービスの提供に期待されている（ルグラン 2010）。

しかし、準市場はその「準」の程度によって、つまり、福祉国家に近いか、自由市場に近いかによって、その様相が大きく異なる。したがって、介護サービスについて「良質な準市場」を作ることが決定的に重要となる。準市場が「良質」であるためには、相当な財源投入と規制の強化が必要である。とくに、適切な介護サービスが提供されるには、介護労働者の労働条件や労働環境を一定以上の水準に維持することが不可欠であり、そのための財源確保が課題となる。

介護保険はまさに準市場を形成する仕組みといえる。しかし、財源投入が不十分で、介護労働者は仕事の専門性や責任の重さ比べて賃金が低く、サービス事業者は必要な人材を確保することができない状況に陥っている。

こうしてみてくると、結局のところ、介護の準市場に投入する財源の確保に関して社会的な合意が得られるか、という課題にたどりつく。具体的には、介護保険への保険料拠出や財源投入に人々の理解が得られる

か，という問題である。介護保険は「介護の社会化」を掲げて導入されたが，「社会化」に対する社会的合意を形成するために，介護の負担の重さ，それに対する家族介護の限界が強調された。また，介護保険導入後も，保険料の拠出に理解を求めるなかでは，介護の「負担」が論じられてきた。

たしかに，「家族による介護は暖かくて望ましい」として，家族介護がとりわけ美化されやすい日本社会において，介護の社会化を進めるには，介護の負担面を指摘する必要がある。家族負担の軽減，負担の共有の必要性を訴えることで，介護保険への財源投入に理解を求めることは，現実的な戦略としても有効であろう。

しかし，介護の負担面のみを強調することにより，介護はきつく汚いもので誰もが避けたい苦役，といった介護の一面的な理解が広がることは，重大な問題をはらんでいる。他者への依存性を普遍的に有する人間にとって，介護という相互作用の営みがもつ価値が見失われることは，人間存在の意味を不当に貶めることになりかねない。

「介護の脱家族化」という意味での「介護の社会化」，すなわち，介護に関して，家族を超えた連帯を実現するには，人間社会にとっての介護の意味，介護の価値の論理を問い直すという，根本的な課題に取り組む必要がある。介護の価値を基盤にした「介護の社会化」「介護の脱家族化」を体現する介護保険の下ではじめて，家族介護がひとつの選択肢として積極的な意味を持つことになる。

》》注

1）国立社会保障・人口問題研究所（2017）における出生中位・死亡中位推計結果による。

2）被保険者数および要介護等認定者数は厚生労働省（2002, 2019a）による。各年度末の人数である。要介護等認定者の割合は同資料のデータをもとに筆者が算出した。

3）サービスの受給者数は厚生労働省（2002, 2019a）による。なお，この受給者には，40 歳以上 65 歳未満の第二号被保険者も含まれているが，要介護等認定者に占める第二号被保険者の割合は低く，介護保険のサービス受給者のほとんどは

65 歳以上の第一号被保険者である。

4）2004 年については『日本経済新聞』2005 年 2 月 22 日朝刊による。2009 年，2014 年，2016 年については厚生労働省（2009，2014，2017）による。

5）厚生労働省（2018）によるが，同調査では特別養護老人ホームは介護老人福祉施設として把握されている。

参考文献

藤崎宏子，2008，「訪問介護の利用抑制にみる『介護の再家族化』」『社会福祉研究』103：2–11.

ジュリアン・ルグラン，2010，『準市場——もう一つの見えざる手』法律文化社.

国立社会保障・人口問題研究所，2017，「日本の将来推計人口（平成 29 年推計）」，（2020 年 2 月 10 日取得，http://www.ipss.go.jp/pp-zenkoku/j/zenkoku2017/pp29_gaiyou.pdf）.

国立社会保障・人口問題研究所，2019，「人口統計資料集（2019 年版）」，（2019 年 12 月 9 日取得，http://www.ipss.go.jp/syoushika/tohkei/Popular/Popular2019.asp?chap=0）.

厚生労働省，2002，2019a，「介護保険事業状況報告（平成 12 年度）（平成 29 年度）」，（2019 年 12 月 9 日取得，https://www.mhlw.go.jp/topics/kaigo/toukei/joukyou.html#link01）.

厚生労働省，2009，2014，2017，「特別養護老人ホームの入所申込者の状況（平成 21 年 12 月 22 日）（平成 26 年 3 月 25 日）（平成 29 年 3 月 27 日）」，（2019 年 12 月 9 日取得，https://www.mhlw.go.jp/stf/houdou/2r98520000003byd.html，https://www.mhlw.go.jp/stf/houdou/0000041418.html，https://www.mhlw.go.jp/stf/houdou/0000157884.html）.

厚生労働省，2018，「平成 29 年 介護サービス施設・事業所調査」，（2019 年 12 月 9 日取得，https://www.mhlw.go.jp/toukei/saikin/hw/kaigo/service17/index.html）.

厚生労働省，2019b，「平成 30 年 国民生活基礎調査の概況」，（2019 年 12 月 9 日取得，https://www.mhlw.go.jp/toukei/saikin/hw/k-tyosa/k-tyosa18/index.html）.

内閣府，2019，『令和元年版 高齢社会白書』，（2019 年 12 月 9 日取得，https://www8.cao.go.jp/kourei/whitepaper/index-w.html）.

OECD，2019，Health at a Glance 2019，（2019 年 12 月 9 日取得，https://www.oecd-ilibrary.org/social-issues-migration-health/health-at-a-glance_19991312）.

堤修三，2010，『介護保険の意味論——制度の本質から介護保険のこれからを考える』中央法規出版.

山田昌弘，1999，『パラサイト・シングルの時代』筑摩書房.

湯原悦子，2017，『介護殺人の予防——介護者支援の視点から』クレス出版.

13 | 家族介護者への支援

　本章では，高齢者を介護している家族に対する支援政策について考える。まず，家族介護の実態を確認し，つぎに，介護保険法における家族介護者への支援事業について，これまでの議論と現状を検討する。さらに，介護休業を中心に仕事と介護の両立支援制度の現状を把握し，最後に，介護という営みを捉え直したうえで，家族介護者への支援のあり方について考察する。

1. 家族介護の実態

（1）主な介護者

　「介護の社会化」を謳った介護保険が2000年に実施されてから，20年以上が経過するが，現在も介護の多くを家族が担っている現実がある。

　介護保険の下，とくに在宅介護サービスの利用が大幅に伸びているが（本書第12章），サービスを受ける資格があっても，利用していない人は少なくない。厚生労働省の「国民生活基礎調査（2016年）」によると，在宅の要介護者（要介護と認定された者のうち，在宅の者）のうち，23％はサービスを利用していない。サービスを利用しない理由をみると，「家族介護でなんとかやっていける」が最も多く，4割を超えている。「家族でなんとかやっていける」は一人暮らしの場合では2割程度にとどまるが，家族が同居している場合は約5割となっている[1]。このようなケースでは，介護サービスよりも家族介護が優先されている，ということである。

　また，実際に介護サービスを利用していても，在宅介護では多くの場合，家族が主な介護を担っている。前述の調査によると，介護サービス

の利用の有無にかかわらず，在宅の要介護者の主な介護者は，「同居の家族」が約 6 割を占めている。これに「別居の家族」を合わせると，主な介護者の約 7 割は家族ということになる。要介護者からみた主な介護者の続柄は，配偶者が約 25 ％と最も多く，次いで同居の子が 20 ％程度を占めている。同居の子の配偶者は 10 ％程度にすぎず，かつては規範とされていた嫁による介護は，現在では 1 割もない状況である（厚生労働省 2017）。

　同居している主な介護者の性別をみると，女性が 66 ％，男性が 34 ％となっている。このように，女性が男性の 2 倍と多いものの，調査結果をさかのぼってみると，2001 年は女性 76.4 ％，男性 23.6 ％であり，家族介護を担う男性が増加しているのがわかる（厚生労働省 2002, 2017）。また，要介護者と主な介護者の年齢についてみると，「老々介護」の言葉で知られているとおり，2016 年では，介護する側も介護される側も 65 歳以上の割合が 5 割を超え，双方 75 歳以上の割合も 3 割に達している（厚生労働省 2017）。高齢者同士の介護の割合は上昇傾向にあり，今後さらに高齢期の夫婦や親子にとって，介護が身近なものになるといえる。

（2）介護の状況

　前述の「同居の主な介護者」が介護に費やす時間についてみると，全体では「必要な時に手をかす程度」が 4 割程度と最も多いが，一方で「ほとんど終日」も 2 割を超えている。要介護度別にみると，要介護度が重くなるほど，「ほとんど終日」の割合が高くなり，要介護 4，要介護 5 では半数前後が「ほとんど終日」となっている。このように，要介護度が高い場合には，家族介護者の負担がいっそう重くなるが，要支援 1 や要支援 2 の場合でも，6 〜8 ％程度は「ほとんど終日」となっており，介護に要する時間は個別性が高いといえる（厚生労働省 2017）。たしかに，認知症の家族を介護している場合などは，要介護度が低くても，ひと時も目を離せないということもある。

　さらに，介護時間が「ほとんど終日」の主な介護者についてみると，

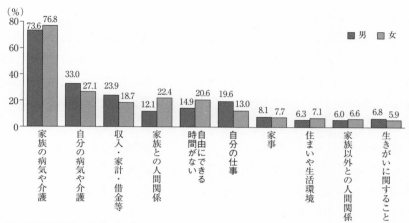

注：熊本県を除いたものである．
出典：厚生労働省（2017）．

図13－1　同居の主な介護者の悩みやストレスの原因：複数回答・2016年

性別では女性が7割を超え，要介護者からみた続柄では妻が35.7％で最も多く，次いで，娘が20.9％，夫が15.2％，子の配偶者（嫁）が11.9％，息子が10.5％の順である（厚生労働省 2017）。このように，妻による夫の介護が最も多いが，夫による妻の介護，娘や息子による親の介護，嫁による義父・義母の介護もそれぞれ1割から2割程度あり，家族介護者の多様性がみてとれる。

　また，介護者の心身の負担は大きく，介護時間にかかわらず，同居の主な介護者の約7割は日常生活で悩みやストレスを抱えている。図13－1でその原因をみると，男女とも「家族の病気や介護」が最も多く，次いで「自分の病気や介護」「収入・家計・借金等」となっている。「家族の病気や介護」は男女とも7割を超えてとくに高く，介護そのものが心理的な負担になっている様子がうかがえる。

2．介護保険における家族支援

（1）家族介護に対する現金給付

①介護保険創設時の議論

　介護保険導入後も多くの介護を家族が担っているが，介護保険は家族

介護にどのように対応しているのだろうか。

　家族介護に対する評価の仕方として，介護者に現金を給付するという方法がある。ドイツの介護保険では，介護手当として現金給付が制度化されているが，日本の介護保険では制度化されていない。ただし，介護保険の創設時には，家族介護に現金給付を行うかどうかはひとつの争点であった。

　現金給付に反対の立場の意見は，(a) 現金給付は必ずしも適切な介護に結びつかず，家族介護が固定化され，とくに女性が家族介護に拘束される，(b) 家族による介護は高齢者の自立を阻害するおそれがあり，また，家族の身体的精神的負担が過重となることから，かえって介護の質も確保できなくなる，(c) サービスの拡充が十分に図られなくなる，(d) 新たな給付であり，費用増大につながる，というものである。

　一方，賛成の立場の意見は，(a) 高齢者や家族の選択の重視，外部サービスを利用している場合との公平性の観点から現金が必要である，(b) 家族による介護を望む高齢者も多く，また家族が介護しているケースが大半であり，介護に伴う家族の支出が増大している実態は無視できない，(c) 現物給付を受けられないケースには保険料負担に対する見返りとして現金給付を行うべきである，というものである。

　こうしてみると，賛否の主な意見は，家族介護の実態や介護サービスの不足という現実に対して，その是正に力点をおくか，それとも現在介護を担っている家族の保護に力点をおくかの違いである。介護保険の創設を検討した審議会の最終報告でも，賛否の意見があるとして両論併記であったが，その後，政府と政権与党にゆだねられ，最終的に，家族への現金給付は制度化されなかった。結論に至る議論の経緯は必ずしも明らかではなく，論理的な決着をみないまま，現金給付は見送られている。

　しかも，介護保険の実施直前，介護保険とは別に「家族介護支援事業」が創設され，そのなかに設けられた「家族介護慰労事業」により，市町村が家族介護者へ慰労金を支給した場合には，国から助成が行われることになった。国の助成の対象となる家族介護慰労金とは，重度（要介護度４，５）で市町村住民税非課税世帯の在宅高齢者が過去１年間介護保

険サービスを受けなかった場合に，その高齢者を介護している家族に市町村から慰労として支給される金品（年額 10 万円まで）である。この事業は十分な合理的根拠も示されないまま，家族介護を公的な「慰労」の対象とするもので，家族介護に対する社会的評価としては問題がある。

②現金給付の危険性と可能性

　介護保険の創設時には現金給付は制度化されなかったが，その後も介護保険法の改正のたびに，審議会では現金給付の導入の是非が論じられている。議論では現金給付の導入には消極的な意見が多く，たとえば，2017 年の法改正時の議論では，「家族介護の固定化につながり，『介護の社会化』という制度の理念や介護離職ゼロ・女性の活躍推進の方針に反している」「現金給付の導入によって，現物給付が縮小すると，介護サービス基盤が崩れ，仕事と介護の両立が阻害される恐れがある」「新たな給付増につながることから，制度の持続可能性の確保の観点から反対」といった理由があげられ，現金給付の導入は適当ではないとされている（社会保障審議会介護保険部会 2016）。現実的には財政上の理由が大きいと考えられるが，日本の介護保険では，現金給付を行わないことによって，社会サービスの利用にインセンティブを与え，介護の社会化を促しているとみることができる。

　しかし，実際は要介護度が高くなると，在宅での介護は介護保険のサービスを利用しても，家族介護がなければ維持できない制度設計である。また，施設介護を希望しているケースであっても，介護施設は待機者が多く，家族介護が強いられている（本書第 12 章）。結局，無報酬で提供されている家族介護に，社会はフリーライドしている状態が続いている。

　家族介護に現金給付を行うべきかどうか，簡単に結論づけることはできない。介護保険の動向をみると，サービス利用の拡大に伴う保険財政の逼迫を背景に，介護の「社会化」から「再家族化」への動きがあり（藤崎 2008），こうしたなかで現金給付を実施することは，家族介護の強化につながる危険もある。介護心中や介護殺人の事件が示すとおり，介護保険導入後も家族は限界を超える介護を担っているが，現金給付により過大な家族負担が処理されてはならない。

　他方，現金給付がこのような過大な家族負担を軽減する回路になる可能性もある。家族介護に現金給付を行うことで，介護の質の管理を根拠に専門家が家族に介入し，家族介護者にアクセスすることで家族介護をサービスの利用に切り替えていく，といったことが考えられるからである（下夷 2003）。

　このように，家族介護に対する現金給付には危険性と可能性の両面がある。介護保険は導入から20年以上が経過し，すでに社会インフラとして定着している。この間，家族介護者は多様化し，介護保険導入時とは家族介護の状況にも変化がみられる。家族介護への支援のひとつとして，現金給付を制度化すべきか否か，家族介護の実態を踏まえて，国民的な議論を行う必要がある。

（２）家族介護支援事業の現状

①事業の内容

　介護保険の実施直前に創設された「家族介護支援事業」は，当初，介護保険とは別の特別対策として実施され，慰労金のほか，家族介護教室，介護用品の支給などが国の助成の対象となっていた。この家族介護支援事業は，その後，2005年の介護保険法の改正により，介護保険に創設された「地域支援事業」に引き継がれている。

　地域支援事業は，高齢者が要介護や要支援になることを予防し，社会に参加しつつ，地域において自立した生活を送れるように支援することを目的に，市町村が実施する事業である[2]。2014年の介護保険法改正を経て，地域支援事業は図13－2のとおり，「介護予防・日常生活支援総合事業」「包括的支援事業」「任意事業」の3つの事業から構成され，このうちの任意事業のなかに「家族介護支援事業」が位置づけられている。

　家族介護支援事業は，「要介護被保険者を現に介護する者の支援のため必要な事業」とされており，「介護教室の開催」「認知症高齢者見守り事業」「家族介護継続支援事業」からなる。このうち，一つめの介護教室は，要介護高齢者の状態の維持・改善を目的として，適切な介護知識・

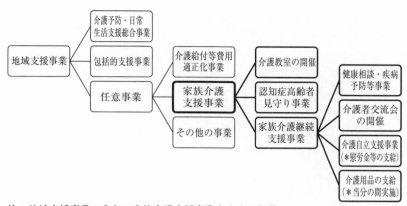

注：地域支援事業のうち，家族介護支援事業を中心に記載.
出典：厚生労働省「地域支援事業実施要綱」をもとに筆者作成.

図13－2　介護保険における地域支援事業の構成：2020年2月時点

技術の習得や，外部サービスの適切な利用方法の習得等の内容で開催される。二つめの認知症高齢者見守り事業は，認知症高齢者の見守り体制の構築を目的として，認知症に関する広報・啓発活動，徘徊高齢者を早期発見できる仕組みの構築・運用，認知症高齢者に関する知識のあるボランティア等による見守りのための訪問等を行うことである。

　三つめの家族介護継続支援事業は，家族の身体的・精神的・経済的負担の軽減を目的とした事業とされ，「健康相談・疾病予防等事業」「介護者交流会の開催」「介護自立支援事業」の3つからなる。健康相談・疾病予防等事業は，家族介護者に対してヘルスチェックや健康相談を実施するもので，家族介護者の疾病予防，病気の早期発見等を目的としている。介護者交流会は，介護者が介護から一時的に解放されるよう開催されるものである。この2つの事業は，いずれも家族介護者を対象にした直接的な支援といえる。介護自立支援事業は，前述の家族介護慰労事業が引き継がれたもので，介護保険の介護サービスを受けていない中重度の要介護者を現に介護している家族を慰労するための事業となっている。

　なお，「介護用品の支給」については，2014年の法改正後，家族介護継続支援事業の事業とはされていないが，それまで実施していた自治体

表 13- 1　家族介護支援事業の実施状況：2017 年

	実施市町村数（重複あり）	
家族介護支援事業	1,593	91.5%
介護者教室	704	40.4%
認知症高齢者の見守り事業	1,150	66.1%
認知症に関する広報・啓発活動	945	54.3%
認知症高齢者の探索・発見・通報・保護・見守りに関するネットワークの構築	801	46.0%
GPS 等の徘徊探知システムの活用	442	25.4%
認知症高齢者に関する知識のあるボランティア等による見守りのための訪問	139	8.0%
家族介護継続支援事業	1,471	84.5%
健康相談	178	10.2%
交流会の開催	792	45.5%
慰労金等の贈呈	681	39.1%
介護用品の支給	1,149	66.0%

注：2017 年 4 月 1 日現在，全国 1,741 市町村（回答率 100 %）.
出典：厚生労働省（2019 年）をもとに筆者作成.

が多かったことから，例外的な激変緩和措置として，2014 年度時点で実施していた場合に限り，当分の間，実施して差し支えない取扱いとされている。

②事業の実施状況

　では，介護保険における家族支援事業はどの程度実施されているのだろうか。表 13-1 で 2017 年度の実施状況をみると，何らかの家族支援事業を実施している市町村は 9 割を超えているが[3]，実際の事業で最も多いのは「家族介護継続支援事業」のなかの「介護用品の支給」で，全体の 2/3 の自治体が実施している。介護用品の支給は，前述のとおり，本来は介護保険の地域支援事業として実施されるべきものではないが，2017 年時点では他の事業を大きく引き離して，最も多く実施されている。次いで，「認知症高齢者の見守り事業」の「認知症に関する広報・啓発活動」，「認知症高齢者の捜索等に関するネットワークの構築」となっているが，いずれも家族介護者を直接対象とした支援ではない。

　家族介護者に対する直接的なサービスの支援事業としては，「健康相談」「交流会の開催」があげられるが，健康相談はわずか 1 割，交流会

の開催も半数程度の自治体しか実施していない。前述のとおり，悩みやストレスを抱える家族介護者は多く，現状の支援で十分とはいいがたい。また，「慰労金等の贈呈」については，約 4 割の自治体で実施されているが，前述のとおり，「慰労」というあり方が家族介護に対する支援の政策として妥当なものか疑問が残る。

　こうしてみると，家族介護支援事業として実際に行われている事業は自治体によってそれぞれであり，個別の事業の実施率には自治体間で格差がある。もちろん，家族介護支援事業は地域支援事業の任意事業であり，地域の実情に応じた事業展開が期待されているわけだが，介護保険による事業である以上，各自治体の事業が家族介護支援として機能しているのか，検証する必要がある。

　それと同時に，家族介護支援事業を地域支援事業のなかに位置づけること自体についても，再考する必要がある。それは結局，介護政策における家族介護の位置づけを問うことである。日本の介護政策の基幹をなす介護保険制度において，家族介護をどう位置付けるのか，根本的な議論を深めなくてはならない。

3.　介護休業制度

（1）介護離職の状況

　老々介護が増加しているが，介護は現役世代の問題でもある。高齢化の進展とともに，親や配偶者の介護は，働く世代の多くの人々にとって身近な話題となっている。

　2017 年の「就業構造基本調査」（総務省）によると，働きながら介護をしている人は約 346.3 万人で，うち雇用者は約 299.9 万人である。介護をしている雇用者についてみると，性別では，男性が約 126.7 万人，女性が約 173.2 万人と女性のほうが多い。年齢階層別では，「55 〜59 歳」が約 65.8 万人と最も多く，次いで「50 〜54 歳」の約 57.1 万人である（総務省 2018）。このように 50 歳代が中心で，介護している雇用者の約 4 割を占めているが，50 代は管理職の世代でもあり，仕事と介護の両立は本人にとっても，企業にとっても重大な課題といえる。

232

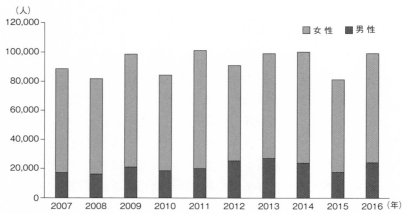

（人）

注：各年10月から翌年の9月までの1年間の人数．データは，総務省「就業構造基本調査」．
出典：内閣府（2019）をもとに筆者作成．

図13－3　1年間の介護離職者数の推移

　実際，介護のために仕事が続けられないケースもある。図13－3で
介護や看護による離職状況についてみると，1年間に介護・看護のため
に離職した人は，年度により増減があるが，年間約8〜10万人となっ
ている。性別でみると，常に女性のほうが多く，介護・看護のために離
職している人の8割前後は女性である。図13－4で2016年10月から
の1年間の介護離職者についてみると，とくに女性の40代後半から60
代前半に離職者が多いのがわかる。女性は育児だけでなく，介護によっ
ても離職の危機に直面するというわけである。

（2）仕事と介護の両立支援制度

　2015年10月，政府が閣議決定した基本方針のなかで，「介護離職ゼロ」
が打ち出されて以降，介護と仕事の両立支援は重要な政策課題となって
いる[4]。高齢者対策の指針となる「高齢社会対策大綱」（2018年2月策定）
においても，健康福祉分野の基本的施策のひとつとして，「家族の介護
を理由とした離職を防止するため，仕事と介護を両立することができる
雇用・就業環境の整備を図ること」が定められている[5]。

　労働者の仕事と介護の両立を支援するための法律として，「育児・介

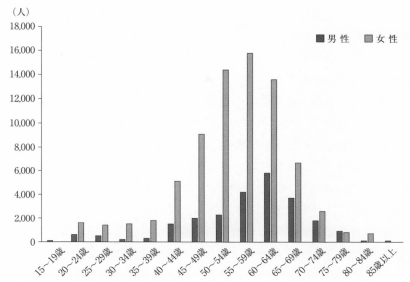

（人）

出典：総務省（2018）をもとに筆者作成．

図13－4　介護離職者の男女別・年齢階層別人数：2016年10月－2017年9月

護休業法」がある。これは，1995年に育児休業法が改正されたもので，家族を介護する労働者が利用できる介護休業等の制度が定められている。前述の「介護離職ゼロ」の政府目標のもと，介護離職を防止する目的で2016年に法改正が行われ，制度の整備がはかられている（以下，制度の内容は，2020年2月時点のもの）。

　制度を利用できるのは，「要介護状態」の「対象家族」を介護している労働者である。ここでの要介護状態とは，負傷，疾病または身体上もしくは精神上の障害により，2週間以上の期間にわたり常時介護を必要とする状態を指し，介護保険の要介護・要支援の認定を受けていない場合も含まれる。また，対象家族とは，配偶者，父母，子，配偶者の父母，祖父母，兄弟姉妹，孫を指し，配偶者には事実婚の場合も該当する。

　要介護状態にある対象家族を介護する労働者は，事業主に申し出ることにより，介護休業を取得することができる。介護休業は，要介護状態にある対象家族1人につき通算93日まで，3回を上限として分割して取得できる。育児休業に比べて期間が短いが，介護休業の場合は労働者

が家族を介護するためだけではなく，仕事と介護を両立させるための準備や体制整備のための利用も想定されている。たとえば，介護サービスを受けるための申請手続きやサービス業者の選定，手配，調整のために休業する場合などである。

　介護休業のほか，介護休暇の制度もあり，介護休暇は，要介護状態にある対象家族が1人であれば年に5日まで，2人以上であれば年に10日まで，1日単位または半日単位で取得することができる。

　また，育児・介護休業法には，「所定外労働の制限」「時間外労働の制限」「深夜業の制限」も定められており，いずれも，介護が終了するまでの必要な時に利用することができる。さらに，事業主が講じるべき措置として「所定労働時間の短縮等の措置」が定められている。これにより，事業主は，「短時間勤務制度（短日勤務，隔日勤務なども含む）」「フレックスタイム制度」「時差出勤制度」「介護サービスの費用助成」のいずれかについて，介護休業とは別に，要介護状態にある対象家族1人につき，利用開始から3年の間で2回以上の利用を可能とする措置を講じなければならない。

　なお，育児・介護休業法は，介護休業などの制度の申出や取得を理由に，解雇，降格，減給などの不利益な取り扱いを禁止しているほか，上司や同僚からの介護休業等を理由とする嫌がらせ等を防止するための措置を講じるよう，事業主に義務づけている。

　介護休業中の所得保障に関しては，雇用保険法に「介護休業給付金」の制度が設けられている。これにより，雇用保険の被保険者であれば，原則として，介護休業開始前の賃金の67％が支給される。

（3）制度の利用状況

　では，実際に介護休業制度等は利用されているのだろうか。表13－2で2017年の利用状況をみると，家族を介護している雇用者のうち[6]，何らかの制度を利用しているのはわずか8.6％である。正規職の雇用者で10％，非正規の雇用者で7.5％となっており，雇用形態にかかわらず，介護をしながら働いている雇用者の9割は，介護休業等の制度を一切利

表 13－ 2　介護をしている雇用者の介護休業制度等の利用状況：2017 年

(%)

	総　数	制度の利用あり						制度の利用なし
		介護休業制度	短時間勤務制度	介護休暇制度	残業の免除・制限	その他の制度	
総　数	100.0	8.6	1.2	2.1	2.7	0.9	2.6	90.2
正規の職員・従業員	100.0	10.0	1.3	1.8	4.2	1.1	2.7	88.9
非正規の職員・従業員	100.0	7.5	1.0	2.4	1.6	0.7	2.5	91.2

注：「総数」は会社などの役員を含む．「正規の職員・従業員」「非正規の職員・従業員」は
　　会社などの役員は含まない．「その他の制度」は，介護のためのフレックス制度，在宅
　　勤務・テレワーク，深夜業の制限など．利用している制度は複数回答．
出典：総務省（2018）をもとに筆者作成．

用していない。

　制度の種類別にみると，介護休業制度を利用しているのは 1.2 ％にす
ぎず，正規職で 1.3 ％，非正規職で 1.0 ％となっており，ほとんど利用
されていない。利用されている制度としては，正規職の場合は介護休暇
制度が 4.2 ％，非正規職の場合は短時間勤務制度が 2.4 ％で，他の制度
に比べると利用率が高いといえるが，利用しているのは介護をしている
雇用者のごくわずかである。

　こうしてみると，仕事と介護の両立支援のための制度は整備されてい
るが，それが有効に活用されているとはいいがたい。制度の周知に問題
があるのか，制度設計に問題があるのか，制度を利用しづらい企業の雰
囲気に問題があるのか，政府として詳細な検証を行う必要がある。

4.　家族介護者への支援のあり方

（1）感情労働としての高齢者介護

　家族介護に対しては，介護保険法による家族介護支援事業や，育児・
介護休業法による介護休業等の制度があるが，いずれも家族介護の支援
として機能しているとはいいがたい。今後，「介護の社会化」を推進す
べきことは言うまでもないが，家族による介護が完全になくなるとは考
えられず，家族介護に対する支援のあり方が課題となる。そこでまず，

高齢者の介護をどう捉えるか，改めて考えてみたい。

　介護という営みをケアワークとよび，これを労働としてみると，2つ
の異なる側面から捉えることができる。ひとつは身体的労働という面で，
これは食事や排泄の介助など，ケア提供者が身体を使って行う労働であ
る。一般的にケアワークというと，この身体的労働がイメージされるが，
ケアワークにはもうひとつ，感情労働という面がある。

　感情労働とは，社会学者の A. R. ホックシールドによると「相手に適
切な精神状態が喚起されるよう，自身の感情を誘発したり抑圧したりし
ながら，自分の外見上の感情を維持すること」と定義されている
（Hochschild 1983＝2000）。その例としてあげられるのが，飛行機の客室
乗務員の仕事である。客室乗務員は，乗客の満足感を引き出すために，
自分の感情をコントロールして，常に明るい笑顔で職務にあたるが，こ
れが感情労働である。感情労働は，単に精神的ストレスを伴う労働，あ
るいは，気を遣う労働を意味するものではない。感情労働のポイントは，
相手に「一定の精神状態を引き起こす」という目的のために，感情的努
力を必要とする労働，という点である（鈴木 2006）。

　高齢者のケアについてみると，身体的労働としてのケアは当然のこと
ながら，感情労働としてのケアも重要である。感情労働は身体的労働の
ように目に見える労働ではないため捉えにくいが，人生の後半から終盤
のライフステージにある高齢者のケアにおいて，「心身の不自由はあっ
ても頑張って生きていこう」という積極的な気持ちを引き出すことは，
欠かすことのできないケアである。

　そこで，高齢者のケアを感情労働としてさらにみていくと，先にあげ
た客室乗務員の感情労働とは異なる特徴があることがわかる。客室乗務
員の場合，通常，乗客との関係は一時的，短期的なもので，感情労働も
その場の演技でこなすことができる。他方，高齢者ケアの場合は，高齢
者とケア提供者との関係が継続的，長期的なことが多く（あるいは，今
後そうなることが期待されており），演技はむしろマイナスである。こ
こでは両者の信頼関係の構築が不可欠であり，こうした関係性を基盤に
してこそ，感情労働が可能となる。よって，感情労働としての高齢者ケ

アのひとつのポイントは「信頼関係」といえよう。

　また，感情労働としてのケアは，ケアの受け手との相性が合えば誰でも簡単にできるように見られやすいが，ホームヘルパーを対象とした調査研究によると，「感情的知性」「コミュニケーションスキル」「感情管理スキル」「場の設定スキル」という4つのスキルが必要であると指摘されている[7]。感情的知性とは相手や自分の感情や立場を理解して，よりよりサービスを提供するスキル，コミュニケーションスキルとは相手への説明，問題解決策の提案，説得などのスキル，感情管理スキルとは自分のネガティブな感情を抑え，適切な感情を維持するスキル，場の設定スキルとは相手との関係構築，共通の場を設定するスキルを指すが，このなかでも，感情的知性と感情管理スキルが質の高いケアサービスに関係しているという（西川 2004, 2006）。つまり，相手と自分の感情をどれだけよく理解できるかということと，自分の感情をいかにうまく操作できるか，ということである。

　ここから，高齢者ケアのポイントとして，「感情の理解」と「感情コントロール」があげられる。とりわけ，高齢者の感情に対する深い理解は重要である。というのも，そうでなければ，ケア提供者の余計なおせっかいになるばかりか，両者の権力関係によっては，ケア提供者による高齢者の支配・抑圧になりかねないからである。

（2）感情労働における家族の両義性

　以上のとおり，感情労働としての高齢者ケアにおいては，高齢者とケア提供者の「信頼関係」，ケア提供者による自他の「感情の理解」とそれに基づく自らの「感情コントロール」の3つが重要となる。では，その担い手として，家族はどのように評価できるだろうか。結論を先取りしていえば，家族はこれに適しているとも適していないとも，どちらともいえる，ということである。

　高齢者とその家族は，夫婦・親子・きょうだいなどの間柄として長期的な関係にあることが多い。そうしたなかで，「何があっても相手を見放さない」という強い信頼関係が結ばれていることもあるが，逆に，過

去のいきさつによっては，修復できない段階まで人間関係が壊れている
こともある。また，家族内には，家族でしか知りえないインフォーマル
な情報が共有・蓄積されていることも多い。それにより，他人にはわか
らない細かい感情までよく理解でき，自分の感情も粘り強くコントロー
ルできるということもあるが，反対に，プライベートな事情まで知って
いるがゆえに，かえって冷静な理解ができず，自分の感情がどうしても
抑えられない，ということもある。

　このように，信頼関係，感情の理解，感情コントロールのすべてにお
いて，家族はプラスにもマイナスにも作用すると考えられ，感情労働の
担い手としては両義的である。つまり，プラスの場合は「家族の力には
かなわない」という専門職の声に示されるとおり，家族には他人ではな
しえない深い感情労働が期待できるが，他方，マイナスの場合には家族
に感情労働を期待することはできず，仮にそれが行われても，高齢者と
家族の双方にとって苦痛であるばかりか，ケアの質の観点からも問題が
ある。

　こうして，高齢者の介護をケアワークみなし，感情労働という視点か
ら捉えると，家族による介護が一律に高く評価されるべきことでも，ま
た，一律に否定されるべきことでもないことがわかる。また，家族が介
護を担っている場合も，その営みは愛情による自然な行為ではなく，そ
こには感情管理のコストが伴っていることもわかる。なお，ケアワーク
の感情労働としての側面を重視することは，女性を情緒的・感情的とみ
なす風潮とあいまって，女性とケアの結びつきを強化することになる，
という懸念もあろう。しかし，感情労働が感情的知性，感情管理スキル
を要する労働であることを理解すれば，これが性別に関わらないことは
明らかである。

（3）家族介護の再定位

　高齢期の家族形態，および家族規範は急速に変化し，高齢者介護の担
い手は多様化している。実際，家族介護者の年齢，性別，続柄，就労状
況などはさまざまである。このままでは，制度的な支援がないまま，そ

れぞれの事情をかかえた特定の家族メンバーが介護を担い続けることになる。介護保険の導入当時とは異なる状況を踏まえ，今まさに，家族介護者への支援のあり方について，検討すべき時期にきているといえる。

　そこでの課題は，家族介護者を個人として捉えたうえで，社会的に包摂することである。諸外国では，家族介護への支援に多様な手法がとられている。たとえば，介護者本人に対して，休暇を取得する権利（代替介護の保証付き）やカウンセリングを受ける権利を保障している国や，家族介護者を労働者のようにみなし，年金，医療，労災（介護中の事故に適用）などの社会保障の権利を保障している国もある（岩間 2003）。これらの政策手段を精査したうえで，「介護の社会化」と両立可能な家族介護支援の政策を検討することが課題である。

　「介護の社会化」後の家族介護を政策的に位置づけるためには，家族による介護の価値を問い直すことが必要である。それは，家族神話の時代に引き戻されないように留意しながら，家族メンバー間の相互作用としての介護の意味を探求することである。「介護の社会化」時代においては，「介護の脱家族化」の論理を徹底するとともに，「家族介護の再定位」の論理が求められている。

》》 注

1）利用率と利用しない理由の割合は，厚生労働省（2017）の介護データをもとに筆者が算出した。ここでの要介護等認定者には第二号被保険者も含まれる。
2）地域支援事業については，各事業の目的，内容等を含めて，「地域支援事業実施要綱」による（2019 年 12 月 9 日取得，https://www.mhlw.go.jp/content/12300000/000506705.pdf）。
3）ここでは介護保険下の家族介護支援事業に限定してみていくが，介護保険による事業とは別に，自治体が独自に行っている家族介護の支援事業もある。
4）「基本方針（平成 27 年 10 月 7 日閣議決定）」による（2019 年 12 月 9 日取得，https://www.kantei.go.jp/jp/kakugikettei/2015/1007kihonhousin.html）。
5）「高齢社会対策大綱」による（2019 年 12 月 9 日取得，https://www8.cao.go.jp/kourei/measure/taikou/h29/hon-index.html）。日本の高齢社会対策の基本的枠組みは，高齢社会対策基本法に基づいており，同法により，政府は推進すべき高齢社会対策の指針として，「高齢社会対策大綱」を策定することが義務づけられて

いる。

6）総務省（2018）によるが，「介護をしている」については，次のように説明されている。ここでいう，ふだん家族の「介護をしている」とは，日常生活における入浴・着替え・トイレ・移動・食事などの際に何らかの手助けをする場合をいい，介護保険制度で要介護認定を受けていない人や，自宅外にいる家族の介護も含まれる。ただし，病気などで一時的に寝ている人に対する介護はこれに含まない。ふだん介護をしているかはっきり決められない場合は，便宜，1年間に30日以上介護をしている場合を「介護をしている」とする。

7）田中（2005）は，同じ調査を用いた分析で，この4つを「理解対応スキル」「自立共働スキル」「感情管理スキル」「洞察スキル」と名づけている。

参考文献

藤崎宏子，2008，「訪問介護の利用抑制にみる『介護の再家族化』—— 9年目の介護保険制度」『社会福祉研究』103：2-11.

Hochschild, A. R., 1983, *The Managed Heart: Commercialization of Human Feeling*, University of California Press.（石川准・室伏亜希訳，2000，『管理される心——感情が商品になるとき』世界思想社.）

岩間大和子，2003，「家族介護者の政策上の位置付けと公的支援——日英における政策の展開および国際比較の視点」『レファレンス』624：5-48.

厚生労働省，2002, 2017,「国民生活基礎調査の概況（平成13年）（平成28年）」,（2019年12月9日取得，https://www.mhlw.go.jp/toukei/saikin/hw/k-tyosa/k-tyosa01/index.html, https://www.mhlw.go.jp/toukei/saikin/hw/k-tyosa/k-tyosa16/index.html）.

厚生労働省，2019，「平成29年 介護保険事務調査の集計結果」,（2020年2月20日取得，https://www.mhlw.go.jp/topics/kaigo/osirase/jigyo/17/index.html）.

内閣府，2019，『令和元年版 高齢社会白書』,（2019年12月9日取得，https://www8.cao.go.jp/kourei/whitepaper/index-w.html）.

西川真規子，2004，「ヘルパーの技能の内実と向上——アンケート調査による実証分析」『経営志林』41（1）：35-53.

西川真規子，2006，「感情労働とその評価」『大原社会問題研究所雑誌』567：1-13.

社会保障審議会介護保険部会，2016，「介護保険の見直しに関する意見（平成28年12月9日）」,（2019年11月28日取得，https://www.mhlw.go.jp/file/05-Shingikai-12601000-Seisakutoukatsukan-Sanjikanshitsu_Shakaihoshoutantou/0000145516.pdf）.

下夷美幸，2003，「高齢者介護とジェンダー——家族支援によるジェンダー変革の可能性」『国立女性教育会館研究紀要』7：33-43.

総務省，2018，「平成 29 年　就業構造基本調査」，（2019 年 12 月 9 日取得，https://www.stat.go.jp/data/shugyou/2017/index.html）.

鈴木和雄，2006，「感情管理とサービス労働の統制」『大原社会問題研究所雑誌』567：15-28.

田中かず子，2005，「ケアワークの専門性——見えない労働『感情労働』を中心に」『女性労働問題研究』47：58-71.

14 | 母子家族への支援

　本章では，母子家族に対する支援について，とくに経済的支援に焦点をあてて考える。まず，母子世帯の貧困・低所得の実態を確認し，つぎに，その背景について検討する。そして，これまでどのような経済的支援がなされてきたのか，主に児童扶養手当制度の変遷を跡づける。最後に，家族政策の視点から母子家族支援を捉え直し，その課題について考察する。

1. 母子世帯の貧困

（1）子どもの貧困率

　はじめに，現在，社会問題化しているひとり親世帯の貧困についてみておきたい。2000 年代に入り，日本でも「子どもの貧困」への社会的関心が高まり，政府は 2009 年から「国民生活基礎調査」をもとに貧困率を公表している。国民生活基礎調査は 3 年ごとに大規模調査が実施されており，貧困率はこの大規模調査をもとに公表される。その結果によると，2015 年の「子どもの貧困率」は 13.9 ％で，子どものおよそ 7 人に 1 人が貧困という厳しい状況である[1]。

　この貧困率は OECD 基準による「相対的貧困率」である。これは大まかに言えば，世帯員 1 人あたりの可処分所得として，世帯人数等で調整した所得（等価可処分所得）を算出し，その中央値の 50 ％を貧困ラインとみなし，この貧困ラインに満たない所得で暮らす人の割合を示したものである。所得が中央値の半分もなければ，その社会でまっとうな暮らしはできない，という考え方によるものである。日本政府は OECD 基準の貧困率を用いており[2]，前述の 2015 年の「国民生活基礎調査」

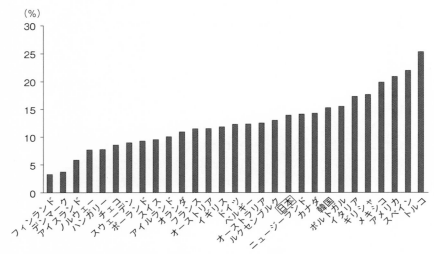

(%)

注：出典のデータのうち，1990 年代までに OECD に加盟した 29 か国を記載．ニュージー
　　ランドは 2014 年，アイスランド，日本，スイス，トルコは 2015 年．なお，子どもの
　　年齢は 18 歳未満．
出典：OECD（2019）の "Chart CO2.2.A. Child relative income poverty rate, 2016 or latest
　　available year" をもとに筆者作成．

図 14－1　子どもの貧困率：国際比較（2016 年）

による貧困ラインは 122 万円である．

　図 14－1 で子どもの貧困率の国際比較をみると，主に北欧諸国が良
好で，日本は OECD 29 か国のなかでも下位ランクに位置している．主
要先進国と比較すると，日本はフランス，イギリス，ドイツよりも劣っ
ている．アメリカは主要国の中でも子どもの貧困率が突出して高く，
20 ％を超えており，日本はアメリカほどではないものの，子どもの貧
困対策に成功している国とはいえない．

（2）ひとり親世帯の貧困率

　日本の子どもの貧困率に戻ると，貧困率は家族形態により大きく異
なっており，ひとり親世帯とふたり親世帯の格差は極めて大きい．図
14－2 のとおり，データのある 1980 年代後半以降，ひとり親世帯の貧
困率は常に 50 ％を超えており，深刻な状況が続いている．このことは，
ひとり親世帯の少なくとも半数は，所得がまっとうな生活を営む水準に

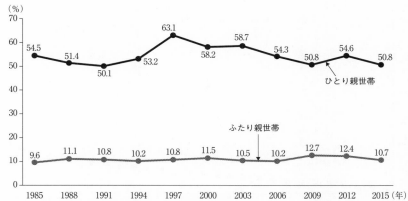

注：「ひとり親世帯」は子どもがいる現役世帯のうち「大人1人」の世帯,「ふたり親世帯」
　　は子どもがいる現役世帯のうち「大人2人以上」の世帯.
出典：厚生労働省（2017a）.

図 14－2　ひとり親世帯とふたり親世帯の貧困率：日本（1985-2015 年）

達していない，ということを意味する。

　ひとり親世帯は母子世帯か父子世帯のいずれかであるが，ひとり親世帯の約9割は母子世帯が占め（総務省 2017），しかも母子世帯は父子世帯に比べて年収が低く，とりわけ低い収入階層に偏っている（厚生労働省 2017b）。こうしたことから，ひとり親世帯の貧困は母子世帯の貧困と置き換えてみることができる。つまり，30年以上も前から現在に至るまで，母子家族の約半数は，貧困のなかで暮らしているということである。

　ひとり親世帯はふたり親世帯よりも貧困率が高い，というのは日本だけのことではない。**図 14－3**で，ひとり親世帯とふたり親世帯の貧困率の国際比較をみると，どの国もひとり親世帯の貧困率のほうが高いことがわかる。しかし，日本のひとり親世帯の貧困率は，国際的にみても極めて高いといえる。子どもの貧困率が主要国のなかでも突出しているアメリカでさえ，ひとり親世帯の貧困率は50％を切っており，日本のひとり親世帯の貧困率より低くなっている。ふたり親世帯とひとり親世帯の貧困率の格差という点についても，日本は格差が大きいことが特徴的で，40ポイントの差がある[3]。こうしてみると，日本の子どもの暮

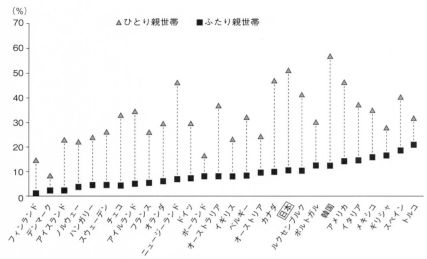

注：出典のデータのうち，1990 年代までに OECD に加盟した 28 か国を記載．「ひとり親世帯」は子どもがいる世帯のうち「大人 1 人」の世帯，「ふたり親世帯」は同「大人 2 人以上」の世帯．ニュージーランドは 2014 年，アイスランド，日本，トルコは 2015 年.
出典：OECD（2019） の "Chart CO2.2.C. Poverty rates in households with children by household type, 2016 or latest available year" をもとに筆者作成.

図 14-3　ひとり親世帯とふたり親世帯の貧困率：国際比較（2016 年）

らし向きは，ひとり親世帯か否かによって大きく左右されるといえる。

（3）子どもの不利

　ひとり親世帯の半数が貧困であるが，これは所得が貧困ラインに満たない世帯をカウントしただけであり，残りの半数の世帯すべてに十分な所得があるというわけではない。ひとり親世帯のなかには，貧困ラインを超えていても，貧困ラインに近い低所得のケースが少なくない。

　そこで懸念されるのが，貧困や低所得が子どもの生活や将来に与える影響である。たとえば，ひとり親世帯では高校卒業後の進学率が低い。内閣府の資料をもとに 2016 年度の進学率を比較すると，大学，短大，専修学校等を含めた進学率は，全世帯の 73.2 ％に対して，ひとり親世帯では 58.5 ％となっており，格差は大きい。大学進学率（短大含む）でみると，全世帯が 52.1 ％に対し，ひとり親世帯は 41.9 ％にとどまっており，専修学校等の進学率についても，全世帯が 21.2 ％に対して，

ひとり親世帯は 16.7 ％と低くなっている（内閣府 2017，2019）。もちろん，進学だけで子どもの将来が決定されるわけではないが，多くの場合，学歴がその後の職業選択や就労収入に影響する。

　この進学率の格差をすべて経済的要因で説明することはできないものの，進学の断念や進学意欲の低下が貧困のなかでの生活と無関係とはいえない。進学以外にも，経済的事情で子どもが部活動を控えたり，修学旅行を諦めたりといった事例もみられる[4]。そうすると，貧困・低所得の母子世帯の子どもは活動の幅が狭められ，子ども同士の話題にも加われなくなる。こうしたことが重なれば，他の子どもとの間に壁ができ，子どもたちが形成する社会への参加の機会を失っていく，ということも十分に考えられる。まさに，貧困は大人だけでなく子どもにとっても，社会的排除のリスクといえる。

2. 母子世帯の貧困・低所得の背景

（1）母親の就労

　前述のとおり，母子世帯の貧困は深刻だが，母子世帯の母親は働いていないのかといえば，そうではない。厚生労働省の調査で 1980 年代後半以降についてみると，母子世帯の母親の就労率は常に 80 ％を超えており，2016 年は 81.8 ％である[5]。これは先進諸国でもトップレベルである。たとえば，子どものいる女性の就労率が OECD 諸国のなかでも非常に高いスウェーデンですら，母子世帯の母親の就労率は 74.8 ％（2014 年）である（OECD 2019）。このことからも，日本の母子世帯の母親の就労率がいかに高いかがわかる。就労を必要としない母親（資産があるケース等）や，就労が不可能な母親（病気や障害で働けないケース等）を除き，ほとんどの母子世帯の母親は働いている，と考えられる。

　通常，働くことは貧困から脱する手段となる。実際，OECD の 2013 年前後のデータで，ひとり親世帯の貧困率を親の就労の有無別にみると，先進諸国のほぼすべてで，親が就労している世帯のほうが就労していない世帯より貧困率は低くなっている。唯一の例外が日本で，日本のひとり親世帯だけは逆に，親が就労している世帯の方が就労していない世帯

よりも貧困率が高くなっている。しかも，ひとり親世帯のうち親が就労している世帯について，その貧困率を並べてみると，日本の「親が就労している」ひとり親世帯の貧困率は，他国に比べて突出して高い[6]。

　なぜ，母子世帯の母親は働いているのに貧困から抜け出せないのだろうか。2016 年の調査結果から，母子世帯の母親の就労と収入についてみてみたい[7]。まず，母子世帯の母親の 1 年間の就労収入（2015 年）は平均 200 万円で，就業形態別にみると，正規の職員・従業員の場合は 305 万円だが，パート・アルバイト等ではその半分以下の 133 万円にすぎない。このように正規職と非正規職では所得格差が大きいが，母子世帯の母には非正規職が多い。母子世帯の母親の就業上の地位をみると，パート・アルバイト等が 43.8 ％を占め，正規の職員・従業員（44.2 ％）とほぼ同じ割合である。

　この点は同じひとり親世帯でも，父子世帯と大きく異なる点である。父子世帯の父親の場合は，「正規の職員・従業員」が 68.2 ％，「自営業」が 18.2 ％，「パート・アルバイト等」が 6.4 ％で，父子世帯の父親は「正規の職員・従業員」が多い。しかも，「正規の職員・従業員」の年収も父子世帯と母子世帯では差があり，父子世帯の父親は 428 万円で，母子世帯の母親（305 万円）の 1.4 倍である。

　若年層を含めて，女性全体に非正規雇用がひろがっているなかで，良質な正規職をめぐる女性間の競争において，1 人で子育てを担っている母子世帯の母親は優位に立てないのが現実である。

　このように，日本では母子世帯の母親にとって，就労は貧困から脱する回路になっていない。それには，「夫が扶養者，妻は被扶養者」を前提とした税制や社会保障制度の仕組みが関わっている。いわゆる，「男性稼ぎ主モデル」の社会政策である。税制も社会保障制度も原則的には個人単位で，性別に関しても中立的に設計されているが，夫が妻を扶養していることへの配慮が組み込まれている。その代表的なものが，税制上の配偶者控除や国民年金の第三号被保険者制度（本書第 2 章）である。これにより，夫がサラリーマンの女性は，就労するにしてもパート労働で「夫の被扶養者」にとどまる範囲に収入を抑えようとする。そうすれ

ば，夫が配偶者控除を受けられ，また，女性本人の年金保険料も負担する必要がなく，世帯としては経済的なメリットが得られるからである。しかしそのことは，パート労働者全体の賃金を抑制することになる。

　結局，「男性稼ぎ主モデル」の社会政策によって，子どものいる女性の働き方はパート労働に方向づけられ，そして，そのパート労働の賃金や労働条件は，夫に扶養されている女性を前提に低く抑えられているのである。実は，子どものいる女性の就労が脱貧困の回路にならないという問題は，母子世帯の場合だけではなく，ふたり親世帯の貧困においても生じている。前述の 2013 年前後の OECD のデータで各国のふたり親世帯の貧困率を親の就労状況別にみると，各国共通して，共働き世帯のほうが片働き世帯よりも明らかに貧困率が低くなっている。しかし，日本だけは共働き世帯と片働き世帯の貧困率にほとんど差がみられない[8]。つまり，日本では，子どものいる女性の就労はひとり親世帯でもふたり親世帯でも脱貧困の回路にならないのである。

　このような女性の労働環境において，自らが世帯主として子どもを扶養している母子世帯の母親が，家計を維持するのに十分な収入を得ることは容易ではない。こうしてみると，母子世帯の母親が働いても貧困から抜け出せないという問題は，個人に原因があるのではなく，社会によってもたらされているといえる。

（2）福祉給付

　母子世帯の母親はまさしくワーキングプアであるが，福祉の手当はどうなっているのだろうか。母子世帯は生活保護に依存しているとイメージされやすいが，2016 年の調査結果によると，母子世帯で生活保護を受給しているのは 11.2 % にすぎない（厚生労働省 2017b）。母子世帯のなかには，生活保護を受ける基準を満たしていても受給していないケースが少なくない。その背景には，生活保護を受給することに伴うスティグマ（恥辱・汚名）や，受給者に対するバッシングといった社会的な問題がある。また，生活保護を受給すると子どものための貯蓄ができないことや，自家用車を所持できないことなど，生活保護制度の仕組みが母

子世帯の生活と合わないこともある。そのほか，母子世帯の母親が生活保護を申請しようとする際の，役所の窓口での対応も問題点として指摘されている（赤石 2014：167）。

　生活保護に代わり，母子世帯の生活を下支えしているのが児童扶養手当である。児童扶養手当とは，ひとり親世帯に支給される現金給付で，離婚・未婚の母子世帯の約8割がこれを受給している（厚生労働省2017b）。手当額は親と子1人の場合，収入が160万円までは月額約4万円，収入が160万円から365万円までは，収入に応じて月額約4万円から1万円までの間で決まる。子2人の世帯には，子1人の世帯の手当額に約1万円から5,000円の加算，子3人の世帯には，子2人の世帯の手当額に約6,000円から3,000円の加算となる（2019年4月時点）。手当の支給期間は，子どもが18歳になった年の年度末までとなっており，大学に進学しても手当が延長されることはない。

　児童扶養手当は母子世帯にとって「命綱」とも呼ばれているが，これまでの児童扶養手当の歴史をみると，経済的支援として安定したものとはいいがたい。その点は，のちほど詳しくみていきたい。

（3）父親からの養育費

　離婚母子世帯の場合，その収入源としては，母親の就労収入，福祉給付のほかに，父親からの養育費が考えられる。夫婦が離婚しても，法的親子関係に変わりはなく，親は子を扶養しなければならない。それは，親権や同居の有無にかかわりなく，親が負う義務であり，親には自身と同程度の生活を子に保障する責任がある。よって，離婚後，子と別れて暮らす親は養育費を支払うことで，子に対する扶養義務を果たさなくてならない。では，実際に養育費は支払われているのだろうか。

　表14-1は離婚母子世帯の養育費の受給状況を示したものである。これをみると，「現在も養育費を受けている」割合は，1983年の11.3％から年々上昇し，1998年に20.8％に達したものの，その後，2011年まで20％に届かない水準で低迷している。ところが，2016年には26.1％に上昇し，状況の好転が認められる。とはいえ，約4人に1人の母親し

表 14－1　離婚母子世帯の養育費の受給状況

(%)

調査年	現在も養育費を 受けている	養育費を受けた ことがある	養育費を受けた ことがない	不　詳
1983年	11.3	10.1	78.6	－
1988年	14.0	10.6	75.4	－
1993年	14.9	16.4	68.7	－
1998年	20.8	16.4	60.1	－
2003年	17.7	15.4	66.8	－
2006年	19.0	16.0	59.1	5.9
2011年	19.7	15.8	60.7	3.8
2016年	26.1	16.1	53.4	4.3

注：2016 年の養育費の受給状況については，政府の資料でも未婚母子世帯と離婚母子世帯
　を合わせたデータ（「現在も養育費を受けている」24.3 %，「養育費を受けたことがある」
　15.5 %，「養育費を受けたことがない」56.0 %）が示されることが多いが，本表では離
　婚母子世帯に限定したデータを用いている．
出典：厚生労働省（1990，1995，2001，2005，2007，2012，2017b）をもとに筆者作成．

か受け取っていないというのは，依然として低い水準である．

　なお，養育費の金額は，「現在も養育費を受けている」および「養育費を受けたことがある」母子世帯の平均月額で，子 1 人の世帯は約 3 万 8,000 円，子 2 人の世帯は 4 万 8,000 円となっている[9]。これが父親と同程度の生活水準を子に保障する金額といえるのかどうかについては，支払っている父親の所得が明らかでないため判断できない．

3.　母子福祉政策の変遷

（1）「福祉から就労へ」の動き

　母子世帯に対する福祉政策については，2002 年に「児童扶養手当中心の支援」から「就業・自立に向けた総合的支援」への転換，と銘打った抜本改革が行われている．これは，児童扶養手当の受給者の増加に伴う財政負担が問題とみなされ，その給付費の削減を目的に行われたものといえる．この改革で，母子福祉政策は「就業・自立に向けた総合的支援」として，「子育て・生活支援」「就業支援」「養育費の確保支援」「経済的支援」の 4 本柱からなる施策に再構成されている[10]。その後，2012 年には，「母子家庭の母及び父子家庭の父の就業の支援に関する特別措置法」が成立し，就業支援が補強されており，2002 年の改革以降，

母子福祉政策は母親の就労による自立を目指すことに力点が置かれている。

日本の 2002 年の改革は，アメリカの母子福祉対策に追随したものとみられる。アメリカでは，1996 年の個人責任・就労機会調整法の制定により，「福祉から就労へ」という従来の政策の方向がいっそう強化されている。同法の制定はドラスティックな制度改正を含むものであり，福祉改革と呼ばれている。その主な内容は，貧困母子世帯に対して公的扶助として支給されてきた AFDC（Aid to Families with Dependent Children）が TANF（Temporary Assistance for Needy Families）に改められたことである。新しく導入された TANF は，受給期間の制限と就労要件の強化を特徴とする厳しい手当である。具体的には TANF の受給は生涯 60 か月，すなわち 5 年間までとされ，受給者は受給開始後 2 年以内に州政府が規定した就労活動に従事しなければならない。これは，いわば罰則付きの就労義務のようなものであり，就労要請に応じない場合には，給付の減額や停止の措置がとられる。

アメリカでこのような強力な改革が行われた背景には，母子世帯の増加に伴う福祉給付の増大という財政問題がある。しかしそれだけではなく，母子世帯の福祉依存が問題視され，それがアメリカ社会の基盤である「自立」精神を損なうこと，とくに福祉依存が子どもの成長過程で日常化し，継承されることへの危機感が高まったことも大きく影響している（下夷 2000）。

アメリカの 1996 年の福祉改革は，母子世帯にとって厳しい制度改正といえるが，一方で，連邦政府は税制を通じて，低所得の子育て世帯への支援を拡充しており，それが TANF 受給世帯の就労促進になっている面もある。就労インセンティブを高めることで，つまり，働いたほうが金銭的に得になるようにすることで，TANF 受給者に就労を促しているのである。

こうしてみると，アメリカの 1996 年の福祉改革は，母子世帯への福祉給付を削減し，就労を強力に要請することで「福祉から就労へ」を達成しようとしているが，福祉給付の削減や就労要請だけでなく，母親が

就労している母子世帯には支援を厚くしているといえる。

　日本の 2002 年改革はアメリカの 1996 年福祉改革を取り入れたものとみられるが，そもそも日本の母子世帯は公的扶助である生活保護の受給率が極めて低く，母親の就労率も非常に高い。アメリカの「福祉から就労へ」の改革は，働くことへの経済的インセンティブを高めるために低所得の就労世帯への支援を増やしているが，日本の 2002 年改革では児童扶養手当を削減し，アメリカとは逆に，低所得の母子世帯への支援を後退させている。

　日本の母子世帯の貧困・低所得状況を直視すれば，母子福祉施策の 4 つの柱のなかでも，経済的支援の強化が先決課題といえる。しかし現在，児童扶養手当が十分に拡充されているとはいえない。貧困率の公表により，母子世帯の高い貧困率が明らかになって以降も，児童扶養手当の改正は，第 2 子，第 3 子以降の加算額の増額や全部支給の所得制限の緩和といった，極めて限定的なものにとどまっている（2020 年 2 月時点）。

（2）児童扶養手当の変遷

　児童扶養手当は母子世帯の生活維持に欠かせない重要な手当といえるが，その歴史をみると，母子世帯への経済的支援として安定したものとは言いがたい。1980 年代半ば以降は明らかに給付の抑制傾向が続いており，手当を削減する方向での見直しが行われている。その際，議論に浮上するのが家族間の私的扶養との関係である。児童扶養手当の歴史には，日本の母子家族への支援のありようが端的に現れている。以下，手当の創設からの経緯を追ってみてみたい [11]。

①創設から 1970 年代

　児童扶養手当は 1961 年に法制化され，翌 1962 年から支給されている。この手当の創設は年金制度の発展と関連している。1959 年の国民年金制度の創設により，死別母子世帯には母子年金が支給されるようになったが，当時，保険料の拠出期間が短いなど受給要件を満たせない母子世帯も多かったため，これらの母子世帯を対象に無拠出の母子福祉年金が設けられた。その際，離別した母子世帯も死別の場合と同じく経済的に

困難な状況にあり，母子福祉年金のような無拠出の手当が必要であるとの議論が生じ，児童扶養手当が創設された。つまり，まず母子年金が設けられ，つぎにその補完的制度として母子福祉年金が設けられ，さらにその補完的制度として児童扶養手当が設けられたというわけである。

　このように，児童扶養手当は離別母子世帯と死別母子世帯の格差を埋めるものとして構想されたものといえる。児童扶養手当はその後，順調に発展していく。支給額は徐々に引き上げられ，1970 年には母子福祉年金と同額になり[12]，以後，母子福祉年金と同じ水準で増額されている。また，支給対象の児童の範囲も拡大され，1976 年には支給対象の児童の年齢が義務教育終了までから 18 歳に達するまでに引き上げられている。その背景には，当事者である母子世帯の母親たちの社会運動がある。

② 1985 年の法改正

　1970 年代後半までは手当の拡充が図られてきたが，1980 年代に入ると離婚母子世帯の増大とともに，児童扶養手当の財政負担が問題視されるようになり，給付抑制の議論が起こってくる。そして，1985 年の児童扶養手当法の改正で，所得制限が強化されるとともに，所得による手当支給額の 2 段階制が導入されている。これは大幅な給付削減であるが，改正法にはさらに，子の父親の所得が政令で定める額以上の場合には手当を支給しない，という規定が盛り込まれている。

　最終的にこの規定は無期限の施行延期となったが，法改正にあたり政府が作成した想定問答集をみると，「相当高額の所得のある夫と離婚された場合には，まず，その夫に扶養義務の履行をしてもらうという考え方に立って，手当の受給を遠慮していただく」「（児童扶養手当が：筆者注）全額国民の税金と助け合いによってまかなわれていることを考えれば当然」「離婚後の夫が養育料を支払うことは十分に可能であり，それを期待しても無理がない」「手当を申請する際，原則として，離婚した夫の離婚時の前年の所得証明なり，給与証明なりをつけていただいて認定する」とある。

　この想定問答集に示されているのは，父親に扶養能力がありさえすれば，扶養の実態にかかわらず，全額公費負担の手当は支給すべきではな

いという考え方であり，父親の扶養能力を認定するための所得証明も母親に負わせ，父親が扶養義務を果たさない場合の履行確保も母親に自力で行わせるという態度である。結局，この規定は施行されなかったが，1985年の法改正には，扶養義務の履行確保は当事者の責任としたままで，私的扶養の優先を根拠に手当を削減する，という政府の基本姿勢が端的に示されている。

③ 1998年の所得制限強化

1985年の制度改正で給付が抑制されたことや，離婚件数が減少したことから，その後しばらく，児童扶養手当の削減をめぐる議論は沈静化していた。しかし，1997年6月に政府は「財政構造改革の推進について」を閣議決定し，これにより社会保障費は1998年度予算で5,000億円の削減を求められることになった。その際，福祉関係費のなかでまず削減の対象とされたのが児童扶養手当である。

1985年の制度改正後，児童扶養手当の給付費はほぼ横ばいであったが，1990年代に入ると離婚件数が急増し，給付費が増大していた事情もある。結局，母子世帯の状況は改善されないまま，1998年に所得制限を大幅に強化する改正が行われている。

これに先立ち，厚生省（当時）では児童扶養手当に関して，父親からの費用徴収制度の検討が行われている。このことは養育費の確保という観点からみて，非常に注目される事実である。実際には政権与党の反対で見送られたが，厚生省が費用徴収制度の導入を目指して動いていたことは確かである。そのことは，1997年9月に開催された中央児童福祉審議会の部会での児童家庭局長の発言に示されている。局長は審議会の冒頭の挨拶で，同年6月に児童福祉法が50年ぶりに改正され，保育制度や児童養護施設等が大幅に見直されたことを説明したうえで，「私どもといたしましては，この改正と一緒に，児童扶養手当問題につきましても，別れた父親のほうから費用の一部を徴収する仕組みにつきまして導入することを検討していたわけであります。しかしながら，与党等との調整の過程におきまして，民法上の扶養責任等の問題も含めまして引き続き検討すべきであるというようなご指摘もいただきまして，法案提

出には至らなかったところでございます」と述べている[13]。

　ここで言及されている「与党等との調整の過程」でどのような議論がなされたのか，その内容は明らかではないが，法案提出が見送られた理由に「民法上の扶養責任等の問題を含めて引き続き検討」とあるのをみると，与党内の保守的な立場から，行政が民事に介入すること，なかでも私的な家族の問題に介入することへの反発が強かったものと考えられる。そうだとすると，「民事不介入」「家族不介入」の論理によって，費用徴収制度導入の計画は頓挫したということである。

④ 2002年の抜本改革

　1998年の所得制限強化の後も，児童扶養手当の給付費は増大し続け，結局，2002年に母子福祉施策の抜本見直しとなる。それが前述の2002年の改革である。児童扶養手当については，手当の支給額と所得の関係が変更されたほか，受給期間による一部支給停止が導入されている。手当と所得の関係については，従来の支給額の二段階制が廃止され，所得の増加に応じて手当が逓減する仕組みに変更されている。所得制限額も変更されており，全部支給の所得制限が大幅に引き下げられ，実質的に多くの受給者の支給額が減額されている。

　養育費に関わる改正もなされ，児童扶養手当を請求する際，受け取っている養育費の8割が所得に算入されることになっている。その際の養育費は母親の自己申告によるとされ，結局，養育費にしては，取り立ても申告もすべて母親の責任となっている。

　さらに，児童扶養手当の受給期間が5年を超えると，手当が1/2を超えない範囲で支給停止になる法改正も行われている。ただし，この削減措置に関しては，当事者団体からの反対も強く，結局，一部支給停止適用除外の届出書を提出し，就業や求職活動中などであることを証明すれば，それまでどおりの支給が認められる措置がとられている。しかし，これはあくまで，適用除外の手続きが認められた場合に従来どおりに支給されるのであって，それが認められなければ，手当は削減されることになる。

　その後，2013年6月に「子どもの貧困対策推進法」が成立し（2014

年1月施行），母子世帯への経済的支援が政策課題となり，児童扶養手当の拡充が期待されたが，前述のとおり，第2子以降の加算の増額や所得制限の緩和にとどまっている。

　こうして児童扶養手当の経緯をたどってみると，1980年代半ばから，2002年の母子福祉改革まで，同じパターンが繰り返されているのがわかる。それは，「離婚母子世帯の増加 → 児童扶養手当の給付費の増大 → 給付費抑制の要請 → 父親の扶養義務への関心」，そして，「養育費の確保が保障されないまま，手当の削減」というものである。母子世帯の貧困対策が政策課題となっても，児童扶養手当の改正は限定的で，手当の拡充へ政策転換したとは認められない。

4.　家族政策における母子家族

　ここまでみてきたとおり，日本のひとり親世帯の貧困は国際的にも極めて深刻なレベルである。ひとり親世帯の貧困はほぼ母子世帯の貧困とみなされるが，日本の母子世帯の母親の就労率は非常に高く，まさにワーキングプアといえる。1980年代半ばからの貧困率をみれば，母子世帯に対する経済的支援の必要性は明らかである。しかし，1980年代半ば以降，児童扶養手当を削減する制度改正が続けられてきた。それはもっぱら，財政上の理由である。児童扶養手当の必要性が高まり，受給者が増加し，その結果，給付が増大することは当然の帰結であるが，給付費の増大は問題視され，抑制や削減の対象とみなされる。

　児童扶養手当の削減に向けた見直しの際，常に議論に浮上するのが私的扶養との関係，具体的には父親の養育費の問題である。死別と違い，離婚の場合には父親という子どもの扶養義務者が存在する。そのため，離婚母子世帯については，全額公費でまかなわれている児童扶養手当に頼るのではなく，まず父親が扶養義務を果たすべきである，という主張が展開される。こうした理論的に正当な主張のもとで，児童扶養手当の削減が行われてきた面がある。しかし，父親に扶養責任を果たさせるための制度が構築されないまま，手当の削減だけが断行されている（本書第15章）。

　こうして，母子世帯の貧困問題が政策的に放置されてきた現実をみると，日本の家族福祉政策において母子世帯は周辺的な位置づけしかなされていないことがわかる。言い換えれば，日本の家族政策はふたり親家族を前提にした政策から脱していない，ということである。特定の家族形態に不利が集中する事態は，家族の多様化に社会の仕組みが追いついていないことの証左ともいえる。多様な家族への社会的承認という観点から，母子家族への支援施策を再考する必要がある。

》》注

1）本章における日本の貧困率に関する数値は，特に記載のない限り，厚生労働省
　（2017a）による。なお，子どもの年齢は 18 歳未満である。

2）ヨーロッパ連合（EU）では，中央値の 60 ％を貧困ラインとする場合もある。

3）図 14 - 3 に示されているとおり，韓国も日本と同様，ひとり親世帯の貧困率が
　高く，ふたり親世帯の貧困率との格差が大きい。ただし，OECD（2019）によると，
　韓国の子どもの貧困率は低下傾向にあり，2016 年から翌 2017 年の貧困率の推移
　を確認すると，ひとり親世帯では 56.6 ％から 52.9 ％へ，ふたり親世帯では
　14.0 ％から 12.6 ％へ低下している。

4）『読売新聞』2012 年 10 月 28 日朝刊，『毎日新聞』2016 年 9 月 9 日朝刊。

5）厚生労働省（1990, 1995, 2001, 2005, 2007, 2012），および厚生労働省（2017b）
　によると，母子世帯の母親の就労率が最も高いのは 1993 年の 87.0 ％，最も低い
　のは 2011 年の 80.6 ％である。

6）OECD Family Database から 2017 年 11 月 16 日に取得したデータによる。
　2020 年 2 月 1 日時点では，データの収集項目が変更されており，子のいる世帯の
　貧困率を親の就労状況別にみた国際比較については，ひとり親世帯とふたり親世
　帯を区別した形でのデータが示されていない。

7）本章の就労と収入に関するデータは，とくに記載のない限り，厚生労働省
　（2017b）による。

8）前掲注 6）。

9）平均月額は厚生労働省（2017b）によるが，離婚母子世帯に限定したものか，
　未婚母子世帯を含めたものか明らかではない。

10）本章の母子福祉の現行政策については，厚生労働省（2020）による。

11）児童扶養手当の歴史については下夷（2008）による。

12）1970 年の予算折衝で母子福祉年金が 200 円の引き上げであったのに対し，児童
　扶養手当は 500 円引き上げられている。当時の新聞をみると，「福祉年金 200 円

上げ」の横に「児童扶養手当は 500 円」との見出しが掲げられ，記事では「受給者から『生別世帯と死別世帯で差をつけるのはおかしい』という不満が強かったが，こんど児童扶養手当が 500 円アップされたことにより，初めて両者の格差が解消された」と説明されている（『朝日新聞』1970 年 1 月 30 日夕刊）。この時点では，政策側にも世論にも，所得保障において死別と離別は同様に扱うべき，という認識があったといえる。

13）「中央児童福祉審議会児童扶養手当部会議事録」（1997 年 9 月 8 日）による。

参考文献

赤石千衣子，2014，『ひとり親家庭』岩波書店.

厚生労働省，1990，1995，2001，2005，2007，2012，「全国母子世帯等調査（昭和 63 年度）（平成 5 年度）（平成 10 年度）（平成 15 年度）（平成 18 年度）（平成 23 年度）」.

厚生労働省，2017a，「平成 28 年 国民生活基礎調査」，（2019 年 12 月 9 日取得，https://www.mhlw.go.jp/toukei/saikin/hw/k-tyosa/k-tyosa16/index.html）.

厚生労働省，2017b，『平成 28 年度 全国ひとり親世帯等調査結果報告』，（2020 年 2 月 5 日取得，https://www.mhlw.go.jp/stf/seisakunitsuite/bunya/0000188147.html）.

厚生労働省，2020，「平成 30 年度 母子家庭の母及び父子家庭の父の自立支援施策の実施状況」，（2020 年 2 月 5 日取得，https://www.mhlw.go.jp/stf/houdou/0000189592_00002.html）.

内閣府，2017，2019，「子供の貧困の状況及び子供の貧困対策の実施状況（平成 28 年度，平成 30 年度）」，（2020 年 1 月 31 日取得，https://www8.cao.go.jp/kodomonohinkon/taikou/index.html）.

OECD，2019，OECD Family Database，（2020 年 1 月 31 日取得，http://www.oecd.org/social/family/database.htm）.

下夷美幸，2000，「アメリカにおける母子家族と福祉改革——AFDC から TANF への移行」『社会福祉』40：37-57.

下夷美幸，2008，『養育費政策にみる国家と家族——母子世帯の社会学』勁草書房.

総務省，2017，「平成 27 年 国勢調査——世帯構造等基本集計結果：結果の概要」，（2020 年 2 月 10 日取得，https://www.stat.go.jp/data/kokusei/2015/kekka/kihon3/pdf/gaiyou.pdf）.

15 | 家族政策の日本的特徴
——養育費政策から考える

　本章では，離婚後の養育費政策を素材として，日本の家族政策の特徴について考える。ここでの養育費政策とは，子と別れて暮らす親から養育費を確保する政策を指す。養育費政策は，家族法関連の政策と家族福祉関連の政策が交錯する領域に位置し，かつ，諸外国との違いも見出せることから，家族政策の日本的特徴を探究するのにふさわしい研究対象といえる。

　まず，養育費の取決めの実態を確認し，つぎに，養育費政策の現状を把握する。そして，海外の養育費政策の典型例として，スウェーデンとアメリカの制度を検討し，最後に，養育費政策の国際比較を通して，日本の家族政策の特徴について考察する。

1. 離婚後の子の扶養義務

（1） 離婚後の子の監護費用の分担義務

　離婚後，子どもと別れて暮らす父親の多くが養育費を支払っていない現実がある（本書第14章）。離婚の際，養育費について取り決める必要があることは，子の監護費用の分担という文言で，2011年5月の民法改正により明文化されている。改正前も監護費用の分担については，当時の民法第766条第1項「父母が協議上の離婚をするときは，子の監護をすべき者その他監護について必要な事項は，その協議で定める。（略）」の「監護について必要な事項」に含まれると解されていたが，条文上明示されていないことが，養育費の取決めが行われない要因のひとつとみられていた。そこで，2011年の5月の民法改正において，「子の監護について必要な事項」の具体例として，面会交流とともに「子の監護に要する費用の分担」の文言が挿入されたのである[1]。

改正民法の施行（2012年4月1日）にあわせて，離婚届に面会交流と養育費のそれぞれについて，「取決めをしている」と「まだ決めていない」のいずれかにチェックする欄が設けられている。ただし，チェックは当事者の任意であり，チェックの有無にかかわらず，離婚届は受理される。現状では離婚届の「取決めをしている」にチェックが入っているのは6割強となっているが[1]，その実態は明らかではない。

実際に養育費の取決めを行おうとしても，双方が納得できる金額でなければ話し合いはまとまらない。よって，養育費の取決めを進めるには，それぞれのケースにとって，合理的な養育費が具体的に算出できる算定方法が必要である。法制化された算定方式は存在しないが，最高裁判所のウェブサイトには，最高裁の司法研修所による「養育費・婚姻費用算定表」が登載されている[2]。これは，最高裁判所が2019年12月に公表したもので，新算定表と呼ばれている。算定表が初めて示されたのは，2003年に家庭裁判所の実務家をメンバーとする研究会が法律雑誌に掲載したものである（以下，「旧算定表」）。これは，父親と母親のそれぞれの収入と子どもの年齢から，養育費の基準額がわかる一覧表形式となっており，当事者にもわかりやすく，家庭裁判所の関係者や弁護士等の実務家の間でも広く活用されてきた。ただし，旧算定表に対しては，養育費の算定の基礎となる収入の算出方法等から，養育費が低額になるとの問題が指摘されていた。新算定表は，旧算定表の改訂版で，親の年収にもよるが，旧算定表よりほぼ月額1万円から2万円程度の増額になるとみられている。

（2）養育費の取決め状況

本来，養育費は父親が支払う場合もあれば，母親が支払う場合もあるが，本章では，離婚母子世帯の増大とその厳しい経済状況への関心から，離婚後，別れて暮らす父親が支払う養育費について考えていく。

そこで，離婚母子世帯の養育費の取決め状況について，**表15-1**をみると，「取決めをしている」割合は1998年から2011年までは調査年により変動があるが，4割に達しないレベルで推移している。ところが，

表 15－ 1　離婚母子世帯の養育費の取決め状況

(%)

調査年	取決めをしている					取決めをしていない	不　詳
			文書あり	文書なし	不詳		
1998年	35.1	(100.0)	66.7	31.9	－	59.7	－
2003年	34.0	(100.0)	64.7	35.3	－	66.0	－
2006年	38.8	(100.0)	63.5	35.2	1.3	58.3	2.9
2011年	37.7	(100.0)	70.7	27.7	1.6	60.1	2.2
2016年	45.9	－	－	－	－	50.9	3.1

注：2016年度の「文書あり」については，離婚母子世帯についての数値が公表されていない．
　　未婚母子世帯と離婚母子世帯をあわせた母子世帯では，「取決めをしている」42.9 %，「文
　　書あり」73.3 %，「文書なし」26.3 %，「不詳」0.4 %である．
出典：厚生労働省（2001，2005，2007，2012，2017）をもとに筆者作成．

2016 年は 45.9 ％と大きく上昇している。取決めをしているうちで，そ
れを文書にしている割合は 2006 年までは低下傾向がみられたが，2011
年は 7 割に上昇している。2016 年の調査では離婚母子世帯に限定した
データが公表されていないが，未婚母子世帯と合わせた結果をみると，
「取決めをしている」うち「文書あり」は 73.3 ％となっていることから，
取決めの文書化率も上昇しているといえる。

　2016 年の調査で取決め率が急上昇していたが，これが前述の改正民
法の施行や離婚届へのチェック欄導入の影響かどうかは定かではない。
2016 年の調査では 2012 年以降に離婚したケースに対して，離婚届の
チェック欄について質問されているが，「取決めをしている」にチェッ
クしたと回答した母子世帯は 24.8 ％にすぎず，「チェックしたか不明」
が 49.6 ％と最も多くなっている（厚生労働省 2017）。離婚母子世帯の母
親の半数が離婚届にチェックしたかどうか認識していないという結果を
みると，法改正や離婚届へのチェック欄導入により当事者の意識が向上
し，離婚の際に取決めをするケースが増えたとは言い難い。

　2016 年は取決め率が上昇したとはいえ，依然として 5 割に満たない
状況は問題である。なぜ，取決めをしていないのか，その理由をみると，
「相手と関わりたくない」（31.4 ％）がもっとも多く，次いで「相手に支
払う能力がないと思った」(20.8 ％)，「相手に支払う意思がないと思った」
(17.8 ％）である（厚生労働省 2017）。こうした理由からは，離婚に至

る過程で養育費について十分な協議が行われていない状況がうかがえる。

　ここには日本の離婚制度の問題点があらわれている。養育費の取決め率は離婚の種類によって格差があり，2016 年調査をみると母子世帯の場合，協議離婚では 37.8 %，それ以外の離婚では 79.6 %である（厚生労働省 2017）。『司法統計年報』によると，2018 年に調停離婚・審判離婚が成立し，母親を監護者と定めたケースで，夫から妻への養育費の支払いの取決めがあるのは 86.2 %となっている[3]。このように家庭裁判所で離婚する場合には，養育費を取り決めることが常態化している。それに対し，協議離婚では取り決めないまま離婚するケースが多いが，日本の離婚の約 9 割は協議離婚である（厚生労働省 2019）。協議離婚での養育費の取決め率の低さは，子どものいる夫婦の離婚ですら，公的機関のチェックを経ずに離婚が成立する，日本の協議離婚制度の問題を浮き彫りにしている。

2. 養育費政策の展開

（1）司　法
①民事上の強制執行
　養育費を取り決めてもそれが守られるとは限らない。支払われない場合には，それを徴収する手段として「強制執行」がある。これは相手の給与等を差し押さえることができる制度で，2003 年と 2004 年の法改正により，養育費のような親族間の扶養料の場合に強制執行が利用しやすいよう，改善が図られている。

　通常，強制執行は支払期限を過ぎて不履行となったものが対象である。また，強制執行で給与を差し押さえる場合には，差押禁止の範囲が定められており，差押えができるのは給与の 1/4 に限られている。このような制度のもとでは，たとえば「子どもが 20 歳になるまで毎月末に 3 万円」と取り決めた養育費を父親が支払わない場合，母親は月末に不払いとなった 3 万円について，子どもが 20 歳になるまで繰り返し申し立てなければならない。しかし，それでは手続も煩雑で，かかる費用のほうが

受け取る養育費よりも高くなりかねない。そこで，母親が数か月分をまとめて申し立てようとしても，仮に父親の月給が 20 万円であれば，その 1/4，すなわち 5 万円しか差押えることができない，ということになる。

法改正ではこうした問題への対処がなされ，養育費のように毎月一定額を支払う扶養料については，支払期限が来ていない将来分についても差押えができ（これにより，支払期限を過ぎた不払い分について一回申し立てれば，その後，毎月の給与から差押えがなされる），差押えができる範囲についても，給与の 1/2 までに改められている。

また，いわゆる間接強制も認められるようになり[4]，父親が養育費を一定期間内に支払わない場合，父親にその不払いの養育費分とは別に間接強制金を課すことが可能となっている。これは，間接強制金を課されるぐらいなら自分から養育費を支払った方がよい，という方向に義務者を促すための制度である。

そのほか，債務者の財産情報を得る手段として，「財産開示手続」も導入されたが，相手を裁判所に呼び出して財産を明らかにさせるこの制度は，実効性に問題があり，養育費の強制執行ではほとんど利用されていなかった。そのため，2019 年 5 月に法律が改正され，養育費の強制執行に関して，「第三者からの情報取得手続」が導入されている。これは，裁判所を通じて，銀行等の金融機関，登記所，市町村や日本年金機構等から，相手の預貯金や不動産，勤務先に関する情報等が得られる制度である。これにより，養育費の給与からの差押えが行いやすくなるといえる。というのも，強制執行を申し立てるには，あらかじめ差し押さえる財産を決めておかなくてはならないが，別れた父親との関係が悪化している場合や音信不通となっている場合，母親が父親の勤務先や給与などの情報を入手することは容易ではないからである。

このように，養育費の確保という点からみて，強制執行制度は改善が図られている。ただし，これを利用できるのは，不払いの際に強制執行に服する旨が記載された公正証書や，調停調書，審判書，判決などがあるケースに限られている。

②家庭裁判所の履行確保制度

　強制執行よりも簡便に利用できる制度として，家庭裁判所の履行確保制度（以下，履行確保制度）がある。これはまさに養育費のような強制執行がしづらい少額の家事債務のために，1956年の家事審判法の改正により創設された制度である[5]。ただし，この制度を利用できるのは，家庭裁判所の調停や審判，離婚判決および裁判上の和解などで養育費を決定している場合に限られる。

　履行確保制度には，履行勧告と履行命令の2種類がある。履行勧告とは，権利者が家庭裁判所に申出をすれば，家庭裁判所が義務者に対して，取決めを守るよう勧告する制度である。また，履行命令とは，権利者が家庭裁判所に申し立てれば，家庭裁判所が義務者に支払期限を定めて，その期限内に履行するよう命令を出す制度である。これらは費用も少なく，簡単な手続で利用できる。

　手軽に利用できる半面，履行確保制度には実効性に問題がある。履行勧告については，法律上，勧告に強制力がない。実際，書面や電話で履行勧告が行われても，それに法的強制力がないとなれば，勧告に応じない義務者がいても不思議ではない。一方，履行命令に関しては，命令に従わない場合の制裁が定められている。しかし，それも10万円以下の過料が課されるだけで，不履行対策として十分とはいえない。

　『司法統計年報』により，2018年の金銭債務（養育費以外も含む）の履行勧告事件数を終局時の履行状況別にみると，事件数は1万2,629件で，そのうち「全部履行」が38.4％，「一部履行」が15.4％，「その他・履行状況不詳」が46.2％となっている（最高裁判所 2019）。手続の手軽さから，年間1万件を超える利用があるとはいえ，履行勧告を利用しても，家庭裁判所で取り決めたとおりに支払われるのは4割に満たないということである。履行命令については，制裁の効力に限界もあり，制度自体がほとんど利用されていない。2018年の履行命令の事件数を終局時の処理状況でみると，事件数はわずか87件にすぎず，そのうち実際に履行命令が出されたのは38件，却下が10件，取下げが39件である（最高裁判所 2019）。これでは履行確保の手段として機能しているとはいえ

ない。

　このように，履行確保制度には実効性に問題があり，養育費を確保するための制度としては限界があるといわざるをえない（下夷 2015）。

（2）福　祉

　養育費の確保については，従来，司法に委ねられており，福祉行政がこの問題を明示的に扱うようになったのは，2002 年の母子福祉施策の抜本改革からである（本書第 14 章）。この改革は児童扶養手当の抑制を企図したもので，このような経緯から，「養育費の確保」が母子福祉施策のひとつの柱として位置づけられたとみられる。

　主な施策は相談事業である。具体的には，2007 年 10 月に相談体制の整備として，地方自治体の母子家庭等就業・自立支援センターに「養育費専門相談員」が配置され，同時に，厚生労働省の委託事業として「養育費相談支援センター」が創設されている。2016 年度からは，母子家庭等就業・自立支援センターでの相談は「養育費等支援事業」として，養育費専門相談員だけでなく，弁護士によっても行われている。

　2018 年度の実績をみると，養育費等支援事業による相談の延べ件数は 1 万 2,815 件となっているが，これには「離婚・親権」「子育て・生活関連」の相談も含まれており，「養育費の取り決め方法」の相談は 3,913 件，「支払の履行・強制執行」の相談は 854 件である（厚生労働省 2020）。

　一方，養育費相談支援センターは，養育費専門相談員など地方自治体で養育費相談にあたる人材の育成や，自治体での養育費相談の困難事例への対処を主要業務としている。それに加えて，同センターでは当事者からの電話やメールによる相談にも応じている。2018 年度の実績をみると，6,071 件の相談が寄せられており，相談内容は請求手続（26.6 %），養育費算定（21.8 %），面会交流（14.1 %）養育費不履行（11.9 %）の順となっている（厚生労働省 2020）。これらの相談には，主に家庭裁判所調査官経験者が対応しており，専門機関として実績を上げているが，養育費相談支援センターへの国からの委託費や与えられている権限は十

分とはいえない。

　このように，2002年改革を契機に養育費の相談事業が始まっているが，あくまで相談に応じるだけで，個別ケースの取決めの調整・斡旋などは行われない。結局，家庭裁判所の利用手続など，司法による解決方法の一般的なアドバイスにとどまっている。

　そのほか，「養育費の確保」として導入された施策も裁判所の利用に関するもので，裁判費用の貸付や家庭裁判所への同行といったことである[6]。

　こうしてみると，福祉行政において「養育費の確保」が母子福祉の一つの柱に位置づけられたとはいえ，問題解決に向けた積極的な政策は実施されておらず，「家庭裁判所頼み」といわざるを得ない。しかし，前述のとおり，家庭裁判所を利用しても，養育費を確保する手立ては保証されていない。父親が支払わなければ，最終的には「泣き寝入り」するしかないのが現実である。

　国の政策が間接的なものにとどまっているなか，2019年ごろから，直接的に養育費の確保につながる独自の支援策を打ち出す自治体もでてきている。それは，民間の保証会社がひとり親世帯に養育費の不払い分を立て替えて支払い，その後，保証会社が別居親から立替分を回収する，という養育費の保証サービスを活用したものである。自治体による支援策は，ひとり親が養育費の保証サービスを利用する際の費用を補助するというものである[7]。

　こうして自治体が独自の支援に動き出すなか，ようやく2020年に法務省も養育費の支払確保について検討を始めている[8]。

3. 海外の養育費政策

　母子世帯の増大は先進諸国に共通した現象であり，日本に限らず，多くの国で養育費の不払い問題が生じている。そのため，欧米諸国では司法制度とは別に，行政が養育費の確保に取り組んでおり，その政策の典型として，スウェーデンとアメリカの制度があげられる。

（1）スウェーデンの養育費補助手当制度

　スウェーデンでは，養育費補助手当（underhållsstöd）という手当制度が実施されている[9]。これはいわゆる養育費の立替払い手当であり，その歴史は古く，前身となる手当が導入されたのは 1930 年代である。

　母子世帯を例にすると，スウェーデンでは父親から養育費が支払われない場合，母親が社会保険事務所に申請すれば養育費補助手当が支給される。支給期間は子どもが 18 歳に達するまでであるが，フルタイムの学生の場合は 20 歳まで延長される。手当額は国が定めた最低保証養育費であり，子ども 1 人当たりの月額は，0～10 歳では 1,573 スウェーデンクローナ，11～15 歳では 1,723 スウェーデンクローナ，15 歳以上では 2,073 スウェーデンクローナである[10]。

　手当を支給する一方，社会保険事務所は父親から支払義務額を徴収する。父親の支払義務額は，父親の所得の一定割合として算出されるが，その割合は父親が扶養義務を負うすべての子どもの人数に応じて決まる。子ども 1 人では 14 ％，2 人では 11.5 ％，3 人以上では「(27 ＋子の数) ／ (子の数)」となる。ただし，父の新たな家族への扶養義務や生活状況に応じて減額や免除が寛大に行われる。とくに，1970 年代以降，父親に対しては「キャッシュよりケア」，すなわち，経済的扶養よりも離別した子との交流を重視する政策がとられている（Bergman and Hobson 2002）。

　父親が社会保険事務所の徴収に応じない場合には，そのケースは社会保険事務所から強制執行庁に送られる。強制執行庁は税や社会保険料の未納金を徴収する国の機関で，強制執行のために課税台帳，団体登録簿，車両登録簿などにオンラインでアクセスし，支払義務者の所得や財産の情報を得ることができる。よって，父親からの徴収率はほぼ 100 ％であるという。ようするに，支払能力のない父親については国が肩代わりし，支払能力のある父親に対しては逃げ得を許さない仕組みである。

　この手当は国が養育費を保障するものであり，母親の所得による支給制限はない。つまり，子どもと同居する母親が高所得を得ていても，子どものために手当は支給される。また，母親が再婚，あるいは新しいパー

トナーと同居した場合でも，手当の支給は継続される。

　このようにスウェーデンは，あくまで子どもの権利保障に重点をおき，父からの扶養が実現しない場合には，国が父に代わって養育費を立替えるという政策をとっている。

（2）アメリカの養育費強制制度

　アメリカは，行政機関が養育費を徴収する強力な制度を実施している [11]。制度導入の背景には，養育費を司法制度が扱うことへの批判があった。それは，裁判官の裁量による養育費の決定には一貫性がなく，時間と費用がかかり，そのうえ，決定に反して支払わない場合の強制手段が十分でない，という批判である。

　そこで，1975 年に社会保障法のIV編パート D として，行政機関による養育費強制制度（Child Support Enforcement Program）が創設され，そのための行政組織として連邦政府に養育費庁，州政府に養育費の担当部局（以下，養育費事務所）が設置されている。制度の細部は各州で異なるが，連邦政府の要請により，すべての州で「非同居親の捜索」「法的父子関係の確定（婚外子の場合）」「養育費算定方式の法制化・養育費の査定」「養育費の徴収」が行われている。

　1984 年の法改正以降，親の捜索システムや養育費の徴収手段が強化されるなど，かなり徹底した制度となっている。たとえば，親の捜索では社会保障番号が活用されているが，州の養育費事務所には情報収集のための強い権限が与えられており，自動車登録簿，州税や個人財産の記録など，所管外の行政機関の情報を利用できるほか，民間の個人信用情報機関や金融機関に情報提出を求めることもできる。さらに，州内の情報で捜索できない場合には，連邦政府の行政機関から情報を得ることもできる。そのほか，連邦政府は，各州の養育費命令の登録リストと，事業主に義務づけている新規雇用者の登録リストを一元的にデータベース化しており，これを利用して，州を越えて移動する親を追跡することもできる。

　また，養育費の徴収については，給与天引きが原則となっており，給

与所得者でなければ，所得税還付金からの相殺，失業手当からの相殺等が行われる。徴収に応じない場合には，個人信用情報機関への通知（これによりクレジットカードの利用に支障が生じる）や自動車免許の停止の措置がとられ，さらに，滞納額が一定額以上の場合はパスポートの発行が拒否されることもある。

　この養育費制度は公的扶助等の福祉受給者については，DV 被害等の正当な理由がある場合を除き，強制適用となるが，福祉受給者に限らず，だれでも利用することができる。養育費事務所が徴収した養育費は，福祉受給者のケースでは福祉給付の償還に充当され，それ以外のケースでは子の同居親（多くは母親）に送金される。ただし，州によっては，福祉受給者のケースでも徴収した養育費を同居親に支給している場合もある。

　2018 年の実績をみると，養育費事務所が徴収した養育費総額は約 323 億ドルで，その 75 ％は給与天引きにより徴収されている。徴収した養育費総額の 96 ％は同居親に配分されており，福祉給付の償還に充てられるのはわずか 4 ％である。この制度を利用したケースの子ども数は 1,470 万人で，これはアメリカの子どもの 5 人に 1 人に相当する（Office of Child Support Enforcement 2019）。このように，養育費制度は福祉給付を非同居親から取り戻すためというよりも，行政機関による養育費の徴収代行サービスとして，広く利用される制度となっている。

　しかし，これほど強力なアメリカの養育費制度でも，養育費が徴収できないケースは少なくない。そこで 1990 年代終わりからは，養育費政策の一環として，父親の支払能力を高めるために，父親に対する雇用促進事業が実施されている。また，父親が子どもとの関係を継続しているケースのほうが支払いも良好になることから，養育費政策のなかで面会交流支援の事業も行われている。

　このようにアメリカは，親の扶養義務の履行を絶対視し，父親が養育費を支払わない場合には，行政によって支払いを強制するという政策をとっている。

4. 国際比較にみる養育費政策の日本的特徴

(1) 養育費政策の2つのモデル

　前節ではスウェーデンとアメリカの政策をみたが，先進諸国の養育政策は，「立替払い手当」と「行政による支払い強制」に大別することができる[12]。「立替払い手当」のような手当は，スウェーデンのほか，ドイツやフランスでも実施されている。「立替え」とはいっても，実際，父親からの償還率は非常に低いが[13]，手当の廃止や縮小という議論は起こっていない。それは，これらの国では，子どもや子育てに対するさまざまな現金給付が定着しており，母子世帯の子どもへの給付となる立替払い手当についても，人々に受容されているためと考えられる。こうしてみると，立替払い手当は国家による子どもの扶養保障を目指す政策であるといえる。

　「行政による支払い強制」の制度はアメリカのほか，イギリスでも実施されている。両国とも制度導入のねらいは，母子世帯への福祉給付を父親から取り戻すことにあったが，制度の運営にかかる行財政の負担は大きい。アメリカの制度でも政府支出が父親からの徴収による償還額を大きく上回っており，財政上はマイナスとなっている。それにもかかわらず制度が維持・推進されているのは，家族の自助という価値が広く人々に浸透しているためと考えられる。このような養育費制度は，国家による父の扶養責任の追及に向かう政策といえる。

　国家による子どもの扶養保障と父親の扶養責任の追及という2つの政策のあり方は，スカンジナビアモデルとアングロ・サクソンモデルと呼ぶことができる(Millar 1996)。この養育費政策の2つのモデルについて，それぞれの特徴をまとめたのが**表15－2**である。

　まず，スカンジナビアモデルについてみると，その代表的な制度はスウェーデンの養育費補助手当で，前述のとおり，これは国家による子どもの扶養保障と位置づけられる。国による養育費の立替払いという性格の手当だが，償還率が低いことから，実質的には「家族給付」型の政策といえる。子どもの扶養については，私的扶養よりも公的扶養が優先さ

表 15-2　養育費政策の2つのモデル

	スカンジナビアモデル	アングロ・サクソンモデル
代表的な制度 (実施年)	スウェーデンの養育費補助手当 (立替払い手当として、1937年から)	アメリカの養育費強制制度 (1975年から)
養育費問題への国の対応	国家による子どもの扶養保障	国家による親の扶養責任の追及
養育費政策のタイプ 子の扶養に対する見方 基盤にある子ども観	「家族給付」型 公的扶養＞私的扶養 子ども・子育ての公共性	「家族介入」型 公的扶養＜私的扶養 子ども・子育ての私事性
養育費政策における父親像 離別した父に対する政策の姿勢 重視する家族理念	ブレッドウィナー≦ケアラー 寛容 家族の愛情原則	ブレッドウィナー 強権的 家族の自助原則
家族政策との関係	整合的	整合的
家族政策の基底にある家族像 家族政策における父親像(再掲)	共働き・共同育児の家族 ブレッドウィナー≦ケアラー	市場で自立する家族 ブレッドウィナー

出典：下夷（2011：93）を一部修正.

れており，政策の基盤をなす理念は子ども・子育ての公共性である。政策は父に経済的扶養と子どもとの交流，つまりブレッドウィナー（稼ぎ手）とケアラー（ケアの担い手）の役割を求めている。ただし，父がその両方の役割を遂行できない場合，政策は父に対して寛容であり，ブレッドウィナー役割よりもケアラー役割を優先している。庄司洋子は近代家族の基本原則を「自助原則」と「愛情原則」に整理しているが（庄司1986：134），これを用いれば，スカンジナビアモデルは離別後の親子に対して，近代家族の愛情原則を重視する政策である。

　つぎにアングロ・サクソンモデルについてみると，その代表はアメリカの養育費制度で，これは国家による親の責任追及と位置づけられる。政策のタイプとしては「家族介入」型で，家族間の扶養問題に関して公権力が行使される。子どもの扶養については，公的扶養より私的扶養が優先されており，その基盤には，子ども・子育てはあくまで私事である，という考え方がある。政策は父に対して強権的で，いかなる状況であってもブレッドウィナー役割を求めている。これは離別後の親子に対して，近代家族の自助原則を重視する政策である。

（2）家族政策としてみた2つのモデル

　ここで，養育費政策を家族政策の観点から捉えてみたい。家族政策は多義的な概念だが，第1章で参照した庄司洋子の定義によると，家族政策とは「国家，自治体等の政策主体が家族に対して一定の影響を及ぼす意図をもって策定・実施する個別の政策あるいはそうした諸施策の総体」であり，その政策目的は「家族一般を政策主体から見て望ましいとされる状態におくこと」である（庄司 1999：136-137）。よって，家族政策は一定の家族像を基底に設計されているといえる。そうすると，家族政策の基底にある家族の父親像と，養育費政策の父親像を比較することで，養育費政策と家族政策の関係を捉えることができる。

　では，スカンジナビアモデルの典型国であるスウェーデンと，アングロ・サクソンモデルの典型国であるアメリカのそれぞれの家族政策はどのようなものだろうか。A. H. ゴーティエは，OECD 諸国の児童手当，税制上の子育て費用の軽減，保育サービス，出産・育児休業制度，避妊や中絶に対する政策について歴史と現状を分析し，国家間の政策を比較検討したうえで，家族政策を4つのタイプにまとめている[14]。これによると，スウェーデンは男女平等主義に基づく家族政策である（Gauthier 1996）。たしかに，スウェーデンでは男女平等の観点から，男女ともに就労と家族責任を両立するための支援が政府の責任によって提供されている。そこでは女性の就労支援だけではなく，父親の育児役割も強調されており，育児休業制度においても父親の取得が政策的に推進されている（本書第11章）。このような家族政策の基底にある家族像は，両親共働きで育児も共同して行う家族である。そして，そこでの父親像は，ブレッドウィナーであると同時にケアラーである。これは，先にみた養育費政策の父親像とほぼ一致しており，家族政策と養育費政策は整合的である（表15-2）。

　一方，アメリカの家族政策について，ゴーティエはこれを家族不介入主義とみなしている（Gauthier 1996）。たしかに，アメリカでは出産や育児に対する政府の関与は特別なニーズがある場合に限られており，一般的な家族への支援政策はほとんど行われていない。たとえば，アメリ

カは先進諸国で唯一，児童手当制度のない国であり，育児休業も固有の
法制度としてではなく，家族・医療休暇法のなかで取得できるにすぎな
い。また，公的な保育サービスは貧困世帯向けで，一般的に利用できる
公的保育は提供されておらず，保育政策の中心は親が民間の保育サービ
スを購入した費用に対する税額控除である。こうしてみると，たしかに
アメリカの家族政策は家族不介入主義といえる。そうすると，家族介入
的な養育費制度は，アメリカにおいては特異な政策にもみえるが，それ
はまさに，養育費の確保が母子世帯の特別なニーズとして，政策的に認
知されているということを示している。

　アメリカの家族政策の基底にある家族像は，福祉に依存せずに市場で
自立する家族であり，ここでの父親像はブレッドウィナーである。これ
は養育費政策の父親像と一致しており，アメリカについても，家族政策
と養育費政策は整合的である（**表 15 − 2**）。

　以上のように，スカンンジナビアモデルとアングロ・サクソンモデル
は，養育費問題への対応方針，政策の手法，政策の基底にある父親像な
ど，モデルの内実は極めて対照的であるが，どちらのモデルも当該国の
家族政策とは整合的である。つまり，これらの養育費政策は，「離婚後
の父子」を政策主体にとって望ましい「ふたり親家族の父子」と同じ状
態に近づけようとする政策である。よって，スカンンジナビアモデルと
アングロ・サクソンモデルのいずれの養育費政策も，家族政策の一環と
して位置づけることができる。

（3）日本の家族政策の特徴と課題

　ここまで養育費政策の2つのモデルについてみてきたが，日本の政策
に戻って考えてみたい。この2つのモデルを踏まえると，日本の養育費
政策はどのように位置づけられるだろうか。日本には立替払い手当もな
ければ，行政による支払い強制の制度もない。したがって，日本はどち
らのモデルにもあてはまらない。では，どちらに近いといえるだろうか。
　子どもの扶養については，児童扶養手当の削減の過程にみられるとお
り，私的扶養が優位で，子ども・子育てを私事とみなす観念が強く，家

族の自助原則が重視されている。これらはアングロ・サクソンモデルと共通している点である。しかし，離婚後の養育費問題が政策主体に認識されているにもかかわらず，親の扶養責任を追及する制度はいっこうに導入されず，その見通しも立っていない。ようするに，日本の政策は，行政は家族に介入しない，という立場を堅持するものである。これはアングロ・サクソンモデルと決定的に異なる点である。

　また，養育費政策と家族政策との関係についても，日本はいずれのモデルとも異なる。日本での家族一般に対する政策をみると，1990年代以降，少子化を背景に公的保育や育児休業など，共働き家族への支援が推進されている。育児休業制度に父親の休業取得を促進する仕組みが導入され，父親の育児に対する支援も始まっている。しかし，子育て支援の全般をみると，共働き家族への支援においても母親の育児が自明視されており，妻の二重負担（家事・育児と就労）が前提となっている。したがって，日本の家族政策の基底にある家族像は，性別役割分業を残した共働き家族であり，ここでの父親像はブレッドウィナーである。

　一方，養育費政策についてみると，離別した父親への働きかけが行われることはなく，政策は父親を放任している。よって，このような日本の養育費政策には，いかなる父親像も見出すことができない。政策主体は，「離婚後の父子」をどのような状態におこうとしているのか，その意図は明らかでない。結局，養育費政策の国際比較から得られた日本の特徴は，「離婚後の父子」は家族政策の射程外，ということである。

　養育費政策を通して，日本の家族政策は，婚姻家族しか対象にしていないということが明らかとなった。さらにいえば，政策は婚姻家族の枠からはみ出す家族の問題を放置し，当事者の自己責任とみなすものである。養育費問題のように，子どもの権利に関わる事柄であっても，その政策態度は変わらない。その論拠となるのが，「家族への不介入」である。

　家族の多様化の進展とともに，家族が抱える問題も複雑化している。いかなる形の家族も，家族メンバーが常に同等の地位や権力を有していることはなく，家族メンバー間には力関係の不均衡がある。家族に対する介入的な支援政策によって，弱い立場の家族メンバーが保護される仕

組みがなければ，事実上，家族を形成する自由も，解消する自由も制約
される。家族に関わる自由の制約は，「家族の個人化」という人々の家
族行動に逆行する。

　日本では，家族の実態においても理念においても，「家」「近代家族」「ポ
スト近代家族」が混在している現実がある。そのため，公権力の家族介
入にはいっそう警戒が必要であるが，第 1 章でも述べたとおり，家族問
題の性格によって，公権力の介入を容認する範囲を見極め，公私の境界
線をあらかじめ画定したうえで，家族への介入的な支援策を整備するこ
とが，日本の家族政策の現代的な課題である。

》 注

1）2017 年 3 月 23 日開催の「第 3 回子供の貧困対策に関する有識者会議」（内閣府）
　の配布資料 2「経済的支援について」によると，取決めチェック率は 2014 年度
　61.8 %，2015 年度 62.6 %となっている（2020 年 2 月 5 日取得，https://www8.
　cao.go.jp/kodomonohinkon/yuushikisya/k_3/pdf/s2.pdf）。
2）最高裁のウェブサイトには，養育費について，子の人数と年齢による算定表が
　掲載されている（2020 年 2 月 5 日取得，http://www.courts.go.jp/about/siryo/
　H30shihou_houkoku/index.html）。
3）取決め率は最高裁判所（2019）をもとに算出した。
4）間接強制とは，裁判所が，債務を履行しない義務者に対し，一定の期間内に履
　行しなければその債務とは別に，一定の額の金銭（間接強制金）を支払うよう警
　告することで，義務者に心理的圧迫を加え，自発的な支払を促すものである。
5）履行確保制度の創設の経緯については，下夷（2015）を参照されたい。
6）具体的には，養育費に関する裁判費用として，母子父子寡婦福祉資金から特例
　として，生活資金 12 か月分（約 123 万円）を一括して貸付けることや，母子世
　帯の母親などが養育費に関して家庭裁判所を訪れる際に，養育費専門相談員が同
　行するという支援である。
7）『朝日新聞』2019 年 10 月 21 日朝刊による。
8）『産経新聞』2020 年 1 月 24 日 web 版による。
9）スウェーデンの制度については，Corden（1999），Skinner, et al.（2007），下
　夷（2013），藤戸（2018）および スウェーデン政府のウェブサイトによる（2020
　年 2 月 11 日取得，https://www.forsakringskassan.se/privatpers/foralder/for_fo
　raldrar_som_inte_lever_ihop/barnet_bor_hos_dig/underhallsstod_nar_barnet_b

or_hos_dig)。

10) 前掲注9) のスウェーデン政府のウェブサイトによる。なお，2020年2月11日の為替レートで日本円に換算すると，月額は約1.8万円から2.3万円程度である。

11) アメリカの制度については，下夷（2008）およびアメリカ連邦政府のウェブサイトによる（2020年2月5日取得，https://www.acf.hhs.gov/css）。

12) 本章の養育費政策の国際比較に関する記述の多くは，下夷（2010）をもとにしたものである。

13) Skinner, et al（2007）によると，ドイツの償還率は15％，フランスは22％，スウェーデンは49％である。

14) 家族政策の4つのタイプとは，スウェーデンに代表される「男女平等主義」，フランスに代表される「出産促進主義」，ドイツに代表される「伝統的家族主義」，アメリカに代表される「家族不介入主義」である（Gauthier 1996）。ただし，家族政策は動態的なものであり，各タイプの代表とされている国が現在もそれに該当するとは限らない。たとえば，2000年代に入り，ドイツの家族政策はスウェーデンをモデルに政策転換を図っている（齋藤 2010）。

参考文献

Bergman, H. and Hobson, B., 2002, 'Compulsory Fatherhood: The Case of Fatherhood in the Swedish Welfare State,' in Hobson, B. ed., *Making Men into Fathers: Men, Masculinities, and the Social Politics of Fatherhood*, Cambridge University Press, 92-123.

Corden, A., 1999, *Making Child Maintenance Regimes Work*, Family Studies Centre.

藤戸敬貴，2018，「諸外国における行政による養育費の確保」『レファレンス』814：49-64.

Gauthier, A. H., 1996, *The State and the Family: A Comparative Analysis of Family Policies in Industrialized Countries*, Clarendon Press.

厚生労働省，2001，2005，2007，2012，「全国母子世帯等調査（平成10年度）（平成15年度）（平成18年度）（平成23年度）」.

厚生労働省，2017，『平成28年度 全国ひとり親世帯等調査結果報告』，（2020年2月5日取得，https://www.mhlw.go.jp/stf/seisakunitsuite/bunya/0000188147.html）.

厚生労働省，2019，「人口動態統計（2018年）」，（2020年2月5日取得，https://www.e-stat.go.jp/stat-search/files?page=1&toukei=00450011&tstat=00000102889

7）.

厚生労働省，2020，「平成 30 年度 母子家庭の母及び父子家庭の父の自立支援施策の実施状況」，（2020 年 2 月 5 日取得，https://www.mhlw.go.jp/stf/houdou/0000189592_00002.html）.

Millar, J., 1996, 'Mothers, Workers, Wives: Comparing Policy Approaches to Supporting Lone Mothers,' in Silva, E. B. ed., *Good Enough Mothering? : Feminist Perspectives on Lone Motherhood*, Routledge, 97-113.

Office of Child Support Enforcement, 2019, *2018 Infographic: More Money for Families*, （2020 年 2 月 10 日 取 得，https://www.acf.hhs.gov/sites/default/files/programs/css/2018_infographic_national.pdf）.

最高裁判所，2019，「平成 30 年度 司法統計年報・家事事件編」，（2020 年 2 月 10 日取得，http://www.courts.go.jp/app/sihotokei_jp/search）.

齋藤純子，2010，「ドイツの児童手当と新しい家族政策」『レファレンス』716：47-72，（2020 年 2 月 1 日取得，https://dl.ndl.go.jp/info:ndljp/pid/3050289）.

下夷美幸，2008，『養育費政策にみる国家と家族——母子世帯の社会学』勁草書房.

下夷美幸，2011，「養育費問題からみた日本の家族政策——国際比較の視点から」『比較家族史研究』25：81-104.

下夷美幸，2013，「スウェーデンにおける養育費制度」棚村政行編『面会交流と養育費の実務と展望——子どもの幸せのために』日本加除出版：296-301.

下夷美幸，2015，『養育費政策の源流——家庭裁判所における履行確保制度の制定過程』法律文化社.

庄司洋子，1986，「家族と社会福祉」『ジュリスト増刊総合特集 41・転換期の福祉問題』有斐閣：131-138.

庄司洋子，1999，「家族政策」庄司洋子・木下康仁・武川正吾・藤村正之編『福祉社会事典』弘文堂：136-137.

Skinner, C., Bradshaw, J. and Davidson, J., 2007, *Child Support Policy: An International Perspective*, Department for Work and Pensions Research Report 405, Corporate Document Services.

索　引

●配列は五十音順，＊は人名を示す。

著者紹介

下夷　美幸（しもえびす・みゆき）

1988年	お茶の水女子大学大学院家政学研究科修士課程修了
同年	社会保障研究所（現在の国立社会保障・人口問題研究所）研究員
1995年	恵泉女学園大学人文学部専任講師
1999年	日本女子大学人間社会学部専任講師
2000年	日本女子大学人間社会学部助教授
2003年	法政大学社会学部助教授
2007年	東北大学大学院文学研究科准教授
2013年	東北大学大学院文学研究科教授
2018年	放送大学教養学部教授
現在	同上／博士（社会科学）（お茶の水女子大学）
専門分野	家族社会学，家族政策論，福祉社会学，
受賞歴	東北大学男女共同参画奨励賞（沢柳賞）研究部門（2009年） 第27回尾中郁夫・家族法学術奨励賞（2016年）
主な著書	『養育費政策にみる国家と家族──母子世帯の社会学』（勁草書房，2008年） 『養育費政策の源流──家庭裁判所における履行確保制度の制定過程』（法律文化社，2015年） 『日本の家族と戸籍──なぜ「夫婦と未婚の子」単位なのか』（東京大学出版会，2019年）

放送大学大学院教材　8911010-1-2111（ラジオ）

家族政策研究

発　行　　2021年3月20日　第1刷
著　者　　下夷美幸
発行所　　一般財団法人　放送大学教育振興会
　　　　　〒105-0001　東京都港区虎ノ門1-14-1　郵政福祉琴平ビル
　　　　　電話　03（3502）2750

Printed in Japan　ISBN978-4-595-14149-2　C1377